U0554435

内蒙古自治区社会经济发展蓝皮书·第三辑

总主编 / 杜金柱　侯淑霞

内蒙古自治区劳动力市场发展报告
（2018）

主　　编◎冯利伟　李亚慧
副 主 编◎池永明　刘　华　韩　燕　李瑞峰
参编人员◎王景峰　胡日查　滦鲜桃　赵昌宁　朱恩东
　　　　　张　芃　张　鸣　陈晓娟　钱梦莹　马凤婷

THE RESEARCH REPORT OF LABOUR MARKET DEVELOPMENT IN INNER MONGOLIA AUTONOMOUS REGION

本书得到以下资助：
☆国家社科基金一般项目"多资本协同提升西部地区农民工自雇佣就业质量研究"（课题编号：18BJY041）
☆"中国企业外派蒙古、俄罗斯员工工作稳定性问题研究"（17BGL107）
☆内蒙古财经大学人力资源研究所
☆内蒙古财经大学"经济发展蓝皮书"系列计划

经济管理出版社
ECONOMY & MANAGEMENT PUBLISHING HOUSE

图书在版编目（CIP）数据

内蒙古自治区劳动力市场发展报告.2008/冯利伟，李亚慧主编.—北京：经济管理出版社，2018.11

ISBN 978－7－5096－6294－6

Ⅰ.①内… Ⅱ.①冯… ②李… Ⅲ.①劳动力市场—研究报告—内蒙古—2018 Ⅳ.①F249.272.6

中国版本图书馆 CIP 数据核字(2018)第 293742 号

组稿编辑：王光艳
责任编辑：李红贤
责任印制：黄章平
责任校对：赵天宇

出版发行：经济管理出版社
　　　　　（北京市海淀区北蜂窝8号中雅大厦A座11层　100038）
网　　址：www.E－mp.com.cn
电　　话：(010) 51915602
印　　刷：北京虎彩文化传播有限公司
经　　销：新华书店
开　　本：720mm×1000mm/16
印　　张：14.5
字　　数：276千字
版　　次：2019年8月第1版　　2019年8月第1次印刷
书　　号：ISBN 978－7－5096－6294－6
定　　价：98.00元

·版权所有　翻印必究·

凡购本社图书，如有印装错误，由本社读者服务部负责调换。
联系地址：北京阜外月坛北小街2号
电话：(010) 68022974　　邮编：100836

内蒙古自治区社会经济发展蓝皮书·第三辑

丛书编委会

总主编： 杜金柱　　侯淑霞

编　委： 金　桩　　柴国君　　王世文　　王香茜　　冯利伟　　冯利英
　　　　　　吕　君　　许海清　　吕喜明　　张术麟　　张启智　　张建斌
　　　　　　金　良　　娜仁图雅(1)　　娜仁图雅(2)　　赵秀丽
　　　　　　徐全忠　　陶克涛　　曹　荣　　贾智莲　　张智荣　　曹　刚

总 序

2018年是党的十九大的开局之年和改革开放40周年，在以习近平同志为核心的党中央坚强领导下，内蒙古自治区各族人民深入学习贯彻党的十九大和十九届二中、三中全会精神，全面落实党中央、国务院的决策部署，积极应对各种困难和挑战，锐意进取，扎实工作，全区经济社会持续健康发展，地区生产总值增长5.3%，一般公共预算收入增长9.1%，城乡常住居民人均可支配收入分别增长7.4%和9.7%，取得了令人瞩目的成绩，唤起了社会各界深度了解内蒙古自治区社会经济发展情况的迫切愿望。

为系统描绘内蒙古自治区社会经济发展的全景图谱，为内蒙古自治区社会经济发展提供更多的智力支持和决策信息服务，2013年、2016年，内蒙古财经大学分别组织校内学者编写了《内蒙古自治区社会经济发展研究报告丛书》，两套丛书出版以来，受到社会各界的广泛关注，也成为社会各界深入了解内蒙古自治区的一个重要窗口。2019年，面对过去一年社会经济发展形势的风云激荡，内蒙古财经大学的专家学者们再接再厉，推出全新的《内蒙古自治区社会经济发展蓝皮书》，丛书的质量和数量均有较大提升，力图准确诠释2018年内蒙古自治区社会经济发展的诸多细节，以文思哲理为中华人民共和国成立70周年献礼。书目包括《内蒙古自治区体育产业发展报告（2018）》《内蒙古自治区服务贸易发展报告（2018）》《内蒙古自治区劳动力市场发展研究报告（2018）》《内蒙古自治区财政发展报告（2018）》《内蒙古自治区区域经济综合竞争力发展报告（2018）》《内蒙古自治区文化产业发展研究报告（2018）》《内蒙古自治区社会保障发展报告（2018）》《内蒙古自治区工业发展研究报告（2018）》《内蒙古自治区投资发展报告（2018）》《内蒙古自治区资源环境发展研究报告（2018）》《内蒙古自治区"双创"指数研究报告（2018）》《内蒙古自治区云计算产业发展报告（2018）》《内蒙古自治区农业发展报告（2018）》《内蒙古自治区战略性新兴产业发展报告（2018）》《蒙古国经济发展现状与展望（2018）》《内蒙古自治区金融发展报告（2018）》《内蒙古自治区旅游业发展报告（2018）》《内蒙古自治区物流业发展报告（2018）》《内蒙古自治区能源发展报告（2018）》《内蒙古自治区对外经济贸易发展研究报告（2018）》《内蒙古自治区中小企业研究报告（2018）》《内蒙古自治区区域经济发展报告（2018）》《内蒙古自治区商标品牌发展报告（2018）》《内蒙古自治区知识产权发展报告（2018）》。

　　中国特色社会主义进入新时代的伟大实践，需要独有的思想意识、价值意念和技术手段的支持，从而形塑更高层次的经济和社会发展格局。以习近平中国特色社会主义思想为指引，践行社会主义核心价值观，筑牢使命意识，恪守学术操守，应是当代中国学者的既有担当。正是基于这样的基本态度，我们编撰了本套丛书，丛书崇尚学术精神，坚持专业视角，客观务实，兼容并蓄，兼具科学研究性、实际应用性、参考指导性，希望能给读者以启发和帮助。

　　丛书的研究成果或结论属个人或研究团队的观点，不代表单位或官方结论。受客观环境及研究者水平所限，特别是信息、技术、价值观等迭代加速以及杂多变国内外形势复杂多见，社会科学研究精准描述的难度和发展走向的预测难度增大，如若书中结论存在不足之处，恳请读者指正。

编委会

2019 年 7 月

前　言

劳动力是一国经济社会发展最重要的生产要素，党的十九大报告首次提出"破除妨碍劳动力、人才社会性流动的体制机制弊端，使人人都有通过辛勤劳动实现自身发展的机会"，为各地劳动力政策的制定、实施和完善提供了根本的遵循依据。内蒙古自治区地处中国北方边陲，助力地方经济社会发展、筑牢生态安全屏障、打造北疆亮丽风景线都需要充裕的、高质量的劳动力的支持。从近年的情况看，内蒙古自治区劳动年龄人口总量持续减少，特别是劳动年龄人口中青壮年劳动力所占比重一直处于较低水平，人才外流问题严重，一定程度上制约了内蒙古自治区的高质量发展。为全面、系统、深入了解内蒙古自治区劳动市场的现状、特点和趋势，以期为内蒙古自治区劳动力市场的建设和发展提供参考和建议，我们编写了《内蒙古自治区劳动力市场发展报告（2018）》一书。

本书共有十章，第一章、第二章主要由池永明、梁鲜桃撰写，第三章主要由王景峰撰写，第四章主要由韩燕撰写，第五章主要由冯利伟、赵昌宁撰写，第六章主要由李亚慧、朱恩东撰写，第七章、第八章主要由李瑞峰撰写，第九章主要由刘华撰写，第十章主要由冯利伟、李亚慧、张芃撰写，张鸣、陈晓娟、钱梦莹、马凤婷参与了资料的收集、整理工作，全书最后由冯利伟、李亚慧统校并定稿。

尽管所有作者对本书贡献了大量的时间和精力，在撰写过程中也力求完美，但受编者能力和资料收集、整理等客观条件的限制，错误与不当之处在所难免。如您在阅读过程中有任何意见或建议，欢迎您与本书编者联系。最后，对经济管理出版社同仁在本书付梓出版过程中提供的无微不至的服务表示感谢。

编　者

2019 年 3 月

目 录

第一章 内蒙古自治区劳动力市场供给 ································· 1

  第一节 内蒙古自治区劳动力市场供给及其变化趋势 ················· 2
    一、内蒙古自治区总人口及其构成 ······························· 2
    二、内蒙古自治区劳动力人口总量及其变化 ······················· 7
  第二节 内蒙古自治区农牧民工总量及其结构 ······················· 12
    一、内蒙古自治区农牧民工规模逐年增加 ························· 13
    二、内蒙古自治区农牧民工结构特征 ····························· 14
  第三节 内蒙古自治区劳动力市场供给的影响因素 ··················· 18
    一、理论分析 ··· 18
    二、自然因素 ··· 19
    三、经济因素 ··· 20
    四、制度因素 ··· 21

第二章 内蒙古自治区劳动力市场需求 ································· 23

  第一节 内蒙古自治区城镇就业结构 ······························· 24
    一、城镇职工的行业结构 ······································· 24
    二、就业结构及其变化特征 ····································· 28
    三、失业情况 ··· 33
  第二节 内蒙古自治区劳动力需求市场变化特征 ····················· 36
    一、劳动力市场供求变化 ······································· 36
    二、用人单位需求变化 ··· 38
    三、内蒙古自治区劳动力市场个人求职变化 ······················· 42
  第三节 内蒙古自治区农牧民工转移就业特征 ······················· 46

一、内蒙古自治区农牧民工转移就业的地域特征 …………… 46
　　二、内蒙古自治区农牧民工产业分布特征 ………………… 49
　　三、内蒙古自治区农牧民工转移就业收入特征 …………… 53

第三章　内蒙古自治区就业与失业研究 ……………………… 56

第一节　内蒙古自治区劳动力市场供求结构特征分析 ……… 57
　　一、供给和需求的结构特征 ………………………………… 57
　　二、劳动力市场供求结构矛盾 ……………………………… 60
　　三、供求结构性矛盾原因 …………………………………… 65
　　四、解决措施 ………………………………………………… 67

第二节　内蒙古自治区劳动力市场就业现状及主要矛盾 …… 70
　　一、2016年总体就业状况 …………………………………… 70
　　二、失业现状 ………………………………………………… 72
　　三、失业成因分析 …………………………………………… 73
　　四、就业失业中的主要矛盾表现 …………………………… 75
　　五、化解内蒙古自治区就业难题的对策建议 ……………… 78

第四章　内蒙古自治区劳动力流动研究 ……………………… 83

第一节　内蒙古自治区劳动力流动状况及其对经济发展的影响 …… 84
　　一、内蒙古自治区流动劳动力的状况和特征 ……………… 84
　　二、劳动力流动对内蒙古自治区经济发展的影响 ………… 90

第二节　内蒙古自治区流动劳动力的影响因素与对策 ……… 95
　　一、内蒙古自治区劳动力流动的影响因素 ………………… 95
　　二、引导劳动力合理流动的政策建议 ……………………… 101

第五章　内蒙古自治区劳动力市场工资差异研究 …………… 106

第一节　内蒙古自治区劳动力市场工资整体状况 …………… 107
　　一、职工平均工资长期以来低于全国平均水平 …………… 107
　　二、工资增长速度缓慢 ……………………………………… 109
　　三、行业间工资差距大 ……………………………………… 111

第二节　内蒙古自治区劳动力市场工资差异及其对策 ……… 113
　　一、行业工资差异 …………………………………………… 113
　　二、区域工资差异 …………………………………………… 121
　　三、工资差距的影响因素及对策 …………………………… 124

第六章　内蒙古自治区劳动力市场最低工资研究 ······················· 128

第一节　最低工资制度的演变 ······················· 129
一、最低工资制度概念界定 ······················· 129
二、国内外最低工资制度的起源和发展 ······················· 129
三、常用的最低工资标准测算方法 ······················· 131
四、各种测算方法的比较 ······················· 132

第二节　实施最低工资标准的必要性解析 ······················· 133
一、扩大消费需求 ······················· 133
二、促进产业结构升级 ······················· 134
三、保障劳动者权益 ······················· 134
四、缩小收入差距 ······················· 134
五、提升个人人力资本的投资资本 ······················· 135
六、助力社会和谐发展 ······················· 135

第三节　内蒙古自治区最低工资标准现状及改善对策 ······················· 136
一、内蒙古自治区2017年最低工资标准 ······················· 136
二、内蒙古自治区最低工资标准的横向与纵向分析 ······················· 137
三、最低工资标准与平均工资 ······················· 138
四、最低工资标准与城镇居民消费性支出 ······················· 139
五、完善内蒙古自治区最低工资制度的对策 ······················· 140

第七章　内蒙古自治区创业环境研究 ······················· 144

第一节　创业环境 ······················· 145
一、创业环境界定 ······················· 145
二、创业环境要素的内涵 ······················· 145
三、创业环境特征 ······················· 148
四、创业环境的作用 ······················· 148

第二节　内蒙古自治区创业环境评价 ······················· 149

第三节　创业政策梳理与完善建议 ······················· 151
一、国家部委层面出台与创业拉动就业相关政策梳理 ······················· 151
二、创业政策分类与作用 ······················· 153
三、内蒙古自治区创业就业政策实施 ······················· 154
四、创业就业相关政策完善建议 ······················· 156

第八章 创业带动就业的效应研究 ………………………………… 158
第一节 创业与就业的关系 …………………………………… 159
一、新企业创建对就业的直接效应 ……………………… 159
二、新企业创建对就业的供给方效应 …………………… 159
三、中国市场环境中"创业带动就业"的实证研究 …… 160
四、内蒙古自治区创业平台发展带动创业就业分析 …… 161
第二节 内蒙古自治区创业带动就业的建议 ………………… 163
一、注重特色,健全完善创业就业的产业发展机制 …… 163
二、突出重点,健全完善不同层次群体创业就业帮扶机制 … 163
三、优化服务,健全完善创业就业的公共服务保障机制 … 164
四、提升能力,健全完善创业就业主体的职业培训机制 … 165

第九章 内蒙古自治区劳动力市场发展的重点领域和推进路径 …… 166
第一节 内蒙古自治区劳动力市场发展的环境与挑战 ……… 167
一、经济发展 ……………………………………………… 167
二、政治制度和政策 ……………………………………… 169
三、区域发展状况 ………………………………………… 171
第二节 内蒙古自治区劳动力市场发展的重点领域 ………… 174
一、建立统一的劳动力市场,提高劳动力配置效率 …… 174
二、促进劳动力就业结构的转型与升级 ………………… 177
三、加快劳动力市场信息网络建设 ……………………… 179
第三节 内蒙古自治区劳动力市场发展的推进路径 ………… 180
一、经济发展是自治区劳动力市场发展的重要前提 …… 180
二、社会稳定是自治区劳动力市场发展的重要保证 …… 181
三、改革是自治区劳动力市场发展的核心动力 ………… 181
四、政府与自治区劳动力市场发展 ……………………… 182

第十章 改革开放四十年内蒙古自治区劳动力市场变化 ………… 184
第一节 劳动力数量及结构变化 ……………………………… 185
一、就业人口数量 ………………………………………… 185
二、城乡劳动力市场变化 ………………………………… 187
三、大学生就业数量变化 ………………………………… 189
四、女性就业数量变化 …………………………………… 190

五、行业分布变化 …………………………………… 193
　第二节　劳动力人力资本投资的变化 ………………… 195
　　一、教育投资——教育经费变化 …………………… 195
　　二、保健卫生经费变化 ……………………………… 198
　第三节　就业质量变化 ………………………………… 200
　　一、劳动力受教育年限 ……………………………… 200
　　二、工资水平变化 …………………………………… 202
　　三、最低工资标准变化 ……………………………… 205

附　录 ………………………………………………………… 207

参考文献 …………………………………………………… 215

第一章

内蒙古自治区劳动力市场供给

  劳动力人口，泛指有劳动能力和就业要求的劳动适龄人口，包括从事社会劳动并取得劳动报酬或经营收入的就业人口和要求工作而尚未获得工作职位的失业或待业人口。劳动力供给是指在市场工资率一定的情况下，劳动力供给的家庭或个人决策主体愿意并且能够提供的劳动时间。劳动力供给主要包括：应届毕业生、复员转业军人、待业人员、在职同行人员等。国际上一般把15~64岁的人口列为劳动年龄人口。本章在分析内蒙古自治区人口总量和结构的基础上，重点论述近年来内蒙古自治区劳动力的市场供给特征及其未来变化趋势。

第一节　内蒙古自治区劳动力市场供给及其变化趋势

劳动力资源是指一个国家在一定时期内，全社会拥有的在劳动年龄范围内、具有劳动能力的人口总数。劳动年龄的范围各国不尽相同。按照我国现行规定，劳动年龄的范围为男16～60岁，女16～55岁（工人为50周岁）。虽然在劳动年龄范围，但已丧失劳动能力而不能参加社会劳动者，如残疾者、精神病患者、严重慢性病患者等，不应计算在劳动力资源内。内蒙古自治区土地总面积为118.3万平方公里。2016年，全区年末常住人口为2520.1万人，比上年增加9.1万人，增长0.36%，为净迁入。其中，城镇人口为1542.1万人，乡村人口为978.1万人；全年出生人口为22.7万人，出生率为9.0‰；死亡人口为14.3万人，死亡率为5.7‰；人口自然增长率为3.3‰。2017年，全区年末常住人口为2528.6万人，比上年增加8.5万人，增长0.34%，为净迁入。其中，城镇人口为1568.2万人，乡村人口为960.4万人；全年出生人口为23.9万人，出生率为9.47‰；死亡人口为14.5万人，死亡率为5.74‰；人口自然增长率为3.73‰。内蒙古自治区历史上人口自然增长率最高时为1954年的37.9‰，20世纪60年代持续高增长率，1962年为29.2‰，1963年为32.8‰，1964年为30.1‰，1965年为30.7‰，1966年为28‰，1967年为27.2‰，1968年为27.6‰，1969年为25.7‰，但人口的自然增长率呈下降趋势。总体来看，内蒙古自治区劳动力资源总量偏小，未来15～64岁人口数量及其占总人口的比重都呈现直线下降的趋势，而且下降的速度较快。

一、内蒙古自治区总人口及其构成

（一）总人口按农业和非农业分①

农业人口和非农业人口的划分，是国家制定市、镇（指建制镇，下同）区划的标准，是划分城乡社区不可缺少的重要指标，也是制定经济政策、反映城乡人民生活水平的客观需求。农业人口是指居住在农村或集镇，从事农业生产，以农业收入为主要生活来源的人口。农业劳动者指直接从事农、林、牧、渔业的在业人口；非农业劳动者指直接从事农、林、牧、渔业以外各种职业的人口。农业经济活动时间全年累计不足4个月，但农业纯收入占纯收入总额比重超过50%的，也划为农业劳动者；不足50%的，划为非农业劳动者。纵向来看，内蒙古自治区伴随着总人口的增加，呈现出农业人口比重下降、非农业人口比重上升的趋势。2001年，内蒙古自治区年末总人口为2381.4万人，农业人口为1528.4万

---

① 从2015年开始不统计此项内容。

人，占全区总人口的64.18%，非农业人口为853.0万人，占全区总人口的35.82%。2014年，内蒙古自治区年末总人口为2504.8万人，农业人口为1468.9万人，占全区总人口的58.64%，非农业人口为1035.9万人，占全区总人口的41.36%。从2001年到2014年，内蒙古自治区年末总人口增加了123.4万人，农业人口减少了59.5万人，占比下降了5.54个百分点，非农业人口增加了182.9万人，占比提高了5.54个百分点。详见表1-1。

表1-1 2001~2014年内蒙古自治区农业人口与非农业人口及其占比

年份	年末总人口（万人）	农业人口（万人）	占比（%）	非农人口（万人）	占比（%）
2001	2381.4	1528.4	64.18	853.0	35.82
2002	2384.1	1518.0	63.67	866.1	36.33
2003	2385.8	1504.5	63.06	881.3	36.94
2004	2392.7	1477.8	61.76	915.0	38.24
2005	2403.1	1446.2	60.18	956.9	39.82
2006	2415.1	1449.3	60.00	965.8	39.99
2007	2428.8	1448.5	59.64	980.3	40.36
2008	2444.3	1455.1	59.53	989.2	40.47
2009	2458.2	1458.9	59.34	999.3	40.65
2010	2472.2	1462.0	59.13	1010.2	40.86
2011	2481.7	1469.2	59.20	1012.5	40.80
2012	2489.9	1464.6	58.82	1025.3	41.18
2013	2497.6	1466.9	58.73	1030.7	41.27
2014	2504.8	1468.9	58.64	1035.9	41.36

（二）总人口按市镇和乡村分

市镇总人口与乡村总人口是按照常住人口划分的。市镇总人口指市、镇辖区内的全部人口，乡村总人口指县（不含镇）的全部人口。市指经国务院批准设市的市区和郊区，不包括市辖县；镇指经省、直辖市、自治区人民政府批准设置的镇。市镇人口就是按照上述规定范围内的常住人口。2016年，内蒙古自治区年末总人口为2520.1万人，市镇人口为1542.1万人，较2015年增长了1.84%；乡村人口为978.1万人，较2015年下降了1.89%。从2001年到2016年，内蒙古自治区呈现出市镇人口快速增加、乡村人口不断下降的趋势。内蒙古自治区年末市镇人口2001年为1036.8万人，占总人口的比重为43.54%，2007年增加到1218.0万人，占总人口的比重提高到50.12%，2015年达到1514.2万人，占总人口的比重为

60.3%,2016年达到1542.1万人,占总人口的比重提高到61.19%。与此同时,内蒙古自治区年末乡村人口逐年下降,由2001年的1344.6万人减少到2016年的978.1万人,减少了366.5万人,占总人口的比重由2001年的56.46%下降到2016年的38.81%,下降了17.65%。详见表1-2。

表1-2 2001~2016年内蒙古自治区市镇人口与乡村人口及其占比

年份	年末总人口(万人)	市镇人口(万人)	占总人口比重(%)	乡村人口(万人)	占总人口比重(%)
2001	2381.4	1036.8	43.54	1344.6	56.46
2002	2384.1	1050.3	44.05	1333.8	55.95
2003	2385.8	1067.4	44.74	1318.4	55.26
2004	2392.7	1097.3	45.86	1295.4	54.14
2005	2403.1	1134.3	47.20	1268.8	52.80
2006	2415.1	1174.7	48.64	1240.4	51.36
2007	2428.8	1218.0	50.12	1210.8	49.88
2008	2444.3	1264.1	51.72	1180.2	48.28
2009	2458.2	1312.7	53.40	1145.5	46.60
2010	2472.2	1372.9	55.53	1099.3	44.47
2011	2481.7	1405.2	56.62	1076.5	43.38
2012	2489.9	1437.6	57.74	1052.3	42.26
2013	2497.6	1466.3	58.70	1031.3	41.30
2014	2504.8	1490.6	59.51	1014.2	40.49
2015	2511.0	1514.2	60.3	996.9	39.70
2016	2520.1	1542.1	61.19	978.1	38.81

(三)2015年内蒙古自治区1%人口抽样调查

人口抽样调查是指按照随机的原则,从被研究的人口总体中抽选一部分单位作为样本进行调查,并根据调查所得的资料推断人口总体相应指标值的一种非全面的调查。国务院2010年颁布的《全国人口普查条例》规定,人口普查每10年进行一次,位数逢0的年份为普查年度,在两次人口普查之间开展一次较大规模的人口调查,也就是1%人口抽样调查,又称为"小普查"。根据《全国人口普查条例》和《国务院办公厅关于开展2015年全国1%人口抽样调查的通知》,我国以2015年11月1日零时为标准时点进行了全国1%人口抽样调查,这次调查以全国为总体,以各地级市(地区、盟、州)为子总体,采取分层、二阶段、概率比例、整群抽样方法。

1. 常住人口

2015年11月1日零时，内蒙古自治区12个盟市的常住人口为2510.01万人，同第六次全国人口普查2010年11月1日零时的2470.63万人相比，五年共增加39.38万人，增长1.59%，年均增长0.32%。2015年常住人口较2014年增加6.23万人，增长0.25%，增幅收窄。

2. 家庭户人口

内蒙古自治区12个盟市共有家庭户851.52万户，家庭户人口为2333.02万人，平均每个家庭户的人口为2.74人，比2010年第六次人口普查的2.82人减少0.08人。

3. 性别构成

内蒙古自治区常住人口中，男性人口为1298.21万人，占比51.72%；女性人口为1211.8万人，占比48.28%。常住人口性别比（以女性人口为100，男性对女性的比例）由2010年第六次全国人口普查的108.05下降为107.13。

4. 年龄构成

内蒙古自治区常住人口中，0~14岁人口为336.09万人，占13.39%；15~64岁人口为1944.5万人，占77.47%；65岁及以上人口为229.42万人，占9.14%。同2010年第六次全国人口普查相比，0~14岁人口比重下降0.71个百分点，15~64岁人口比重下降0.87个百分点，65岁及以上人口比重上升1.58个百分点。

5. 民族构成

内蒙古自治区常住人口中，汉族人口为1994.56万人，占79.46%；蒙古族人口为430.98万人，占17.17%；其他少数民族人口为84.47万人，占3.37%。同2010年第六次全国人口普查相比，汉族人口增加29.49万人，增长1.50%；蒙古族人口增加8.37万人，增长1.98%；其他少数民族人口增加1.52万人，增长1.83%。

6. 各种受教育程度人口

内蒙古自治区常住人口中，具有大学（指大专以上）教育程度人口为382.91万人；具有高中（含中专）教育程度人口为405.76万人；具有初中教育程度人口为900.02万人；具有小学教育程度人口为574.19万人（以上各种受教育程度的人包括各类学校的毕业生、肄业生和在校生）。同2010年第六次全国人口普查相比，每10万人中具有大学教育程度人口由10208人上升为15255人；具有高中教育程度人口由15125人上升为16166人；具有初中教育程度人口由39218人下降为35857人；具有小学教育程度人口由25418人下降为22829人。

7. 城乡人口

内蒙古自治区常住人口中，居住在城镇的人口为1513.54万人，占60.3%；

居住在乡村的人口为 996.47 万人，占 39.7%。同 2010 年第六次全国人口普查相比，城镇人口增加 141.52 万人，乡村人口减少 102.14 万人，城镇人口比重上升 4.77 个百分点。2015 年，内蒙古自治区城镇化率达到 60.3%，完成了内蒙古自治区"十二五"规划城镇化率 60% 的预期目标。"十二五"期间，内蒙古自治区城镇化率年均提高 0.95 个百分点。从全国情况来看，2015 年，内蒙古自治区城镇化率排在第 10 位，仅低于上海市、北京市、天津市、广东省、辽宁省、江苏省、浙江省、福建省和重庆市，与 2010 年"十一五"末排位相同。

8. 地区人口

分盟市情况来看，2015 年，呼和浩特市、包头市、鄂尔多斯市继续为人口主要增长地区，常住人口较 2014 年分别增加 2.90 万人、3.01 万人和 1.02 万人，达 305.48 万人、282.93 万人和 204.34 万人，常住人口总量分别列内蒙古自治区第 3 位、第 4 位和第 7 位；巴彦淖尔市、阿拉善盟、锡林郭勒盟和乌海市常住人口均略有增加，分别增加 0.50 万人、0.26 万人、0.22 万人和 0.16 万人，常住人口总量分别为 167.73 万人、24.31 万人、104.22 万人和 55.55 万人，分别列全区第 8 位、第 12 位、第 10 位和第 11 位；赤峰市、通辽市常住人口为 430.02 万人和 312.13 万人，较 2014 年分别减少 0.43 万人和 0.32 万人，常住人口总量仍位列内蒙古自治区前两位；乌兰察布市常住人口减少最多，较 2014 年减少 0.58 万人，常住人口总量为 211.23 万人，位列全区第 6 位；呼伦贝尔市和兴安盟也略有下降，分别减少 0.30 万人和 0.21 万人，常住人口总量分别为 252.70 万人和 159.95 万人，位列全区第 5 位和第 9 位。详见表 1-3。

表 1-3 2015 年内蒙古自治区各盟市人口总量及其排名

地区	人口总量（万人）	排名
赤峰市	430.02	1
通辽市	312.13	2
呼和浩特市	305.48	3
包头市	282.93	4
呼伦贝尔市	252.70	5
乌兰察布市	211.23	6
鄂尔多斯市	204.34	7
巴彦淖尔市	167.73	8
兴安盟	159.95	9
锡林郭勒盟	104.22	10
乌海市	55.55	11
阿拉善盟	24.31	12

（四）2016 年年末内蒙古自治区各盟市人口及其构成

总体来看，内蒙古自治区地广人稀，各盟市人口总量差距较大，市镇人口与乡村人口构成比例也不尽相同。2016 年年末，赤峰市常住人口最多，达 430.52 万人；通辽市常住人口排第二，为 312.48 万人；呼和浩特市常住人口排第三，为 308.87 万人；常住人口最少的是阿拉善盟，为 24.57 万人；乌海市常住人口为 55.83 万人。2016 年年末，乡村人口占当地总人口比重超过 50% 的有兴安盟、通辽市、乌兰察布市和赤峰市，分别为 52.65%、52.46%、52.15% 和 51.71%；市镇人口占当地总人口比重超过 60% 的有乌海市、包头市、阿拉善盟、鄂尔多斯市、呼伦贝尔市、呼和浩特市和锡林郭勒盟，分别为 94.63%、82.97%、77.12%、73.54%、71.52%、68.20% 和 64.54%。详见表 1-4。

表 1-4 2016 年年末内蒙古自治区各盟市常住人口情况

地区	年末常住人口（万人）	市镇人口（万人）	占总人口的比重（%）	乡村人口（万人）	占总人口的比重（%）
呼和浩特市	308.87	210.65	68.20	98.22	31.80
包头市	285.75	237.09	82.97	48.66	17.03
呼伦贝尔市	252.76	180.77	71.52	71.99	28.48
兴安盟	160.14	75.87	47.38	84.27	52.65
通辽市	312.48	148.55	47.54	163.93	52.46
赤峰市	430.52	207.90	48.29	222.62	51.71
锡林郭勒盟	104.69	67.57	64.54	37.12	35.46
乌兰察布市	210.67	100.81	47.85	109.86	52.15
鄂尔多斯市	205.53	151.15	73.54	54.38	26.46
巴彦淖尔市	168.32	89.93	53.43	78.39	46.57
乌海市	55.83	52.83	94.63	3.00	5.37
阿拉善盟	24.57	18.96	77.12	5.61	22.88

二、内蒙古自治区劳动力人口总量及其变化

劳动力人口是劳动适龄人口的基本组成部分，关于劳动适龄的上下限，各国根据自己国情有不同的规定，既取决于低龄或高龄人口的身体素质状况，又受社会经济发展水平和相应社会道德标准的制约。劳动力人口与劳动适龄人口在量上是不等的，劳动适龄人口中有一部分人丧失劳动能力。此外，在校学生、待升学者、家务劳动者还有极少量的赋闲者通常不算入劳动力人口，而且在超过劳动年龄上限的人口中，还有一部分继续从事社会劳动者，通常也算入就业人口，因此

实际上也是劳动力人口。严格意义上的劳动力资源人口数据很难取得，15～64岁人口是劳动力资源的主要部分，也是国际通用的劳动适龄人口的标准，一般分析将15～64岁人口作为劳动力资源人口。

（一）内蒙古自治区人口普查数据分析

1. 内蒙古自治区人口总量

从纵向来看，内蒙古自治区总人口逐年稳定增加，第一次人口普查（1953年）为610.02万人，第二次人口普查（1964年）为1233.41万人，第三次人口普查（1982年）为1927.43万人，第四次人口普查（1990年）为2145.65万人，第五次人口普查（2000年）为2375.54万人，第六次人口普查（2010年）增加到2470.63万人，比1953年增加了3倍，如图1-1所示。

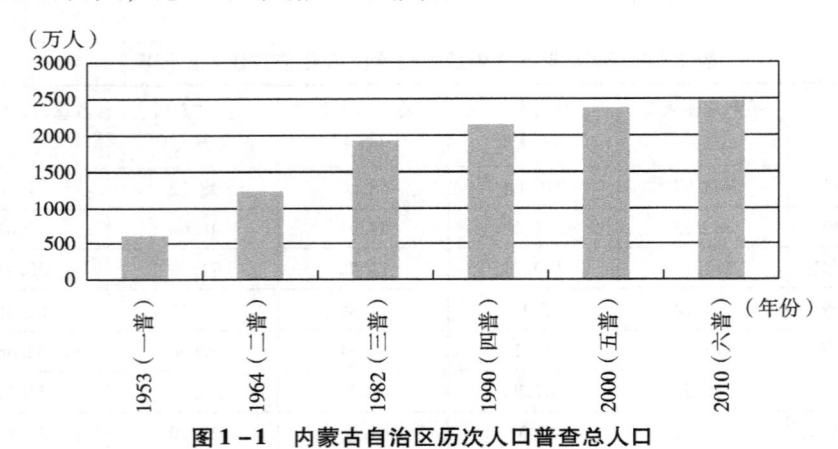

图1-1 内蒙古自治区历次人口普查总人口

2. 内蒙古自治区劳动力年龄结构

内蒙古自治区第三次人口普查（1982年）15～64岁人口为1173.22万人，第四次人口普查（1990年）15～64岁人口为1449.29万人，比上次增加276.07万人，第五次人口普查（2000年）15～64岁人口为1742.85万人，比上次增加293.56万人，第六次人口普查（2010年）15～64岁人口为1935.56万人，比上次增加192.71万人，如表1-5所示。

表1-5 内蒙古自治区四次人口普查的劳动力数量

时间	15～64岁人口（万人）	比上次增加数（万人）
第三次人口普查（1982年）	1173.22	
第四次人口普查（1990年）	1449.29	276.07
第五次人口普查（2000年）	1742.85	293.56
第六次人口普查（2010年）	1935.56	192.71

3. 内蒙古自治区劳动力地区分布

2010年,内蒙古自治区各地15~59岁人口占总人口比重都超过70%,排在前三位的分别为鄂尔多斯市(77.18%)、阿拉善盟(76.82%)、锡林郭勒盟(75.85%),排在后三位的分别为乌兰察布市(70.67%)、赤峰市(73.37%)、包头市(73.94%)。详见表1-6。

表1-6 2010年内蒙古自治区各地区人口总量及其年龄构成

地区	合计(人)	0~14岁(人)	占比(%)	15~59岁(人)	占比(%)	60岁以上(人)	占比(%)
呼和浩特市	2866615	398247	14.07	2142142	74.45	326226	11.48
包头市	2650364	352304	13.29	1959646	73.94	338414	12.77
乌海市	532902	74241	13.93	402634	75.55	56027	10.51
赤峰市	4341245	665226	15.32	3185235	73.37	490784	11.31
通辽市	3139153	493708	15.73	2330022	74.22	315423	10.05
鄂尔多斯市	1940653	272629	14.05	1497826	77.18	170198	8.77
呼伦贝尔市	2549253	311887	12.23	1928696	75.66	308669	12.11
巴彦淖尔市	1669915	217396	13.02	1255134	75.16	197385	11.82
乌兰察布市	2143590	286774	13.38	1514972	70.67	341844	15.95
兴安盟	1613246	231647	14.36	1219662	75.60	161937	10.04
锡林郭勒盟	1028022	141377	13.75	779764	75.85	106881	10.40
阿拉善盟	231334	30995	13.40	177714	76.82	22625	9.78

(二)2015年1%人口抽样调查分析

2015年内蒙古自治区常住人口中,0~14岁人口为336.09万人,占13.39%;15~64岁人口为1944.5万人,占77.47%;65岁及以上人口为229.42万人,占9.14%。同2010年第六次全国人口普查相比,0~14岁人口比重下降0.71个百分点,15~64岁人口比重下降0.87个百分点,65岁及以上人口比重上升1.58个百分点。少年儿童和老年人人口占比均低于全国平均水平,劳动人口占比则高于全国,表明内蒙古自治区劳动力资源较为丰富,就业压力也随之加大。从2000~2015年内蒙古自治区人口年龄结构变化情况看,劳动年龄人口略有上升,少年组人口下降较快,从2000年的21.33%下降到2015年的13.03%,15年间下降了8.3个百分点,对劳动力资源储备造成了很大影响。

(三)内蒙古自治区劳动力老龄化特征

1. 乡村人口老龄化程度高于城镇

2010年,内蒙古自治区65岁及以上老年人口(以下简称老年人口)为

186.82万人，其中城镇老年人口为96.78万人，占全部老年人口的51.8%，乡村老年人口为90.04万人，占全部老年人口的48.2%。从老年人口的绝对数量来看，虽然城乡老年人口的绝对数量相差不大，但是由于城乡常住人口规模不同，城乡人口老龄化的程度则相差较大。2010年，内蒙古自治区乡村老年人口所占比重为8.2%，比全区老年人口比重高0.64个百分点，更是比城镇的7.05%高出1.15个百分点，乡村人口老龄化程度高于城镇。如果按照城市、镇、乡村进行比较，乡村老年人口所占比重比城市的7.38%、镇的6.6%分别高0.62个和1.6个百分点。从城市、镇、乡村老年人口所占比重来看，城市和乡村已经达到了人口老龄化程度，镇只是接近人口老龄化水平。乡村老年人口比重高于城镇，主要原因是受人口迁移流动的影响，大量青壮年人口流出乡村进入城镇，客观上延缓了城镇人口老龄化的进程，而进一步突出了乡村人口老龄化的程度。

2. 女性人口老龄化程度高于男性

由于内蒙古自治区女性人口死亡率低于男性，平均预期寿命要高于男性，因而无论城市、镇、乡村，女性老年人口比重均高于男性。从普查数据看，2010年，内蒙古自治区城市女性老年人口比重为7.79%，比男性老年人口的6.99%高0.8个百分点，而且城市男性人口还未达到人口老龄化水平；镇女性老年人口比重为6.98%，比男性老年人口的6.24%高0.74个百分点，镇无论男性或女性均未达到人口老龄化水平；乡村女性老年人口比重为8.43%，比男性老年人口的7.99%高0.44个百分点。乡村女性老年人口比重不仅高于男性，而且是最高的，分别比城市、镇女性老年人口比重高0.64个和1.45个百分点。同时，乡村男性老年人口比重也高于城市、镇，分别高1个和1.75个百分点。

3. 乡村人口高龄化程度高于城镇

老年人口的高龄化是指在65岁及以上老年人口中80岁及以上高龄老年人口所占的比重。2010年人口普查，内蒙古自治区65岁及以上老年人口中，80岁及以上高龄老年人口为24.14万人，占65岁及以上老年人口的12.92%。总体来看，内蒙古自治区老年人口的高龄化程度较轻，但分城乡来看，老年人口的高龄化程度还是存在一定的差异。2010年，内蒙古自治区城镇80岁及以上高龄老年人口为12.21万人，占全部80岁及以上老年人口的50.6%，占其65岁及以上老年人口的12.62%，城镇高龄老年人口所占比重低于全部高龄老年人口比重0.3个百分点；乡村80岁及以上高龄老年人口为11.92万人，占全部80岁及以上老年人口的49.4%，乡村高龄老年人口在绝对数量上略少于城镇，但占其65岁及以上老年人口的比重达到了13.24%，不仅高于城镇0.62个百分点，也比全区老年人口的高龄化程度高0.32个百分点。

(四)内蒙古自治区劳动力资源变化趋势

劳动力资源是指在一定时间点或时期内,一个国家或地区拥有的劳动力的数量和质量的总和。内蒙古自治区和全国一样,经济发展逐渐步入新常态,进入了经济结构调整、经济发展方式转变、经济增速减缓的时期。劳动力资源变化的总体趋势对内蒙古自治区产业转型升级、社会经济发展、劳动力的赡养能力等都会产生重要影响。掌握未来劳动力供给数量,把握劳动力资源变动趋势和劳动力结构变动的基本走势,为内蒙古自治区经济社会发展战略调整和企业经营策略调整提供重要参考。根据目前人口数据,结合第六次人口普查资料,对内蒙古自治区未来劳动力资源人口进行预测,结果显示,内蒙古自治区未来三十几年间(到2050年)15~64岁人口数量和25~44岁人口数量都呈现直线下降的趋势,而且下降的速度较快(见图1-2)。

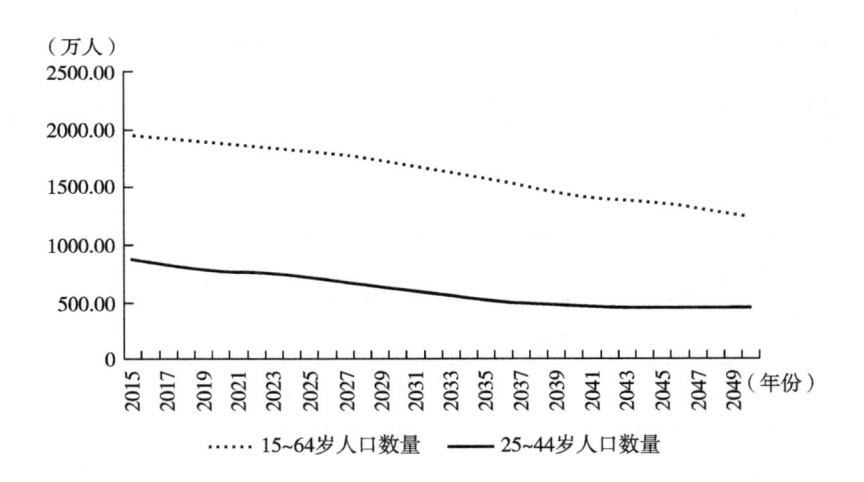

图1-2 2015~2050年内蒙古自治区15~64岁和25~44岁人口数量变化趋势

根据现有人口初步预测,未来内蒙古劳动力资源将发生两个方面的变化:一是劳动年龄人口总量将持续减少。2013年,内蒙古自治区15~64岁人口达到峰值1948.51万人,之后开始逐年减少。预计到2050年,15~64岁人口降到1239.23万人,将减少700多万人,平均每年减少约19万人。15~64岁人口占总人口的比重由2015年的77.47%下降到50%左右。二是劳动年龄人口中青壮年劳动所占比重将保持在较低水平,而45~64岁的高龄劳动力人口比重逐渐提高。25~44岁是劳动力资源中的主要部分,这部分人口也将从2015年的34万多人降到2050年的18万人左右,减少了近一半。内蒙古自治区历年15~64岁人口占总人口比重如表1-7所示。

表1-7 内蒙古自治区历年15~64岁人口占总人口比重

年份	总人口（万人）	15~64岁占总人口比重（%）
1953	610.02	61.17
1964	1233.41	52.28
1982	1941.6	60.87
1990	2162.6	67.55
2000	2381.4	73.37
2010	2472.2	78.34
2011	2481.7	78.27
2012	2489.9	78.15
2013	2497.6	78.01
2014	2504.8	77.61
2015	2511.0	77.47

根据以上资料，可以预测出到2050年内蒙古自治区15~64岁人口占总人口比重的变化趋势，如图1-3所示。

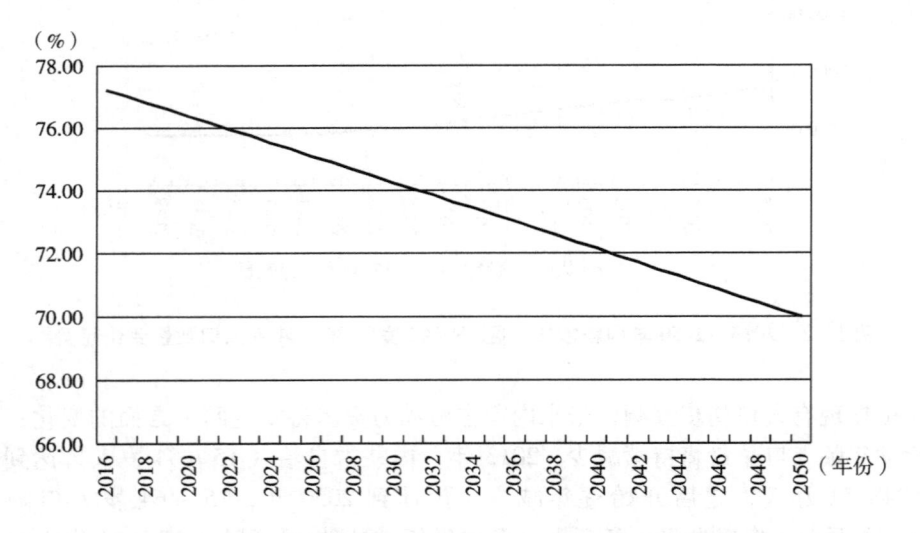

图1-3 2016~2050年内蒙古自治区15~64岁占总人口比重的变化趋势

第二节 内蒙古自治区农牧民工总量及其结构

农牧民工是指户籍仍在农村牧区，进入城市务工和在当地或异地从事非农产业劳动6个月及以上的劳动者。近年来，内蒙古自治区农村牧区劳动力资源总量大，增长快，劳动力持续相对过剩。随着改革开放的进一步深入和内蒙古自治区经济社会的不断发展，内蒙古自治区农村牧区大批劳动力转移就业，外出务工，为经济建设和发展做出了重要贡献，也拓宽了农牧民的增收渠道。分析内蒙古自治区农牧民工的规模和结构变化，对于研究内蒙古自治区劳动力供给特别是农村劳动力供给的意义重大。

一、内蒙古自治区农牧民工规模逐年增加

2013年，农牧民工总量增加，就业稳定性和外出务工收入提高，农牧民工流动转移取得新进展。国家统计局内蒙古调查总队对全区农牧民工的监测调查结果显示，2013年，内蒙古自治区农村牧区劳动力全年稳定转移就业6个月以上的农牧民工总量为238万人，比上年增加3万人，增长1.3%。

2014年，在全国经济整体步入新常态的大背景下，农牧民转移就业稳步发展，对保持内蒙古自治区经济持续向好发挥了积极意义。据国家统计局内蒙古调查总队的调查结果显示，2014年，全区农村牧区转移就业劳动力总人数达250万，比上年增加4.7万人，增长1.9%。其中，稳定转移六个月以上的农牧民工人数突破240万人，达241万人，比上年增加3万人，增长1.4%。

2015年，农牧民转移就业的健康发展对保持内蒙古自治区社会的稳定、经济的发展、城镇化的稳步推进和农牧民收入的提高具有重要意义。据国家统计局内蒙古调查总队的调查结果显示，2015年，全区农村牧区转移就业劳动力总人数达251万，比上年增长0.4%。其中，稳定转移六个月以上的农牧民工人数达242万，增长0.3%。

2016年，在经济下行压力加大的背景下，伴随着产业结构调整的稳步推进，内蒙古自治区农牧民工就业保持了稳中向好的发展态势。据国家统计局内蒙古调查总队的调查结果显示，2016年全区稳定转移六个月以上农牧民工人数达243.6万人，比上年增加1.6万人，增长0.8%。

2017年，内蒙古自治区成立70周年，全区上下认真贯彻落实中央和自治区党委的决策部署，深入推进供给侧结构性改革，积极应对经济下行压力，扎实做好保障和促进农牧民转移就业工作，农牧民工就业人数创历史新高，就业收入实现稳步增长。据国家统计局内蒙古调查总队的调查结果显示，2017年全区稳定转移六个月以上农牧民工达250.3万人，比上年增加6.7万人，增长2.8%，总量首次突破250万人（见表1-8）。

表 1-8 2013~2017 年内蒙古自治区农牧民工人数

时间	总量（万人）	增加数（万人）	增速（%）	稳定就业 6 个月以上人数（万人）	增加数（万人）	增速（%）
2013 年	245.3			238	3	1.3
2014 年	250	4.7	1.9	241	3	1.4
2015 年	251	1	0.4	242	1	0.3
2016 年				243.6	1.6	0.8
2017 年				250.3	6.7	2.8

二、内蒙古自治区农牧民工结构特征

（一）地区分布特征

受农村牧区人口多少、气候和农牧业生产条件优劣以及城市化程度高低等因素的影响，各盟市农牧民工人数差异明显。赤峰市是内蒙古自治区的人口大市，2014 年农牧民工占比高达 76.9%，其农牧民工人数最多，达 62.5 万人，占内蒙古自治区农牧民工总量的 25.9%；其次是乌兰察布市和呼和浩特市，分别为 46.3 万人和 32.2 万人；以上三个盟市的农牧民工数量占全区的 58.5%。通辽市、包头市、巴彦淖尔市、鄂尔多斯市和兴安盟农牧民工数量分别位列第 4 名、第 5 名、第 6 名、第 7 名和第 8 名，在 10 万至 25 万人区间，属于第二梯队。锡林郭勒盟和呼伦贝尔市分列第 9 名和第 10 名，在 8 万人上下，属于第三梯队。阿拉善盟和乌海市农牧总量相对较小，均低于 2 万人（见图 1-4）。从外出从业输出地来看，东部五盟市（呼伦贝尔市、兴安盟、通辽市、赤峰市和锡林郭勒盟）因距离较发达的直辖市北京、天津以及辽宁省、山东省较近，农牧民工到省外就业的比重较高，分别为 22.2%、35.5%、40.3%、41.0% 和 23.9%；而中西部盟市受距离、邻省条件和观念影响到省外从业占比较低，除巴彦淖尔市达到 8.7% 外，其余 6 盟市均在 5% 以内。

2017 年，内蒙古自治区各盟市农牧民工总量同比增减各有差异，但总体的分布格局未变。农牧民工人数最多的是赤峰市，达 62.9 万人，占全区农牧民工总量的 25.2%；其次是乌兰察布市和呼和浩特市，农牧民工人数分别为 43.5 万人和 35.2 万人，分别占全区农牧民工总量的 17.4% 和 14.1%；通辽、包头、巴彦淖尔和鄂尔多斯市农牧民工人数在 16 万~23 万，位列全区的第 4 名、第 5 名、第 6 名和第 7 名，分别占全区农牧民工总量的 9.2%、7.7%、6.8% 和 6.7%；兴安盟、锡林郭勒盟和呼伦贝尔市农牧民工人数在 9 万~12 万，分别位列全区的第 8 名、第 9 名和第 10 名，分别占全区农牧民工总量的 4.7%、3.7% 和 3.7%；阿拉善盟和乌海市总量最小，农牧民工人数加起来不足 3 万人，仅占全区农牧民工总量的 1%。

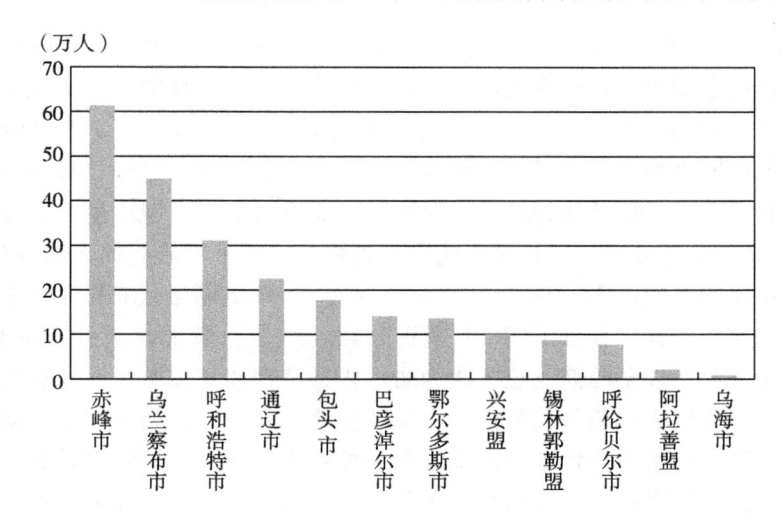

图 1-4　2014 年内蒙古自治区各盟市农牧民工数量

（二）年龄结构特征

1. 男性青壮年是农牧民工的主力军

随着劳动年龄人口峰值的到来，内蒙古自治区农村牧区劳动力总量将面临缩减趋势。同时，随着农村牧区转移劳动力数量的逐年增加，内蒙古自治区剩余未转移的劳动力也将面临逐渐减少的趋势，且在未转移的劳动力中以中老年为主。抽样调查数据显示，2013 年，内蒙古自治区农牧民工的平均年龄为 37.7 岁，20 岁以下和 60 岁以上的老年人只占全区农牧民工总量的 5% 左右；20~50 岁的青壮年农牧民工占比达 80% 以上，是农村牧区外出打工的主要力量；40 岁以下农牧民转移就业流动性较大，稳定性低，所占比重有所下降；41~50 岁农牧民工所占比重有所上升。2013 年，内蒙古自治区农村牧区未转移的劳动力平均年龄达 45.4 岁，其中，近四成在 50 岁以上，40 岁以上约占 2/3，80 后新生代劳动力仅占两成多，大部分已转移。2015 年，内蒙古自治区农牧民工的平均年龄为 37.2 岁，比上年降低 1 岁。其中，51 岁及以上的老年占比为 14.7%，降低了 2.6 个百分点；36~50 岁的中年占比为 37.9%，降低了 3.0 个百分点；35 岁及以下的新生代占比为 47.4%，提高了 5.6 个百分点，成为农牧民工的主力军。

2. 新生代农民工更具城市化优势

2013 年，在农村牧区农牧民工中，不包括举家外出的农牧民工，常住户中 1980 年及以后出生的新生代农民工为 43.1 万人，占本地常住户中农民工总量的 41.1%，约占农村牧区新生代劳动力的 1/3。新生代农民工具有以下特点：一是受教育程度更高。新生代农民工中，初中以下文化程度仅占 1.0%，初中文化程度的占 45.7%，高中文化程度的占 23.4%，大专及以上文化程度的占 29.9%。与老一代农民工相比，低学历占比低，而高学历占比高。高中及以上文化程度的新生代农民工占到一半以上，比老一代农民工高 27.8 个百分点。二是务工地以自治区内大中城市为主。89.2% 的新生代农民工在自治区内就业，10.8% 的在自治区外就业。其中，66.5% 的新生代农民工在地级以上大中城市就业，比老一代农民工高 20.3 个百分点。三是城市化愿望更强。选择外出从业的人数占 67.6%，选择本地从业的人数占 32.4%。2013 年，仅有 8.3% 的新生代农民工从事过农业生产劳动，比老一代农民工低 22.1 个百分点。四是从事现代服务业更有优势。新生代农民工择业较多的前五位依次为居民服务修理和其他服务业、建筑业、住宿餐饮业、交通运输仓储和邮政业、批发零售业。其中，住宿餐饮业、居民服务修理和其他服务业比老一代农民工高 8.3 个和 4.0 个百分点，特别是在一些现代服务业——信息传输软件和信息技术服务业、金融业、房地产业从业的比例达到 8.2%，而老一代农民工在这些行业几乎是零就业。从事传统行业——批发零售业的新生代农民工占比大幅下降，不及老一代农民工的一半。五是外出从业收入较低。2013 年，新生代农民工的平均月收入为 2711 元，比老一代农民工低 19.3%。其中，3000 元以上的较高收入比老一代农民工低 9.9 个百分点。六是在外就业更倾向就地消费。新生代农民工在外务工的月生活消费支出为人均 1422 元，是老一代农民工的 1.3 倍；人均全年寄回或带回老家的现金为 9091 元，仅为老一代农民工的 44.9%。新生代农民工对居住环境预期更高，其中，单独租赁住房或与他人合租住房的占 44.2%，是老一代农民工的 4 倍，月居住支出人均为 346 元，是老一代农民工的 1.7 倍，占月均生活消费支出的 24.3%。

3. 低龄劳动力资源有限

2017 年，内蒙古自治区农牧民工的平均年龄为 39.6 岁，比 2016 年提高 1.2 岁，比 2015 年提高 2.4 岁，三年来农牧民工平均年龄逐年升高。其中，51 岁及以上的老年占比为 22.6%，同比提高 4.2 个百分点；35~50 岁的中年占比为 38.6%，下降 1.0 个百分点；34 岁及以下的青年人占比为 38.8%，降低 3.2 个百分点。这主要是由于在计划生育政策的引导下，随着代际更迭，内蒙古自治区农村牧区低龄剩余劳动力（"90 后""00 后"）已非十分充裕，加之越来越多的年轻人通过求学、打工等方式落户城镇，实现了市民化，导致潜在的可转移农牧民工的基数较难扩大，农牧民工群体进一步扩大的空间正在萎缩，这对建筑业、采矿业、各类服务业等人力需求较多的行业提出了考验。

（三）性别结构特征

长期以来，受"男主外女主内"传统观念的影响，内蒙古自治区农牧民工以男性为主。2013 年，男性农牧民工所占比重高达 68.3%，男女性别比为

2.15∶1,略高于全国2∶1的比例。随着农村牧区女性劳动力的不断解放和传统观念影响的淡化,女性农牧民工占比有所上升。2013年,女性农牧民工占比达到31.7%,较上年提高0.5个百分点。2015年,内蒙古自治区农牧民工中男性占66.0%,女性占34.0%,女性所占比重同比提高1.6个百分点;2016年,内蒙古自治区农牧民工中男性占63.5%,女性占36.5%,女性所占比重同比提高2.5个百分点。这表明劳动力市场对女性求职者的性别歧视正在逐步消除。

(四) 素质结构特征

2013年,内蒙古自治区农牧民工中,小学及以下文化程度的占10.4%,初中文化程度的占53.0%,高中文化程度的占22.8%,大专及以上文化程度的占13.8%。文化程度水平之高,在全国也属前列,为进一步做好农牧民工培训、提高其技能水平提供了极好的条件。2013年,内蒙古自治区农牧民工中接受过技能培训的占48.3%,比全国高16个百分点。其中,接受过农业技术培训的占8.6%,较上年同期下降6.6个百分点;接受过非农职业技能培训的占39.6%,较上年同期提高了8.1个百分点,如表1-9所示。

表1-9　2012～2013年内蒙古农牧民工人力资本特征　　　　单位:%

人力资本特征		2013年	2012年	增量
文化程度	未上过学	0.5	0.7	-0.3
	小学	9.9	9.8	0.1
	初中	53.0	49.9	3.1
	高中	22.8	22.1	0.7
	大专及以上	13.8	17.4	-3.6
参加职业技能培训情况	总计	48.3	46.8	1.5
	接受过农业技术培训人数	8.6	15.2	-6.6
	接受过非农技术培训人数	39.6	31.5	8.1

2015年,内蒙古自治区农牧民工达到大学专科及以上文化程度的占比为17.3%,高中文化程度的占比为21.8%,同比分别提高3.6个和1.9个百分点,但仍然有60.9%的人是初中及以下文化程度,占绝大多数。农牧民工的年轻化和文化水平的提高,也是其在制造业从业的占比由2014年的5.4%提高到7.8%的重要原因。2016年,达到大学专科及以上文化程度的占比为21.9%,同比提高4.6个百分点,高中文化程度的占比为20.8%,高中及以上学历的占比合计已超过四成,比"十二五"初期翻了近一番。2017年,达到大学专科及以上文化程度的农牧民工占比为21.3%,同比降低0.6个百分点,高中文化程度的占比为

19.8%，同比降低 1.0 个百分点，高中及以上学历的占比合计降低 1.6 个百分点，这是"十二五"以来，首次出现全区高中及以上文化水平的农牧民工占比减少的现象，直接缩小农牧民工非农就业的竞争力。

农牧民工文化素质和技能、技术水平的提高为求职成功和就业的稳定提供了有力支撑。与过去朝不保夕、"打一枪换一个地方"的工作状态相比，现在农牧民工从事某一项工作的时间相对比较稳定，为推进城镇化建设和农牧民工市民化进程打下了良好的基础。2013 年年末，内蒙古自治区农村牧区转移劳动力总人数达 246 万，其中稳定就业 6 个月以上的农牧民工达 238 万人，占 96.7%。2013 年外出就业的农牧民工中，只有 13.6%的人更换过工作；从事当前工作的时间 1 年以下的占 30.1%，1 年以上 2 年以内的占 25.8%，2 年以上 5 年以内的占 35.7%，5 年及以上的占 8.5%；有 45%的农牧民工逐渐打拼出一条在城镇相对稳定的工作、生活道路；外出务工人员月工作天数为 25.7 天，日工作时长为 8.75 小时，分别比上年降低了 10.0%和 9.9%。

第三节 内蒙古自治区劳动力市场供给的影响因素

劳动力市场供给是指在一定的市场工资率的条件下，劳动力供给的决策主体（家庭或个人）愿意并且能够提供的劳动时间。从来源上看，内蒙古自治区劳动力市场供给经历了由城镇人口为主向城镇与农村双重来源的转变。

一、理论分析

（一）劳动力供给弹性

劳动力供给量变动对工资率变动的反应程度被定义为劳动力供给的工资弹性，简称劳动力供给弹性。计算公式是劳动力供给量变动的百分比与工资率变动的百分比的比值，即：

$$E_s = (\Delta S/S) \div (\Delta W/W)$$

其中，E_s 表示劳动力供给量供给弹性，$\Delta S/S$ 表示供给量变动的百分比，$\Delta W/W$ 表示工资变动的百分比。

通常在考察市场劳动力供给时，劳动力供给弹性值分布在 0 到无限大之间。根据劳动力供给弹性的不同取值，一般将劳动力供给弹性分为五大类。一是供给无弹性，即 $E_s = 0$，在这种情况下，无论工资率如何变动（在劳动力市场分析的实际可能范围内），劳动力供给量固定不变。二是供给有无限弹性，即 $E_s \to \infty$，在这种情况下，工资率给定，而劳动力供给量变动的绝对值大于 0。三是单位供给弹性，即 $E_s = 1$，在这种情况下，工资率变动百分比与劳动力供给量变动的百分比相同。四是供给富有弹性，即 $E_s > 1$，在这种情况下，劳动力供给量变动的百分比大于工资率变动百分比。五是供给缺乏弹性,即 Es < 1,在这种情况下,劳动力供给量变动的百分比小于工资率变动百分比。

(二) 劳动参与率

劳动参与率是指经济活动人口(包括就业者和失业者)占劳动年龄人口的比率,是用来衡量人们参与经济活动状况的指标。根据经济学理论和各国的经验,劳动参与率反映了潜在劳动者个人对于工作收入与闲暇的选择偏好,一方面受到个人保留工资、家庭收入规模,以及性别、年龄等个人人口学特征的影响;另一方面受到社会保障的覆盖率和水平、劳动力市场状况等社会宏观经济环境的影响。

从性别上看,女性的劳动力参与率远低于男性。一方面是由于女性在社会分工中更多地承担了家庭中子女的抚育责任和更多的家务劳动,另一方面则是由于社会上劳动力雇用方对女性劳动力的歧视。随着内蒙古自治区第三产业的发展,许多适合由女性从事的职业逐步出现,才使得女性的劳动参与率偏低的局面有所改善。

市场竞争的激励、企业对人才所具备的能力要求的提升,推迟了劳动者进入劳动力市场的时间,从而降低总体的劳动力参与率。近年来,内蒙古自治区劳动年龄人口中受教育者的比例有所升高,劳动者进入劳动力市场的平均年龄增大,劳动力参与率也呈现出下降的趋势。

收入因素对劳动力参与率的影响有两方面:一方面,劳动者单位就业收入的增加会加大闲暇的机会成本,从而诱使一些原来没有加入就业队伍的人开始选择工作,促使劳动参与率的提高。特别是对于一些家庭收入水平不高的人来说,收入因素将会是决定增加劳动力供给的主要因素。这种影响就是收入增长对劳动供给的收入效应。另一方面,收入的增加又可能会使一些家庭收入水平较高的劳动者退出劳动力队伍,从而降低劳动参与率,体现出收入增长对劳动供给的替代效应。收入的增加对个人劳动力参与抉择的影响是双向的,这两种效应对个人影响的强弱将最终影响个人参与劳动的决策,从而影响总体的劳动力参与率。内蒙古自治区总体收入水平偏低,收入增长对劳动供给的收入效应和替代效应都不够明显,对劳动参与率影响不大。

二、自然因素

(一) 人口规模对劳动力供给的影响

近年来,内蒙古自治区人口出生率、人口死亡率、人口自然增长率总体呈下降趋势。人口出生率由 2001 年的 10.8‰ 下降到 2016 年的 9.0‰,下降 1.8 个百分点,人口死亡率由 2001 年的 5.8‰ 下降到 5.7‰,下降 0.1 个百分点;人口自然增长率由 2001 年的 5.0‰ 下降到 3.3‰,下降 1.7 个百分点(见表 1 - 10)。

表1-10 2001~2016年内蒙古自治区人口出生率、死亡率、自然增长率

单位:%

年份	人口出生率	死亡率	自然增长率
2001	10.8	5.8	5.0
2002	9.6	5.9	3.7
2003	9.2	6.2	3.1
2004	9.5	6.0	3.6
2005	10.1	5.5	4.6
2006	9.9	5.9	4.0
2007	10.2	5.7	4.5
2008	9.8	5.5	4.3
2009	9.6	5.6	4.0
2010	9.3	5.5	3.8
2011	8.9	5.4	3.5
2012	9.2	5.5	3.7
2013	9.0	5.6	3.4
2014	9.3	5.7	3.6
2015	7.7	5.3	2.4
2016	9.0	5.7	3.3

(二)教育普及程度较低

内蒙古自治区虽然实行了九年制义务教育,但与其他发达地区相比,青少年的受教育水平仍然较低。在农村,失学问题更为严重,且女生的失学率高于男生,这使得许多青少年提早进入劳动力市场,直接导致了劳动者在进入劳动力市场前的受教育水平偏低的现状。劳动者在进入劳动力市场前,大多没有接受必要的职业培训,这就使得参与劳动的劳动者素质仍有待加强和提高。

三、经济因素

(一)劳动者的工作偏好

劳动者的工作偏好主要是社会就业意愿和择业心理偏好。例如,一些城市失业人员宁愿失业也不愿从事一些苦、脏、累、险的工作。再如,应届大学毕业生普遍存在对职业期望过高的现象,大多数人希望进国家机关、大公司或合资企业工作,希望从事工作条件舒适、劳动报酬较高的职业,而不愿意到厂矿企业从事一般岗位的工作。按照招聘的规则,高层次人员应在全国范围内公开招聘,但户籍制度的严格限制在很大程度上制约了企业人员特别是高层次经营管理、专业技

术人员的补充。

（二）劳动力市场发育程度

劳动力市场发育良好，将有利于劳动力自由进入市场，由市场工资率引导劳动力的合理流动；劳动力市场发育不健全，势必影响人力资源的优化配置，也给企业预测外部人员供给带来困难。总体来看，内蒙古自治区劳动力市场发育水平较低，在一定程度上影响了劳动力的合理流动。

（三）经济周期波动

在经济学范畴中，一个人愿意并有能力为获取报酬而工作，但尚未找到工作的情况，即认为是失业。失业率是劳动人口里符合失业条件者所占的比例。实际上，确定在找工作的失业人员数量是非常困难的，特别是在找到工作前失业救济金已经过期的那些人的数量。周期性失业是指经济周期波动所造成的失业，即经济周期中的衰退或萧条时期，社会总需求减少，厂商的生产规模缩小，总产出降低，从而导致较为普遍的失业现象。

周期性失业对于不同行业的影响是不同的，一般来说，需求的收入弹性越大的行业，周期性失业的影响越严重。也就是说，人们收入下降、产品需求大幅度下降的行业，周期性失业情况比较严重，通常用紧缩性缺口来说明这种失业产生的原因。紧缩性缺口是指实际总需求小于充分就业的总需求时，实际总需求与充分就业总需求之间的差额。

内蒙古自治区经历了连续八年经济增速全国第一的发展黄金期后，步入了经济发展新常态阶段，对劳动力供给造成了一定的影响。

四、制度因素

（一）社会保障制度不够健全

1. 工资收入偏低，扩大了家庭对社会的劳动力输出

内蒙古自治区仍然是经济欠发达地区，虽然改革开放以来经济实现了高速起飞和快速增长，但由于经济发展起点较低，与其他发达地区相比，工资水平仍处于较低水平，因此家庭中需要有更多的家庭成员参与社会劳动来维持家庭生计，从而扩大了家庭向社会的劳动力输出。

2. 养老保险制度仍不完善

随着医疗水平的提高，内蒙古自治区人口老龄化的趋势逐渐显现，然而，养老保险制度还不够完善，部分老年人需要靠超龄参加劳动来维持生活，这就使得许多老年人不得不走出家门进行二次就业。

（二）劳动收入仍是个人收入的主要来源

一是内蒙古自治区居民收入水平总体偏低。因投资渠道有限，劳动收入仍然是人们谋生的重要手段，这加大了人们对劳动市场的依赖性，提高了劳动力参与

率。二是就业关联型社会福利政策增加劳动者就业意愿。长期以来，中国实行的是就业、工资、福利三位一体的政策，劳动者只有就业才能享受公费医疗、保险、住房公积金等福利措施。在农村，内蒙古自治区虽然实行大病医疗保险项目，但是农民自己分担的份额仍然较大，并且小额医疗费用无法报销。这种福利措施与就业状况相关联的制度，无疑加大了劳动者参加工作的意愿，促进了劳动参与率的提高。

（三）工资与工龄挂钩，劳动者提早进入劳动力市场

内蒙古自治区与全国一样，在计算工资水平时普遍与工龄挂钩，因而人们往往选择提早就业以增加工龄，提高个人工资水平。在这样的工资政策中，许多劳动者提早进入劳动力市场，增加了劳动力市场中劳动力的供给，加大了就业压力。更为严重的是，许多未成年人也加入到浩浩荡荡的劳动大军之中，导致就业情况更为严峻。虽然中国《劳动法》规定任何用人单位不得使用未满16周岁的童工，但实际上内蒙古自治区仍然有许多企业不顾规定擅自雇用未成年人，这不仅造成劳动力素质低下，而且侵占了成年人的就业岗位。

第二章

内蒙古自治区劳动力市场需求

劳动力需求是指企业在某一特定时期内，在某种工资率下愿意并能够雇用的劳动量，是企业雇用意愿和支付能力的统一，二者缺一不可。本章在分析内蒙古自治区机关、事业单位和企业在职职工人数的基础上，重点论述就业的结构性变化规律，从而总体反映内蒙古自治区劳动力的市场需求状况。

第一节　内蒙古自治区城镇就业结构

户口在城市里或者城镇上的职工称为城镇职工，一般城镇职工生活在城市，具有正当职业和基本稳定的收入。劳动关系在社会保障局有备案的职工不完全依靠土地生活。内蒙古自治区城镇职工就业人数及其构成在一定程度上反映了劳动力市场的需求特征。

一、城镇职工的行业结构

行业是反映以生产要素组合为特征的各类经济活动，是根据人类经济活动的技术特点划分的，即按反映生产力三要素（劳动者、劳动对象、劳动资料）不同排列组合的各类经济活动的特点划分的。近年来，内蒙古自治区城镇职工分布在不同的行业，在一定程度上反映了内蒙古自治区的就业结构。

（一）按企业、事业和机关分组

2016年年末，内蒙古自治区职工总计约为284.42万人，其中企业、事业和机关分别约为167.36万人、77.31万人和39.37万人，分别占内蒙古自治区城镇职工总数的58.84%、27.12%和13.94%（见表2-1）。

表2-1　2016年内蒙古自治区企业、事业、机关职工人数及其构成　单位：人

项目	合计	国有单位职工人数	城镇集体单位职工人数	其他单位职工人数
总计	2844206	1637056	56798	1150352
企业	1673582	487007	43668	1142907
事业	773127	756087	13099	3941
机关	393742	393005	—	737

1. 企业职工总数及其构成

2016年，内蒙古自治区企业职工为167.36万人，其中国有单位约为48.7万人，占企业职工总数的29.10%，城镇集体单位约为4.37万人，占企业职工总数的2.61%，其他单位约为114.29万人，占企业职工总数的68.29%。可见，内蒙古自治区城镇职工主要集中于国有和集体单位以外的其他经济单位，城镇集体单位吸纳的劳动力人数较少。

2. 事业单位职工总数及其构成

2016年，内蒙古自治区事业单位职工总数约为77.31万人，其中国有单位职工约为75.61万人，占事业单位总数的97.80%，城镇集体单位职工约为1.3万人，仅占事业单位总数的0.17%，其他单位职工3941人，占比更低。可见，内

蒙古自治区事业单位职工集中于国有单位。

3. 机关职工总数及其构成

2016年，内蒙古自治区机关职工总数为39.37万人，其中国有单位职工为39.30万人，占机关职工总数的99.82%。可见，内蒙古自治区机关职工高度集中于国有单位。

（二）按国民经济行业分组

1. 第一产业和服务业人数及其构成

2016年，内蒙古农、林、牧、渔业及其服务业职工总计为22.01万人，比2015年减少0.67万人，其中农业为9.79万人，林业为71107人，畜牧业为24257人，渔业为2267人，农林牧渔服务业为24535人（见表2-2）。

表2-2 2016年内蒙古自治区第一产业及其服务业职工人数　　单位：人

项目	合计	国有单位职工人数	城镇集体单位职工人数	其他单位职工人数
第一产业及其服务业	220094	212642	565	6887
农业	97928	96306	255	1367
林业	71107	71031	—	76
畜牧业	24257	19543	53	4661
渔业	2267	2256	—	11
农、林、牧、渔服务业	24535	23506	257	772

2. 第二产业职工人数及其构成

2015年，内蒙古自治区采矿业、制造业、电力和燃气及水的生产与供应业、建筑业职工人数分别为17.57万人、45.72万人、13.99万人和19.93万人。2016年，内蒙古自治区采矿业、制造业、电力和燃气及水的生产与供应业、建筑业职工人数分别为16.25万人、43.0万人、14.32万人17.70万人，其中采矿业、制造业和建筑业较2015年分别减少了1.32万人、2.72万人、2.23万人，电力和燃气及水的生产与供应业较2015年增加了0.33万人（见表2-3）。

表2-3 2016年内蒙古自治区第二产业职工人数　　单位：人

项目	合计	国有单位职工人数	城镇集体单位职工人数	其他单位职工人数
采矿业	162497	30144	1412	130941
制造业	430022	20124	6194	403704
电力、燃气及水的生产和供应业	143232	40699	675	101858

续表

项目	合计	国有单位职工人数	城镇集体单位职工人数	其他单位职工人数
建筑业	176984	6460	2990	167534
房屋建筑业	114716	3838	2265	108613
土木工程建筑业	53447	2392	529	50526
建筑安装业	6057	230	196	5631
建筑装饰和其他建筑业	2764	—	—	—

3. 第三产业职工人数及其构成

2015年，内蒙古自治区第三产业职工人数总计为169.61万人，其中批发、零售业为9.42万人，交通、运输、仓储和邮政业为20.20万人，金融业为1.23万人。2016年，内蒙古自治区第三产业职工总计171.14万人，比2015年增加了1.53万人，各行业人数增减变化不明显（见表2-4）。

表2-4　2016年内蒙古自治区第三产业职工人数　　　单位：人

项目	合计	国有单位职工人数	城镇集体单位职工人数	其他单位职工人数
批发和零售业	87153	16451	1417	69285
批发业	28650	11818	380	16452
零售业	58503	4633	1037	52833
交通运输、仓储和邮政	221713	162587	5351	53775
铁路运输业	121133	110781	4922	5430
道路运输业	67372	30284	178	36910
水上运输业	19	19	—	—
航空运输业	4483	585	—	3898
管道运输业	90	—	—	90
装卸搬运和运输代理业	2257	179	251	1827
仓储业	5297	3904	—	1393
邮政业	21062	16835	—	4227
住宿和餐饮业	36313	5099	470	30744
住宿业	19725	3787	278	15660
餐饮业	16588	1312	192	15084
信息传输、软件和信息技术服务业	47859	15118	25	32716
电信、广播电视和卫星传输服务业	45370	14607	—	30763
互联网和相关服务	472	199	—	273

续表

项目	合计	国有单位职工人数	城镇集体单位职工人数	其他单位职工人数
软件和信息技术服务业	2017	312	25	1680
金融业	103721	40310	23090	40321
货币金融服务业	85880	33412	23090	29378
资本市场服务业	716	306	—	410
保险业	16708	6313	—	10395
其他金融活动	417	279	—	138
房地产业	53444	5064	59	48321
租赁和商务服务业	39497	14300	717	24480
租赁业	498	34	—	464
商务服务业	38999	14266	—	24016
科学研究、技术服务业	57164	39339	717	17221
研究与试验发展	5599	5253	604	346
专业技术服务业	43304	28288	604	14412
科技推广和应用服务业	8261	5798	—	2463
水利、环境和公共设施管理业	78207	68146	2494	7567
水利管理业	14424	13774	89	561
生态保护和环境治理业	3774	3734	—	40
公共设施管理业	60009	50638	—	6966
居民服务、修理和其他服务业	7916	5014	957	1945
居民服务业	4831	3660	319	852
机动车、电子产品和日用产品修理业	361	20	13	328
其他服务业	2724	1334	625	765
教育	347013	340284	380	6349
卫生和社会工作	151593	137942	9369	4282
卫生	147100	133978	9310	3812
社会工作	4493	3964	59	470
文化、体育和娱乐业	34465	32280	29	2156
新闻出版业	7372	6956	—	416
广播、电视、电影和影视录音制作业	10536	10063	28	445
文化艺术业	14153	13813	1	339
公共管理、社会保障和社会组织	445319	445053	—	266

二、就业结构及其变化特征

党的十八大以来,内蒙古自治区深入实施就业优先战略和更加积极的就业政策,扎实推进落实"创业就业工程"和"创业内蒙古行动",保持了全区就业形势总体稳定。在扩大就业规模方面,内蒙古自治区围绕经济结构调整和产业转型升级,建立经济发展与扩大就业良性互动机制,发挥特色优势产业带动就业的作用,把第三产业作为扩大就业的主攻方向,大力挖掘服务业、中小企业和劳动密集型企业吸纳就业的潜能,千方百计拓宽就业渠道,扩大就业规模。

(一)就业的产业结构

近年来,内蒙古自治区城镇就业人员逐年稳定增加,由 2001 年的 1067.0 万人增加到 2016 年的 1474.0 万人,并呈现出明显的结构性变化,其中,第一产业就业人员占内蒙古总就业人员的比重由 2001 年的 51.60% 下降到 2016 年的 40.06%,第二产业就业人员占内蒙古总就业人员的比重由 2001 年的 16.80% 下降到 2016 年的 15.85%,第三产业就业人员占内蒙古总就业人员的比重明显上升,由 2001 年的 31.60% 上升到 2016 年的 44.09%(见表 2-5)。

表 2-5 2001~2016 年内蒙古自治区三次产业就业情况

年份	就业人员(万人)	第一产业(万人)	占比(%)	第二产业(万人)	占比(%)	第三产业(万人)	占比(%)
2001	1067.0	550.5	51.60	179.3	16.80	337.2	31.60
2002	1086.1	552.3	50.90	173.7	16.00	360.1	33.10
2003	1005.2	548.7	54.59	152.5	15.17	303.9	30.24
2004	1026.1	559.3	54.51	153.0	14.91	313.8	30.58
2005	1041.1	560.5	53.83	162.7	15.64	317.9	30.53
2006	1051.2	565.3	53.78	168.0	15.98	317.8	30.23
2007	1081.5	569.3	52.64	183.6	16.98	328.6	30.38
2008	1103.3	556.7	50.45	186.2	16.88	360.4	32.67
2009	1142.5	558.0	48.84	193.3	16.92	391.2	34.24
2010	1184.7	571.0	48.20	206.2	17.41	407.5	34.39
2011	1249.3	573.0	45.87	221.5	17.73	454.8	36.40
2012	1304.9	583.4	44.70	236.1	18.10	485.4	37.20
2013	1408.2	580.9	41.25	264.6	18.79	562.7	39.96
2014	1485.4	582.0	39.18	271.4	18.27	632.0	42.55
2015	1463.7	572.3	39.10	249.7	17.06	641.7	43.84
2016	1474.0	590.5	40.06	233.7	15.85	649.8	44.09

(二) 就业的城乡结构

总体来看，内蒙古自治区乡村就业人员高于城镇就业人员。2003年以来，城镇就业人员占比稳定提高，由2004年的34.12%上升到2016年的48.90%；乡村就业人员占比稳定下降，由2004年的65.88%下降到2016年的51.10%（见表2-6）。

表2-6　2001~2016年内蒙古自治区城乡就业情况

年份	总计（万人）	城镇（万人）	占比（%）	乡村（万人）	占比（%）
2001	1067.0	434.5	40.72	632.5	59.28
2002	1086.1	435.6	40.12	650.5	59.88
2003	1005.2	352.9	35.12	652.3	64.88
2004	1026.1	350.3	34.12	675.8	65.88
2005	1041.1	350.3	33.65	690.8	66.35
2006	1051.2	365.0	34.72	686.2	65.18
2007	1081.5	383.5	35.46	698.0	64.54
2008	1103.3	414.9	37.61	688.4	62.39
2009	1142.5	439.5	38.47	703.0	61.53
2010	1184.7	465.2	39.27	719.5	60.73
2011	1249.3	517.1	41.49	732.2	58.51
2012	1304.9	562.6	43.11	742.3	56.89
2013	1408.2	665.4	47.25	742.8	52.75
2014	1485.4	738.8	49.74	746.6	50.26
2015	1463.7	725.7	49.58	738.1	50.42
2016	1474.0	720.7	48.90	753.3	51.10

(三) 就业的经济类型结构

1. 内蒙古城镇就业人员经济类型结构

2001年以来，内蒙古自治区城镇就业主要集中于个体和私营企业，国有企业就业人员比较稳定，集体企业、联营企业、有限责任公司、股份有限公司、港澳台商和外商投资企业吸纳的就业人员较少（见表2-7）。

表2-7　2001~2016年内蒙古自治区城镇就业的经济类型结构　单位：万人

年份	总计	国有企业	集体企业	股份合作企业	联营企业	有限责任公司	股份有限公司	私营企业	港澳台商投资企业	外商投资企业	个体
2001	434.5	188.9	20.5	2.2	0.5	29.3	9.3	30.4	1.7	1.8	96.2
2002	435.6	177.8	17.7	1.9	0.4	34.4	11.1	29.0	1.8	2.0	87.9

续表

年份	总计	国有企业	集体企业	股份合作企业	联营企业	有限责任公司	股份有限公司	私营企业	港澳台商投资企业	外商投资企业	个体
2003	352.9	169.2	15.8	2.0	0.3	40.2	12.0	35.7	1.7	2.5	72.8
2004	350.3	166.6	13.5	1.7	0.3	43.3	13.0	44.2	1.1	2.7	56.1
2005	350.3	162.0	12.4	1.8	0.3	47.0	14.3	47.1	1.6	2.5	60.2
2006	365.0	160.5	11.5	1.5	0.3	49.3	14.3	53.3	1.3	2.7	69.0
2007	383.5	162.0	11.1	1.9	0.3	48.1	17.7	61.8	1.5	2.7	75.2
2008	414.9	163.5	10.1	1.4	0.3	45.5	18.3	80.4	1.4	2.8	89.6
2009	439.5	166.7	9.2	1.9	0.2	44.5	17.9	89.2	1.5	2.9	104.5
2010	465.2	169.4	8.9	2.1	0.2	45.5	17.8	103.1	1.6	2.8	113.0
2011	517.1	173.1	8.5	1.5	0.2	53.7	19.6	117.4	1.7	3.1	137.3
2012	562.6	176.3	8.5	2.4	0.2	56.6	20.1	133.5	2.4	3.1	158.3
2013	665.4	170.8	7.5	2.0	0.1	91.4	22.8	144.8	2.2	5.4	216.7
2014	738.8	168.1	6.3	1.1	0.2	92.0	23.7	173.2	2.4	6.3	264.1
2015	725.7	168.0	5.9	0.9	0.1	90.8	23.3	168.1	2.5	5.5	259.3
2016	720.7	167.8	5.3	0.7	0.1	87.2	22.9	176.8	2.4	5.0	250.6

2. 乡村就业经济类型结构

2001年以来，内蒙古自治区乡村就业人员主要集中于私营企业和个体单位，并以个体为主，如表2-8所示。

表2-8 2001~2016年内蒙古自治区乡村就业的经济类型结构

年份	总计（万人）	私营（%）	个体（%）
2001	632.5	15.2	73.7
2002	650.5	22.8	77.6
2003	652.3	15.6	35.6
2004	675.8	17.0	21.8
2005	690.8	21.1	22.1
2006	686.2	20.3	18.8
2007	698.0	21.1	18.4
2008	688.4	18.0	20.1
2009	703.0	16.2	24.4
2010	719.5	18.4	24.4

续表

年份	总计（万人）	私营（%）	个体（%）
2011	732.2	18.2	28.6
2012	742.3	20.1	49.4
2013	742.8	50.9	55.0
2014	746.6	34.7	50.7
2015	738.1		
2016	753.3		

（四）城镇就业的地区结构

1. 按三次产业划分的地区就业结构

内蒙古自治区各地区城镇就业人员在三次产业中的分布差距较大，呼和浩特市、包头市、呼伦贝尔市、鄂尔多斯市和阿拉善盟第三产业吸纳的劳动力就业比重较高，2016年分别为49.4%、60.3%、48.0%、45.9%和50.5%；兴安盟、通辽市、赤峰市、乌兰察布市和巴彦淖尔市第一产业就业人员比重较高，2016年分别为57.8%、54.4%、52.3%、56.5%和57.5%（见表2-9）。

表2-9 2016年年末内蒙古自治区各盟市三次产业就业人员及占比

地区	就业人员（万人）	第一产业（万人）	第二产业（万人）	第三产业（万人）	第一产业（%）	第二产业（%）	第三产业（%）
呼和浩特市	178.80	36.20	54.30	88.30	20.2	30.4	49.4
包头市	159.53	21.46	41.95	96.12	13.5	26.3	60.3
呼伦贝尔市	153.36	60.63	19.19	73.54	39.5	12.5	48.0
兴安盟	89.01	51.44	9.30	28.27	57.8	10.4	31.8
通辽市	189.68	103.25	26.33	60.09	54.4	13.9	31.7
赤峰市	260.37	136.05	49.83	74.49	52.3	19.1	28.6
锡林郭勒盟	61.73	25.41	9.60	26.72	41.2	15.5	43.3
乌兰察布市	113.80	64.30	14.20	35.30	56.5	12.5	31.0
鄂尔多斯市	109.45	28.72	30.51	50.22	26.2	27.9	45.9
巴彦淖尔市	90.90	52.30	11.50	27.10	57.5	12.7	29.8
乌海市	33.31	1.14	8.81	23.36	3.4	26.4	70.1
阿拉善盟	18.63	4.25	4.97	9.41	22.8	26.7	50.5

2. 按照经济类型划分的地区就业结构

总体来看，内蒙古自治区各地区城镇就业人员主要集中于私营企业和个体单位，合计占就业总人员的50%以上（见表2-10）。

表2-10 2016年内蒙古自治区各盟市城镇经济类型就业结构　　单位：人

地区	合计	国有单位	集体单位	其他单位	港澳台商投资单位	外商投资单位	私营	个体
呼和浩特市	1247509	196428	8422	206585	7883	14875	301892	534182
包头市	1110481	125095	11200	252301	3408	5175	476657	245228
呼伦贝尔市	768972	194211	3869	102682	1393	1076	100265	367945
兴安盟	279647	99813	2670	29462	419	1123	39860	107842
通辽市	546383	198872	6055	87038	4677	6305	74507	179911
赤峰市	698158	197377	9317	128259	1298	3679	178819	184386
锡林郭勒盟	401673	90212	2811	48520	169	207	109751	150379
乌兰察布市	369879	114885	2062	40742	1108	412	87303	124887
鄂尔多斯市	684773	148622	3140	161165	2455	16217	168015	203831
巴彦淖尔市	582710	99454	2619	44596	179	553	108637	327404
乌海市	211439	27231	21	65862	624	611	69685	48640
阿拉善盟	139799	26641	638	29121	481	70	51568	31831

3. 乡村就业的地区结构

总体来看，2016年内蒙古自治区各地区乡村就业人员高度集中于农林牧渔业，其中赤峰市最高，达133.65万人，乌海市最低，只有8740人（见表2-11）。

表2-11 2016年年末内蒙古自治区各盟市乡村从业人数　　单位：人

地区	农林牧渔业	工业	建筑业	交通运输仓储业、邮政业	信息传输、计算机服务、软件业	批发、零售业	住宿、餐饮业	其他行业
呼和浩特市	345209	45335	81100	30143	6159	41641	34925	29775
包头市	205188	23670	23419	13806	1819	22726	14519	12793
呼伦贝尔市	491297	26022	23679	13987	3861	28381	18997	17034
兴安盟	489081	22804	25695	6487	7926	19810	15488	19964
通辽市	964139	58938	82937	19166	8815	50101	38856	39683
赤峰市	1336474	132776	187402	42628	10093	81421	41361	63410
锡林郭勒盟	248657	4474	10550	4349	652	6751	8111	10619

续表

地区	农林牧渔业	工业	建筑业	交通运输仓储业、邮政业	信息传输、计算机服务、软件业	批发、零售业	住宿、餐饮业	其他行业
乌兰察布市	635703	24547	72179	18202	2214	20043	16211	31874
鄂尔多斯市	328213	20238	16107	20754	2519	19415	16379	3061
巴彦淖尔市	523104	19372	11310	9286	1404	25663	10499	8469
乌海市	8740	1444	1925	653	29	489	578	384
阿拉善盟	38857	485	432	1313	64	893	1688	2771

三、失业情况

广义的失业是指生产资料和劳动者分离的一种状态，在这种状态下，劳动者的生产潜能和主观能动性无法发挥，不仅浪费社会资源，还对社会经济发展造成负面影响。狭义的失业是指有劳动能力的处于法定劳动年龄阶段的并有就业愿望的劳动者失去或没有得到有报酬的工作岗位的社会现象。在经济学范畴中，一个人愿意并有能力为获取报酬而工作，但尚未找到工作的情况，即认为是失业。内蒙古自治区的失业问题在一定程度上反映了内蒙古自治区劳动力市场的需求状况及其变化特征。

（一）当年需要安置人员变化

近年来，内蒙古自治区当年需要安置人数总体呈增加态势。2001年，内蒙古自治区当年需要安置人数为27.45万人，2006年、2007年、2008年、2010年和2012年突破50万人，2006年高达52.76万人（见表2-12）。

表2-12　2001~2016年内蒙古自治区当年需要安置人员　　　　　单位：人

年份	当年需要安置人数	年份	当年需要安置人数
2001	274460	2009	492987
2002	345500	2010	513615
2003	406755	2011	484723
2004	430454	2012	525613
2005	451039	2013	479820
2006	527624	2014	470258
2007	511642	2015	498667
2008	513101	2016	497417

（二）登记失业人员当年就业人员变化

城镇登记失业人员指在劳动年龄（16 周岁至退休年龄）内，有劳动能力、有就业要求、处于无业状态并在公共就业服务机构进行失业登记的城镇常住人员。其中，没有就业经历的城镇户籍人员，在户籍所在地登记；农村进城务工人员和其他非本地户籍人员在常住地稳定就业满 6 个月的，失业后可以在常住地登记。近年来，内蒙古自治区登记失业人员当年就业人员总体呈增加态势，2006 年、2007 年、2008 年和 2010 年均突破 30 万人，其中 2006 年约高达 32.1 万人（见表 2-13）。

表 2-13 2001~2016 年内蒙古自治区失业人员当年就业人员变化情况   单位：人

年份	登记失业人员当年就业人数	年份	登记失业人员当年就业人数
2001	116527	2009	290897
2002	174300	2010	303436
2003	215118	2011	266418
2004	245309	2012	294336
2005	261359	2013	241773
2006	320781	2014	222582
2007	319431	2015	239973
2008	314011	2016	230283

（三）城镇失业人员变化

经济活动人口是估算人力资源、劳动力熟练程度、未来劳动力性别年龄结构及其在城乡间的分配以及研究劳动力供求平衡的重要依据。把经济活动人口与 15 岁及以上人口相比，可以计算出经济活动人口的总参与率，也可以计算年龄别的经济活动人口参与率，这些指标在相当程度上反映了对人力资源利用的数量和质量水平。近年来，内蒙古自治区城镇失业人员总体呈增加态势，其中，女性失业人数占比较高并呈下降趋势，2003 年和 2007 年分别高达 53.19% 和 53.52%，2016 年下降到 43.02%（见表 2-14）。

表 2-14 2001~2016 年内蒙古自治区女性失业人员变化情况

年份	城镇失业人员（万人）	女性失业人员（万人）	女性失业人员占比（%）
2001	144687	74641	51.59
2002	162700	83703	51.45
2003	175889	93556	53.19
2004	185118	96233	51.98
2005	177483	81080	45.68
2006	179786	88842	49.42

续表

年份	城镇失业人员（万人）	女性失业人员（万人）	女性失业人员占比（%）
2007	184573	98785	53.52
2008	199167	97800	49.10
2009	201428	103173	51.22
2010	208110	85596	41.13
2011	218289	96117	44.03
2012	231277	106106	45.88
2013	238047	103627	43.53
2014	247676	116690	47.11
2015	258694	109340	42.27
2016	267134	114923	43.02

（四）城镇登记失业率

失业率是评价一个国家或地区就业状况的主要指标，目前，国际上通用的失业率概念，是指失业人数同从业人数与失业人数之和的比例关系，反映了在一定时期内可以参加社会劳动的人数中实际失业人数所占的比重。城镇登记失业率是指在报告期末城镇登记失业人数占期末城镇从业人员总数与期末实有城镇登记失业人数之和的比重。在城镇单位从业人员中，不包括使用的农村劳动力、聘用的离退休人员、港澳台及外方人员。城镇登记失业人员是指非农业人口中，在劳动年龄（16周岁至退休年龄）内，有劳动能力、无业而要求就业，并在当地就业服务机构进行求职登记的人员，不包括正在就读的学生和等待就学的人员、已经达到国家规定的退休年龄或虽未达到国家规定的退休年龄但已经办理了退休（含离休）、退职手续的人员和其他不符合失业定义的人员。期末城镇从业人员总数是指辖区内城镇劳动年龄人口中处于就业状态的人员总数，包括离开本单位仍保留劳动关系的职工，不包括聘用的离退休人员、港澳台及外籍人员和使用的农村劳动力。近年来，内蒙古自治区城镇登记失业率基本稳定在4%左右，总体呈现出下降趋势，2001年为3.65%，2004年高达4.59%，2015年和2016年回落到3.65%（见表2-15）。

表2-15　2001~2016年内蒙古自治区城镇登记失业率变化情况　　单位:%

年份	城镇登记失业率	年份	城镇登记失业率
2001	3.65	2009	4.05
2002	4.10	2010	3.90
2003	4.50	2011	3.80
2004	4.59	2012	3.73

续表

年份	城镇登记失业率	年份	城镇登记失业率
2005	4.26	2013	3.66
2006	4.13	2014	3.59
2007	4.00	2015	3.65
2008	4.10	2016	3.65

第二节　内蒙古自治区劳动力需求市场变化特征

劳动力市场理论主要研究人力资源的商品属性问题，以及人力资源市场的性质、特点、转化及运行调控机制等问题。广义的劳动力市场是指劳动力资源配置和调节的经济关系，包括劳动契约、劳动就业、工资分配、社会保障、劳动立法、职业培训、职业咨询、职业安全卫生以及特殊群体劳动者的保护等。狭义的劳动力市场是指劳动力供求双方双向选择、进行劳动力交换的场所，以及运用市场机制调节劳动力供求关系的组织形式。近年来，内蒙古自治区劳动力市场需求总体旺盛，需求结构比较稳定。

一、劳动力市场供求变化

2013年，内蒙古自治区本级人才市场共举办各类人才现场招聘会32次，共组织用人单位2908家，提供就业岗位69086个，参会求职人数12.3万人次；办理网络招聘3786家，提供就业岗位227135个；现场、网络招聘合计6694家单位，共提供就业岗位296221个。2013年，内蒙古自治区劳动力市场供求比例第一季度为1∶2.71，第二季为1∶3.09，第三季度为1∶3.18，第四季度为1∶2.94，全年平均为1∶2.98（1个岗位2.98人竞争），如图2－1所示。

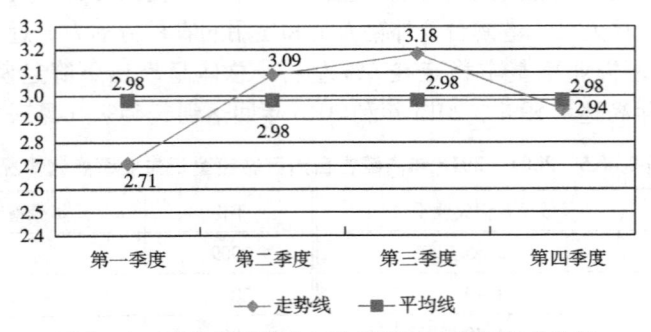

图2－1　2013年内蒙古自治区劳动力市场供求比例

资料来源：《2013年内蒙古自治区本级人才市场供求信息情况分析报告》。

第二章　内蒙古自治区劳动力市场需求

2014年，内蒙古自治区本级人才市场共举办各类人才现场招聘会23次，共组织用人单位2863家，提供就业岗位68579个，参会求职人数110005人次；办理网络招聘1602家，提供就业岗位136540个；现场、网络招聘合计4465家单位，共提供就业岗位205119个。2014年，内蒙古自治区劳动力市场供求比例第一季度为1∶2.86，第二季度为1∶3.11，第三季度为1∶3.14，第四季度为1∶2.93，全年平均为1∶3.01（1个岗位3.01人竞争），如图2-2所示。

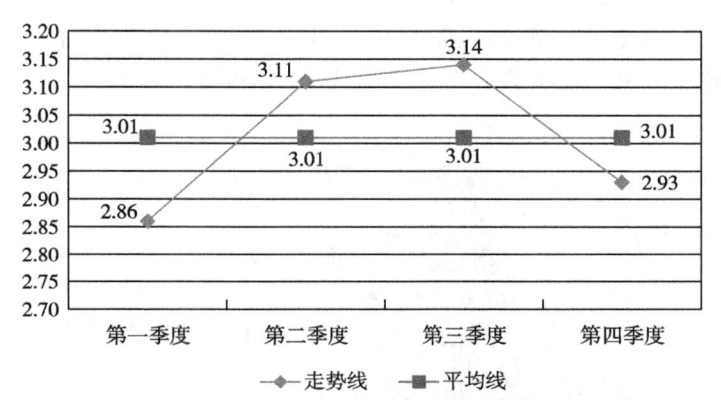

图2-2　2014年内蒙古自治区劳动力市场供求比例

资料来源：《2014年内蒙古自治区本级人才市场供求信息情况分析报告》。

2015年，内蒙古自治区本级人才市场共举办各类人才现场招聘会41次，共组织用人单位2970家，提供就业岗位74141个；现场、网络招聘合计4337家单位，共提供就业岗位198261个。2015年，内蒙古自治区劳动力市场供求比例第一季度为：1∶2.94，第二季度为1∶3.16，第三季度为1∶3.13，第四季度为1∶2.98，全年平均为1∶3.05（1个岗位3.05人竞争），如图2-3所示。

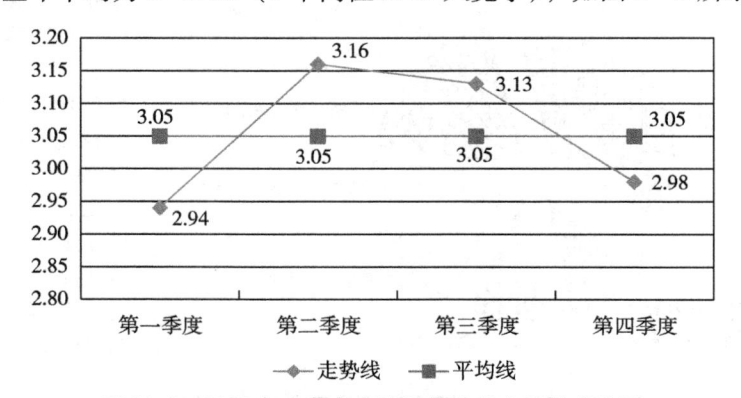

图2-3　2015年内蒙古自治区劳动力市场供求比例

资料来源：《2015年内蒙古自治区本级人才市场供求信息情况分析报告》。

二、用人单位需求变化

（一）用人单位岗位需求专业排名

2013年，内蒙古自治区用人单位岗位需求排名前五位的专业分别为：计算机科学与技术类占第一位，需求岗位36820个，占全部岗位需求的12.43%；机械类占第二位，需求岗位33650个，占全部岗位需求的11.36%；土建类专业排第三位，需求岗位32850个，占全部岗位需求的11.09%；电子信息类排第四位，需求岗位24626个，占全部岗位需求的8.31%；经济学类排第五位，需求岗位24583个，占全部岗位需求的8.30%（见图2-4和图2-5）。

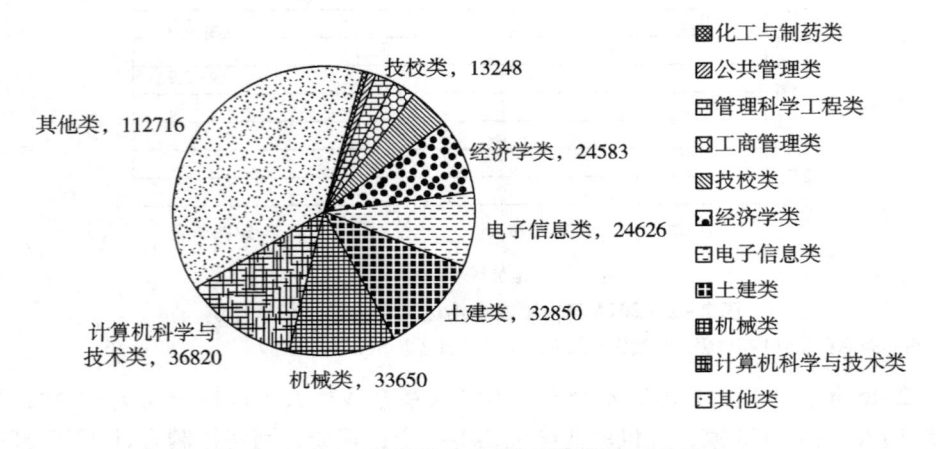

图2-4　2013年内蒙古自治区用人单位岗位需求

资料来源：《2013年内蒙古自治区本级人才市场供求信息情况分析报告》。

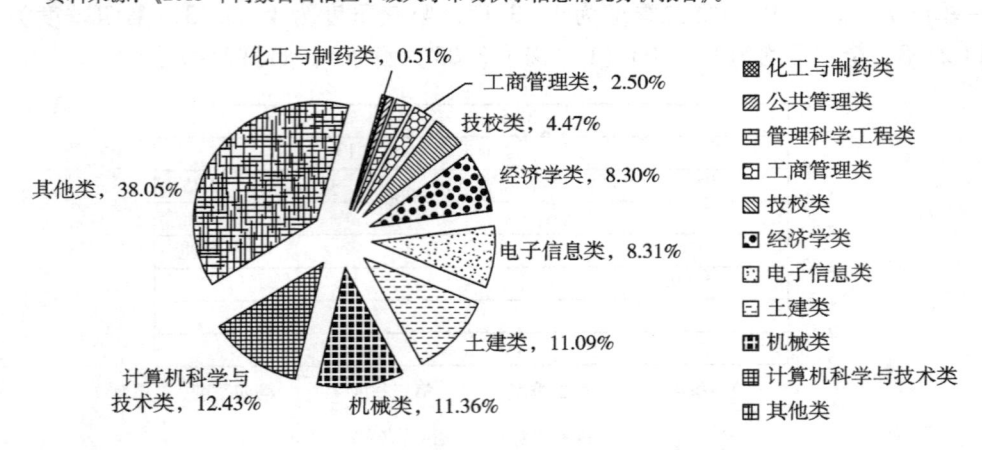

图2-5　2013年内蒙古自治区用人单位岗位需求占比

资料来源：《2013年内蒙古自治区本级人才市场供求信息情况分析报告》。

第二章 内蒙古自治区劳动力市场需求

2014年,内蒙古自治区用人单位岗位需求排名前五位的专业分别为:市场营销/公关/销售占第一位,需求岗位24619个,占全部岗位需求的12.17%;计算机/互联网/电子商务占第二位,需求岗位23569个,占全部岗位需求的11.65%;证券/银行/保险排第三位,需求岗位23478个,占全部岗位需求的11.60%;酒店/旅游/娱乐排第四位,需求岗位18471个,占全部岗位需求的9.13%;生产/营运/安全排第五位,需求岗位17298个,占全部岗位需求的8.55%(见图2-6和图2-7)。

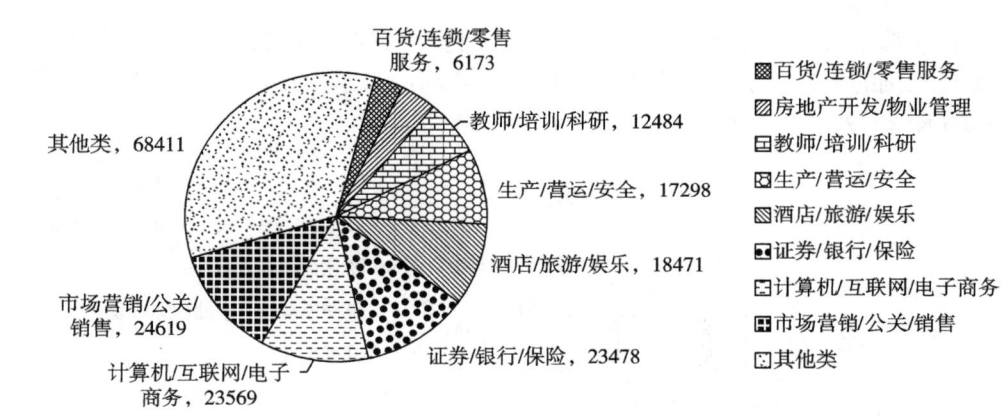

图2-6　2014年内蒙古自治区用人单位岗位需求

资料来源:《2014年内蒙古自治区本级人才市场供求信息情况分析报告》。

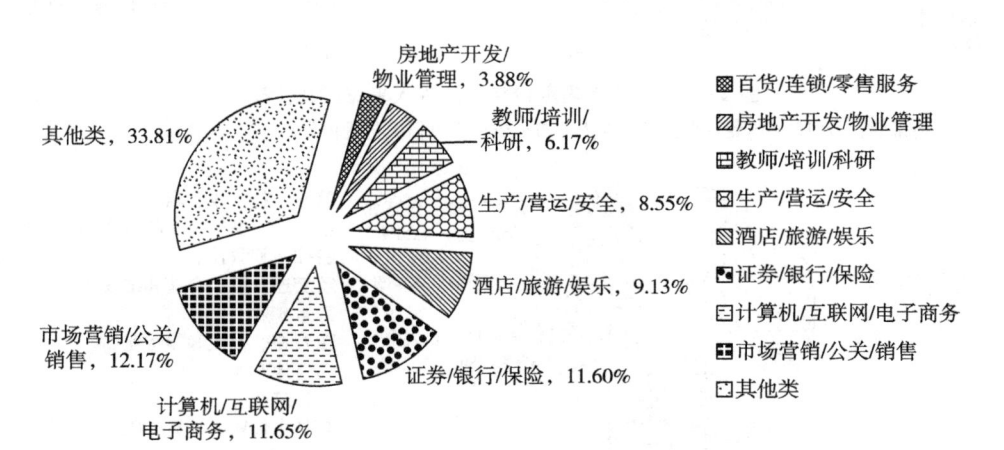

图2-7　2014年内蒙古自治区用人单位岗位需求占比

资料来源:《2014年内蒙古自治区本级人才市场供求信息情况分析报告》。

2015年，内蒙古自治区用人单位岗位需求排名前三位的专业依次为：市场营销/公关/销售、计算机/互联网/电子商务、酒店/旅游/娱乐。2016年，从经济类型上看，呼和浩特市金融业用人单位岗位需求增加明显，占比48.08%，较上季度增加10.82%，较上年同期增加36.42%。

（二）用人单位岗位需求行业分布

2013年，内蒙古自治区劳动力市场从用人单位行业分布来看，排名前五位的为：信息传输、计算机服务和软件业排第一位，占全部用人单位比例的13.65%；建筑类排第二位，占全部用人单位比例的11.91%；房地产类排第三位，占全部用人单位比例的9.32%；贸易、批发和零售业类排第四位，占全部用人单位比例的7.28%；采矿类排第五位，占全部用人单位比例的5.68%（见图2-8和图2-9）。

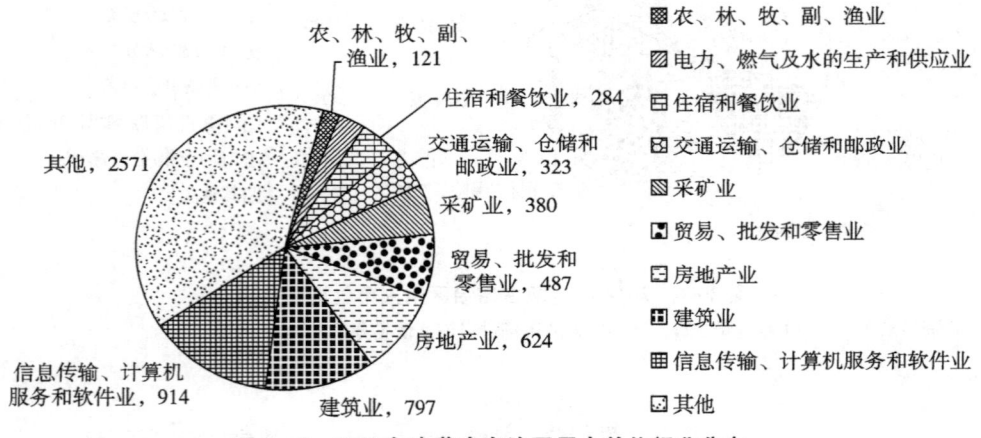

图2-8 2013年内蒙古自治区用人单位行业分布

资料来源：《2013年内蒙古自治区本级人才市场供求信息情况分析报告》。

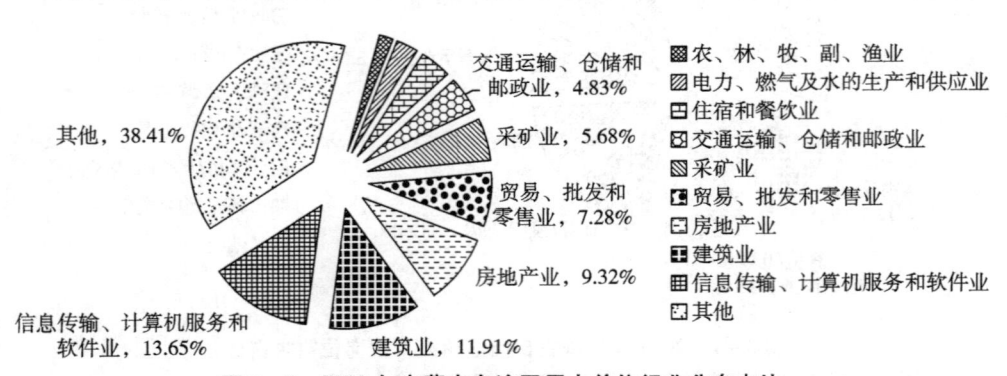

图2-9 2013年内蒙古自治区用人单位行业分布占比

资料来源：《2013年内蒙古自治区本级人才市场供求信息情况分析报告》。

第二章　内蒙古自治区劳动力市场需求

2014年，内蒙古自治区劳动力市场从用人单位行业分布来看，排名前五位的为：贸易、批发和零售业排第一位，占全部用人单位比例的8.82%；房地产业排第二位，占全部用人单位比例的8.26%；信息传输、计算机服务和软件业排第三位，占全部用人单位比例的7.35%；金融类排第四位，占全部用人单位比例的6.27%；交通运输、仓储和邮政业排第五位，占全部用人单位比例的5.92%（见图2-10和图2-11）。

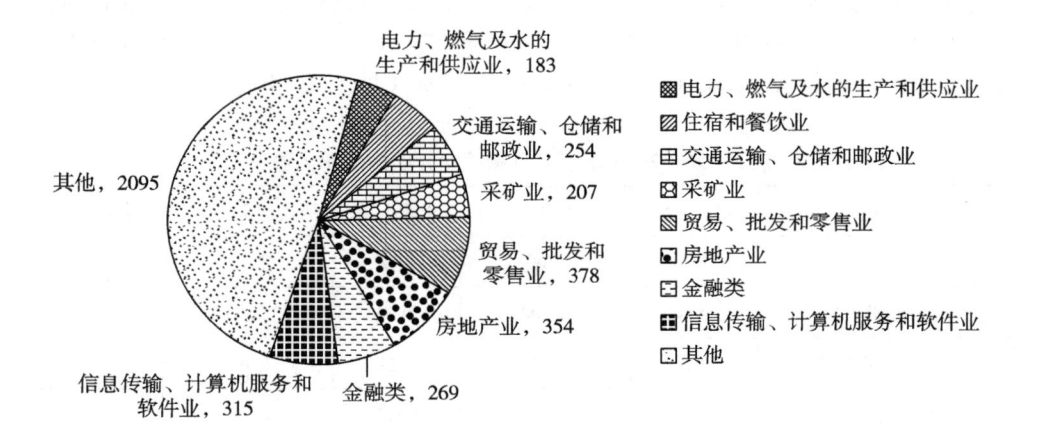

图2-10　2014年内蒙古自治区用人单位行业分布
资料来源：《2014年内蒙古自治区本级人才市场供求信息情况分析报告》。

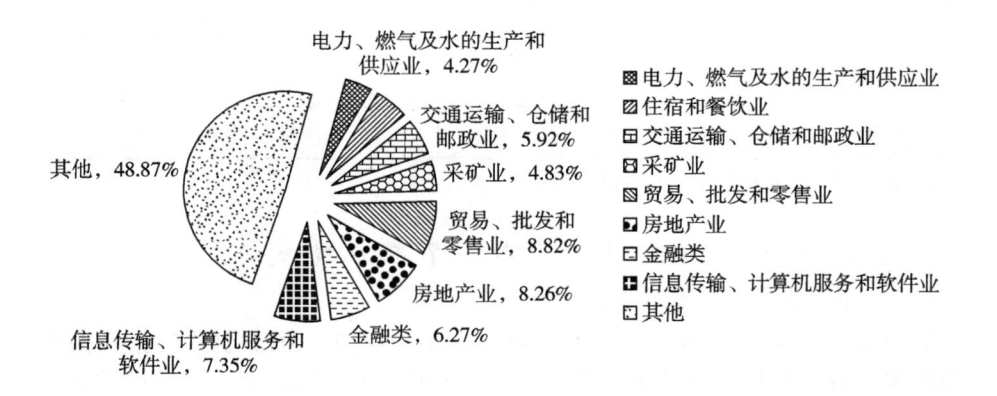

图2-11　2014年内蒙古自治区用人单位行业分布占比
资料来源：《2014年内蒙古自治区本级人才市场供求信息情况分析报告》。

2015年，内蒙古自治区劳动力市场从用人单位行业情况分布来看，排名前三位的依次为：贸易、批发和零售业，信息传输、计算机服务和软件业，金融、

41

保险类。

（三）劳动力市场职业供求变化

近年来，内蒙古自治区劳动力市场职业供求变化不够明显，主要集中于商业、服务业和专业技术人员。以包头市为例，2016年包头市劳动力市场用人单位需求主要集中在商业和服务业人员、专业技术人员、生产运输设备操作人员、办事人员和有关人员，分别占用人单位总量的44.69%、22.00%、10.34%和5.57%。同时，包头市求职人员的求职意向多为商业和服务业人员、专业技术人员这两个职业，其所占比重分别为43.32%和11.31%，合计约占全部求职人数的34.90%，求职者中对职位无要求的占54.53%（见表2-16）。

表2-16 2016年包头市按职业分组的供求人数

职业	需求人数	所占比重（%）	求职人数	所占比重（%）	求人倍率
单位负责人	283	1.60	396	2.13	0.56
专业技术人员	3884	22.00	2103	11.31	1.04
办事人员和有关人员	983	5.57	1011	5.44	0.68
商业和服务业人员	7891	44.69	8052	43.32	1.16
农林牧渔水利生产人员	18	0.10	25	0.14	0.00
生产运输设备操作工	1825	10.34	2036	10.95	0.70
其他	2772	15.70	2943	15.83	0.79
无需求	/	/	2022	10.88	/
合计	17656	100.00	18588	100.00	/

资料来源：《2016年包头市人才市场供求信息情况分析报告》。

三、内蒙古自治区劳动力市场个人求职变化

（一）个人求职专业意向变化

2013年，内蒙古自治区劳动力市场个人求职岗位专业求职意向排名前五位的分别为：计算机科学与技术类排第一位，求职意向14356个，占全部求职意向的11.24%；土建类排第二位，求职意向13513个，占全部求职意向的10.57%；电子信息类排第三位，求职意向11750个，占全部求职意向的9.20%；机械类排第四位，求职意向11137个，占全部求职意向的8.72%；工商管理类排第五位，求职意向10512个，占全部求职意向的8.23%（见图2-12和图2-13）。

第二章 内蒙古自治区劳动力市场需求

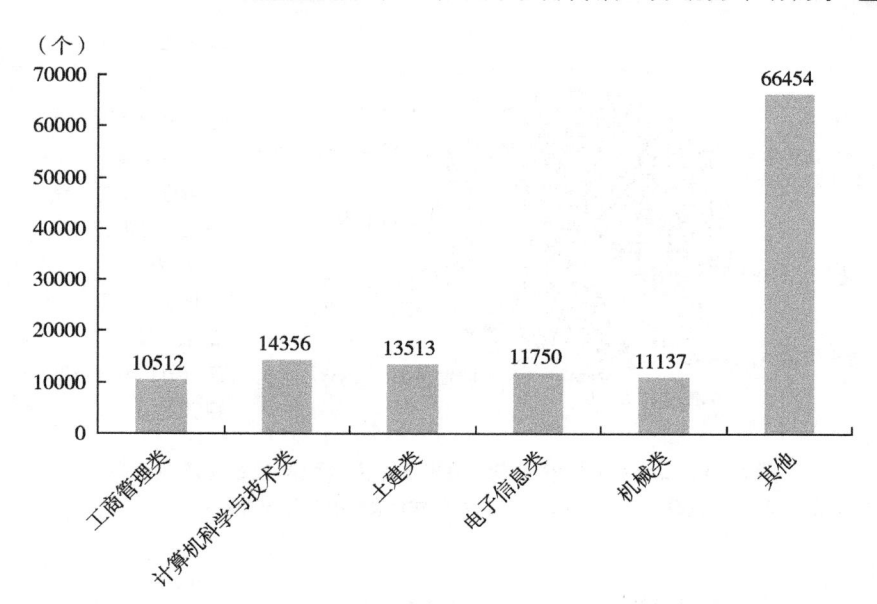

```
(个)
70000                                              66454
60000
50000
40000
30000
20000        10512   14356   13513   11750   11137
10000
    0
         工商管理类 计算机科学与技术类 土建类 电子信息类 机械类  其他
```

图 2-12 2013 年内蒙古劳动力市场个人求职岗位专业求职意向

资料来源：《2013 年内蒙古自治区本级人才市场供求信息情况分析报告》。

```
其他, 52.04%
工商管理类, 8.23%
计算机科学与技术类, 11.24%
土建类, 10.57%
电子信息类, 9.20%
机械类, 8.72%
```

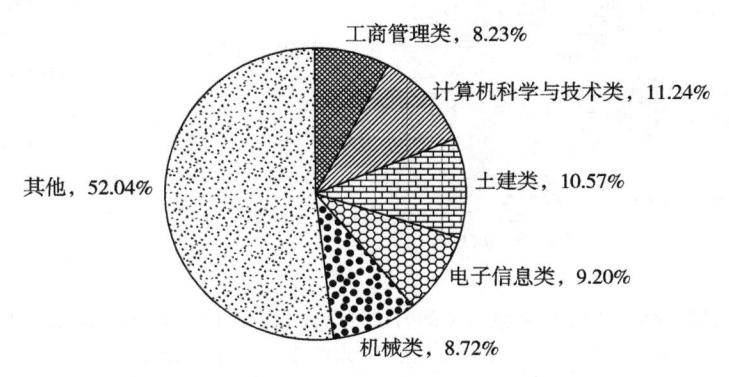

图 2-13 2013 年内蒙古劳动力市场个人求职岗位专业求职意向占比

资料来源：《2013 年内蒙古自治区本级人才市场供求信息情况分析报告》。

将 2014 年个人求职简历意向统计信息数据汇总后，得出 2014 年个人求职岗位专业求职意向排名前五的专业分别为：计算机科学与技术类排第一位，求职意向 27837 个，占全部求职意向的 12.03%；土建类排第二位，求职意向 25684 个，占全部求职意向的 11.10%；管理科学与工程类排第三位，求职意向 23975 个，占全部求职意向的 10.36%；机械类排第四位，求职意向 22346 个，占全部求职意向的 9.66%；工商管理类排第五位，求职意向 21541 个，占全部求职意向的 9.31%（见图 2-14 和图 2-15）。

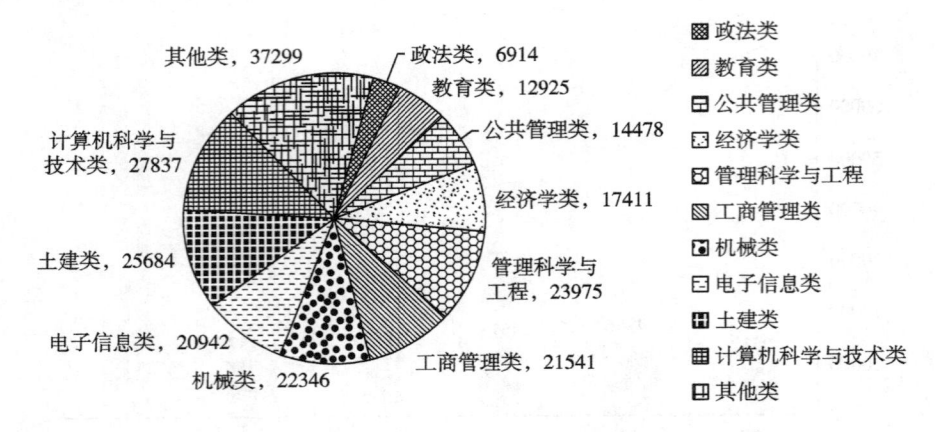

图 2-14 2014 年内蒙古劳动力市场个人求职岗位专业求职意向

其他类，37299；政法类，6914；教育类，12925；公共管理类，14478；经济学类，17411；管理科学与工程，23975；工商管理类，21541；机械类，22346；电子信息类，20942；土建类，25684；计算机科学与技术类，27837

资料来源：《2014 年内蒙古自治区本级人才市场供求信息情况分析报告》。

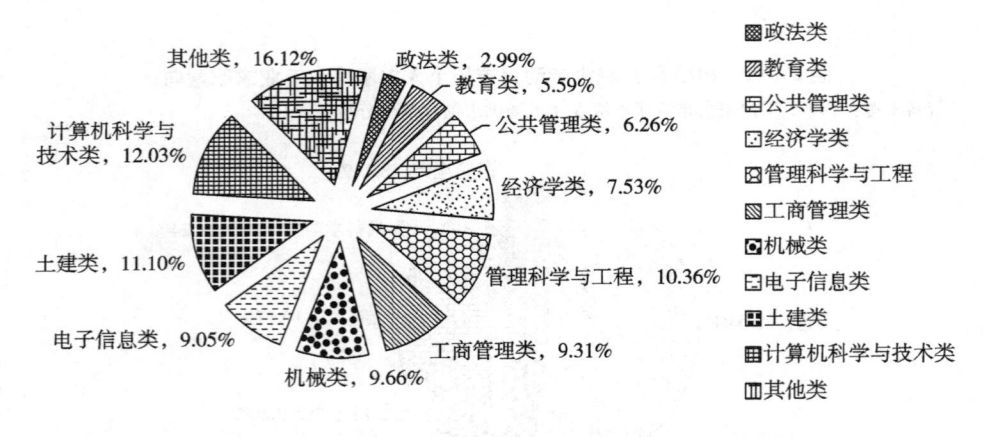

图 2-15 2014 年内蒙古劳动力市场个人求职岗位专业求职意向占比

其他类，16.12%；政法类，2.99%；教育类，5.59%；公共管理类，6.26%；经济学类，7.53%；管理科学与工程，10.36%；工商管理类，9.31%；机械类，9.66%；电子信息类，9.05%；土建类，11.10%；计算机科学与技术类，12.03%

资料来源：《2014 年内蒙古自治区本级人才市场供求信息情况分析报告》。

2015 年，个人求职岗位专业求职意向排前三位的依次为：计算机科学与技术类、管理科学与工程类、土建类。

（二）个人求职学历结构

2013 年，从求职意向的学历来看，本科学历占 51.08%，专科学历占 32.33%，中专及以下学历占 8.15%，硕士及以上学历占 1.34%（见图 2-16 和图 2-17）。

第二章 内蒙古自治区劳动力市场需求

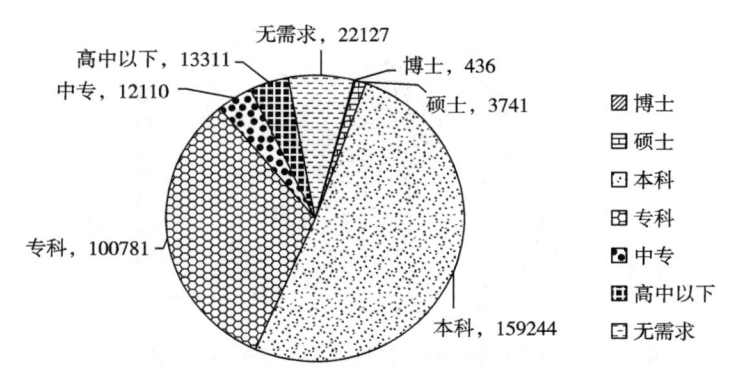

图2-16 2013年内蒙古自治区个人求职学历结构

（无需求，22127；博士，436；硕士，3741；本科，159244；专科，100781；中专，12110；高中以下，13311）

资料来源：《2013年内蒙古自治区本级人才市场供求信息情况分析报告》。

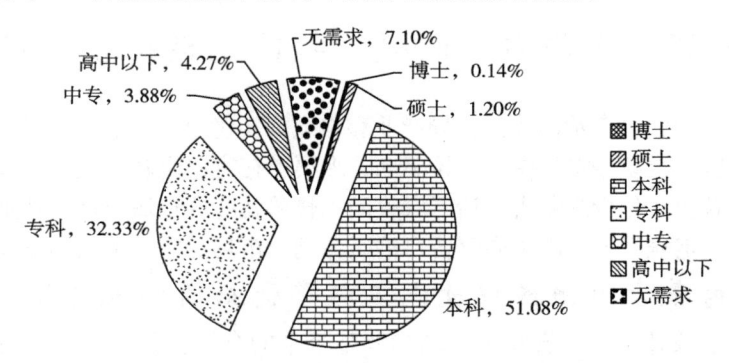

图2-17 2013年内蒙古自治区个人求职学历结构占比

（无需求，7.10%；博士，0.14%；硕士，1.20%；本科，51.08%；专科，32.33%；中专，3.88%；高中以下，4.27%）

资料来源：《2013年内蒙古自治区本级人才市场供求信息情况分析报告》。

2014年，从求职意向的学历来看，本科学历占44.97%，专科学历占42.69%，中专及以下学历占3.52%，硕士及以上学历占1.9%（见图2-18和图2-19）。

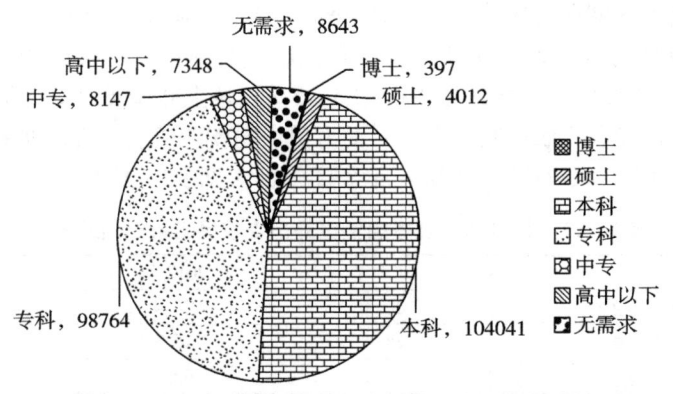

图2-18 2014年内蒙古自治区个人求职学历结构

（无需求，8643；博士，397；硕士，4012；本科，104041；专科，98764；中专，8147；高中以下，7348）

资料来源：《2014年内蒙古自治区本级人才市场供求信息情况分析报告》。

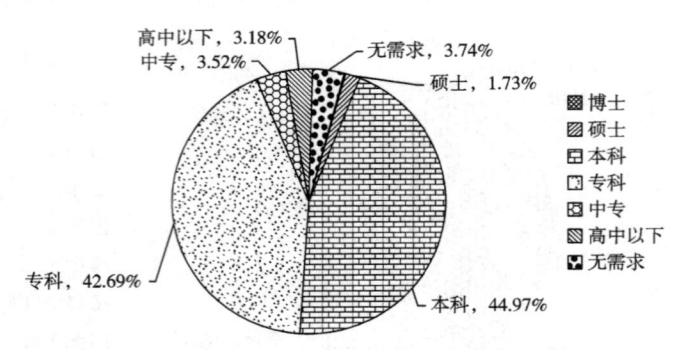

图 2-19　2014 年内蒙古自治区个人求职学历结构占比

资料来源:《2014 年内蒙古自治区本级人才市场供求信息情况分析报告》。

第三节　内蒙古自治区农牧民工转移就业特征

近年来,内蒙古自治区依托主导产业和本地资源优势,通过以项目建设促进就业、以就业服务拉动经济发展,双轮驱动,多渠道拓宽稳定转移就业空间,确保农牧民工稳定就业。分析内蒙古自治区农牧民工转移就业的地域特征、产业特征和收入特征,在一定程度上反映了内蒙古自治区劳动力市场的需求结构和发展趋势。

一、内蒙古自治区农牧民工转移就业的地域特征

2013 年,受西部大开发和经济结构调整带来的全国性的产业转移的影响,以及近几年内蒙古自治区县域经济和城镇化的较快发展,新农村新牧区建设力度的加大,内蒙古自治区外出农牧民工已呈下降趋势,本地农牧民工出现明显增势。其中,外出农牧民工(在户籍所在乡镇地域外从业的农牧民工)174 万人,比上年减少 14 万人,下降 7.4%;本地农牧民工 64 万人,比上年增加 17 万人,增长 36%。在内蒙古自治区内就业的农牧民工占 82.9%,较上年提高 4.5 个百分点,与全国农民工平均省内流动占比 53.4% 相比,约高三成。其中,乡外县内的占 28.4%,较上年提高 12.3 个百分点,县外区内的占 54.5%,较上年降低 7.8 个百分点,说明县域经济的快速发展为农村牧区剩余劳动力提供的就业机会正在增加;在区外就业的农牧民工占 17.1%,较上年下降 4.5 个百分点(见表 2-17)。

表 2-17　2013 年内蒙古自治区外出农牧民工就业地域分布　　单位:%

外出地区	2013 年	2012 年	增量
一、自治区内	82.9	78.4	4.5
其中:乡镇外旗县内	28.4	16.1	12.2
旗县外自治区内	54.5	62.3	-7.7
二、自治区外	17.1	21.6	-4.5

2014年内蒙古自治区农牧民工呈现以下两个明显特征：一是本地和外出农牧民工数量三七开。本地（本乡镇内）农牧民工人数达到72.5万人，占30.1%，比上年增加8.6万人，增长13.4%。其中，本地非农务工和非农自营人数分别增加5.9万人和2.7万人。外出（到本乡镇以外）农牧民工人数168.4万人，占69.9%，比上年减少5.4万人，下降3.1%。其中，举家外出和住户中单独外出人数分别下降1.3万人和4万人。本地农牧民工人数之所以快速增加，从长期来看，是受西部大开发和经济结构调整带来的全国性产业转移的影响；短期来看，是近几年全区县域经济较快发展和新农村新牧区建设力度加大，促使农牧民工在劳动意愿和务工地选择上更加倾向于本地。尤其是国家扶持小微企业发展战略和自治区农村牧区"十个全覆盖"工程的强力推进，为农村牧区广大劳动力提供了更多本地经商、打工的机会和岗位，使农牧民更容易在家门口转移就业、增收致富。二是到区外打工的农牧民工增加。2014年，全区外出农牧民工总量虽然呈下降趋势，但从外出地域来看，也并非全部下降。其中，到自治区外打工的农牧民工约有35万人，比上年增加5万人，增长17.7%。吸纳我区外出农牧民工数量明显增加的地区主要是北京、天津，另外东部的山东、辽宁、广东和西部的宁夏也均有所增加，中部省份则趋于下降。在自治区内本乡镇外打工的农牧民工约有133万人，比上年减少11万人，下降7.4%。其中，外出到乡外旗县内的约有44万人，比上年减少5万人，下降10.1%；外出到县外自治区内的约有89万人，比上年减少6万人，下降6.0%。这是农牧民工外出就业不同于前两年的一个新特征（见图2-20）。

(万人)	举家外出	住户中外出	本地非农自营	本地非农务工
2013年	133	41	23	40
2014年	131	37	26	46

注释说明：
- 从长期来看，受西部大开发和经济结构调整所带来的全国性产业转移的影响
- 县域经济较快发展
- 新农村建设力度大
- 小微企业发展战略
- 十个全覆盖

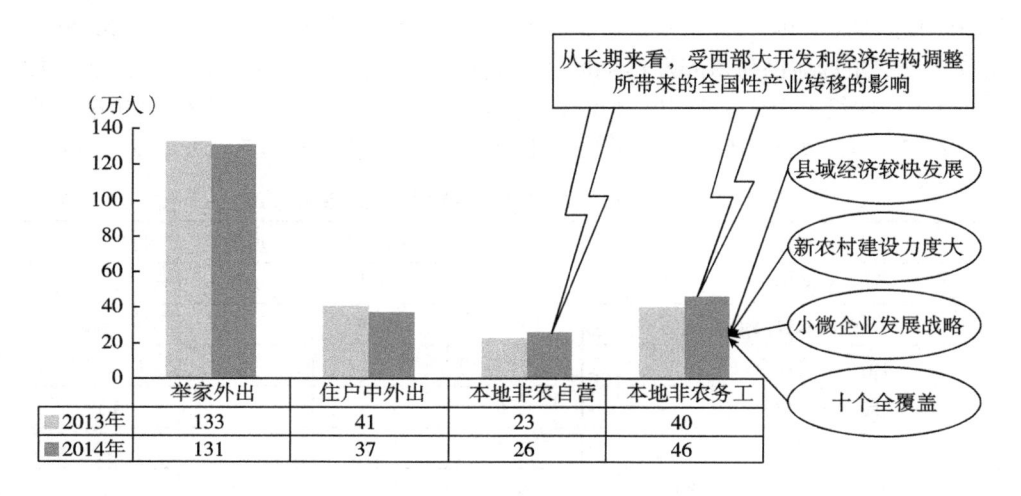

图2-20 内蒙古自治区农牧民工基本构成

2015年，在241.6万农牧民工中，外出和本地农牧民工数量继续保持七三开，

并呈外出增加、本地略减的态势。2015年，全区外出农牧民工人数达169.6万人，占70.2%；比上年增加1.3万人，增长0.77%。其中，举家外出农牧民工达130.6万人，占比高达77%，比上年略有减少；住户中外出农牧民工仅为39.1万人，增长5.81%。本地农牧民工人数达72.0万人，占29.8%；比上年减少0.5万人，略降0.70%。其中，非农务工达46.9万人，比上年增长1.29%；非农自营（包括注册企业、个体户和小摊小贩）达25.1万人，下降4.21%（见表2-18）。

表2-18　2015年内蒙古自治区农牧民工总量变化情况　　单位：万人，%

指标	2015年	2014年	增量	增幅
全年农牧民工人数	241.6	240.9	0.8	0.33
（一）全年外出农牧民工人数	169.6	168.4	1.3	0.77
1. 全年举家外出农牧民工人数	130.6	131.4	-0.9	-0.65
2. 全年住户中外出农牧民工人数	39.1	36.9	2.1	5.81
（二）全年本地农牧民工人数	72.0	72.5	-0.5	-0.70
1. 全年本地非农自营农牧民工人数	25.1	26.2	-1.1	-4.21
2. 全年本地非农务工农牧民工人数	46.9	46.3	0.6	1.29

2016年，内蒙古自治区农牧民工外出减少、本地增加，在243.6万农牧民工中，外出（本乡镇以外）人数为166.3万人，比上年同期减少3.4万人，降低1.99%。其中，127.7万人在自治区内就业，占76.8%；38.6万人跨省流动，占23.2%。外出农牧民工流入大中城市（地级以上城市）的比重由上年同期的57.9%提高到60.2%，流入县级市、城郊或建制镇的比重由42.1%下降至39.8%；跨省流动的主选地仍为东部发达地区。本地农牧民工人数为77.3万人，同比增加5.3万人，增长7.38%。其中，非农自主创业（包括注册企业、个体户和小摊小贩）29.1万人，增长16.22%；非农务工48.2万人，增长2.65%（见表2-19）。

表2-19　2016年内蒙古自治区农牧民工总量变化情况　　单位：万人，%

指标	2016年	2015年	增量	增幅（%）
农牧民工	243.6	241.7	1.9	0.80
外出农牧民工	166.3	169.7	-3.4	-1.99
自治区内流动农牧民工	127.7	132.6	-4.9	-3.70
跨省流动农牧民工	38.6	37.1	1.5	4.04
本地农牧民工	77.3	72.0	5.3	7.38
本地非农自主创业农牧民工	29.1	25.1	4.0	16.22
本地非农务工农牧民工	48.2	46.9	1.3	2.65

2017年，内蒙古自治区农牧民工内外双增且本地更具吸引力，在250.3万农牧民工中，外出（到本乡镇以外）人数为168.9万，比上年同期增加2.6万人，增长1.57%。其中，约有132万人在自治区内就业，同比增加4.3万人，增长3.38%；有36.9万人跨省流动，减少1.7万人，下降4.45%。外出农牧民工流入大中城市（地级以上城市）的比重由上年同期的60.2%下降至57.2%，流入县级市、城郊或建制镇的比重由39.8%提高到42.8%。本地（本乡镇以内）农牧民工人数为81.4万，同比增加4.1万人，增长5.35%。其中，非农自主创业（包括注册企业、个体户和小摊小贩）28.1万人，同比减少1万人，下降3.55%；非农务工53.3万人，增加5.1万人，增长10.74%（见表2-20）。

表2-20　2017年内蒙古自治区农牧民工总量变化情况　　单位：万人，%

指标	2017年	2016年	增量	增幅
农牧民工	250.3	243.6	6.7	2.77
外出农牧民工	168.9	166.3	2.6	1.57
自治区内流动农牧民工	132.0	127.7	4.3	3.38
跨省流动农牧民工	36.9	38.6	-1.7	-4.45
本地农牧民工	81.4	77.3	4.1	5.35
本地非农自主创业农牧民工	28.1	29.1	-1.0	-3.55
本地非农务工农牧民工	53.3	48.2	5.1	10.74

二、内蒙古自治区农牧民工产业分布特征

2013年，随着内蒙古自治区经济结构的不断优化，农牧民工在就业选择上也凸显出产业结构调整的成效。从农牧民工所从事的产业来看，基本上以二三产业为主，约占农牧民工总量的99.2%（见图2-21）。其中，从事第二产业的农牧民工占比为30.00%，比上年下降6.4个百分点；从事第三产业的占比达到69.20%，比上年提高6.3个百分点。与全国相比，内蒙古自治区从事第二产业的农牧民工占比低于全国26.8个百分点，而从事第三产业的农牧民工占比则高于全国26.6个百分点。这是内蒙古自治区农牧民工与全国其他省份相比较为突出的一个特点。就从事的行业看，居民服务、修理和其他服务业及租赁和商务服务业异军突起，分别占22.1%和6.6%，比重较上年分别提高了10.2和5.0个百分点，居各行业前列。以往农牧民工从业的重点行业——建筑业，交通运输仓储和邮政业，批发和零售业，住宿和餐饮业占比虽然比较高，但2013年呈现下降趋势，分别比上年降低1.2个、1.3个、2.4个和1.3个百分点（见表2-21）。

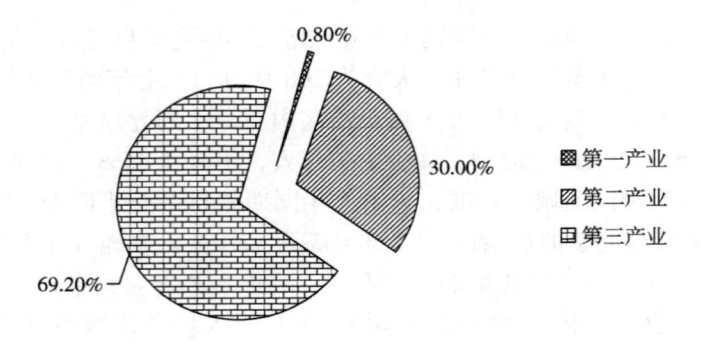

图 2-21　2013 年内蒙古自治区农牧民工的产业分布

表 2-21　2013 年内蒙古自治区农牧民工的行业分布　　　　　　　　单位:%

行业分布	2013 年	2012 年	增量
一、第一产业	0.8	0.7	0.1
二、第二产业	30.0	36.4	-6.4
其中：采矿业	2.9	7.8	-4.9
制造业	7.0	9.3	-2.3
建筑业	16.4	17.6	-1.2
三、第三产业	69.2	62.9	6.3
其中：批发和零售业	9.7	12.1	-2.4
交通运输、仓储和邮政业	10.1	11.3	-1.3
住宿和餐饮业	8.9	10.2	-1.3
租赁和商务服务业	6.6	1.6	5.0
居民服务、修理和其他服务业	22.1	11.9	10.2
其他行业	11.8	15.8	-4.0

随着产业结构调整和经济下行带来的第二产业下滑，农牧民工由第二产业向第三产业转移呈加快趋势。2014 年，农牧民工在第三产业就业的比重超过七成，达 73.00%，比上年提高 3.8 个百分点；与"十二五"初相比呈逐年递增的趋势，累计增长约 18 个百分点（见图 2-22）。就从事的行业看，居民修理和服务业、批发零售业和交运邮政仓储业的农牧民工数量增长较快，分别占 25.5%、11.5% 和 11.1%，提高 3.5 个、1.9 个和 1.0 个百分点，居各行业前列，合计占全部农牧民工的 48.1%；住宿餐饮业占比 9.1%，较上年小幅提升 0.2 个百分点。此外，一些现代服务业如从事卫生和社会工作、社会保障服务业、房地产业和文体娱乐业虽然占比较小，但均有较快增长。较为传统的采矿业、制造业、建

筑业、租赁和商务服务业对农牧民工的吸引力下降，从业占比分别比上年同期降低1.0个、1.5个、1.3个和2.1个百分点，也从侧面反映出全区煤炭等采矿业、建筑行业低迷，经济下行压力较大的现状。

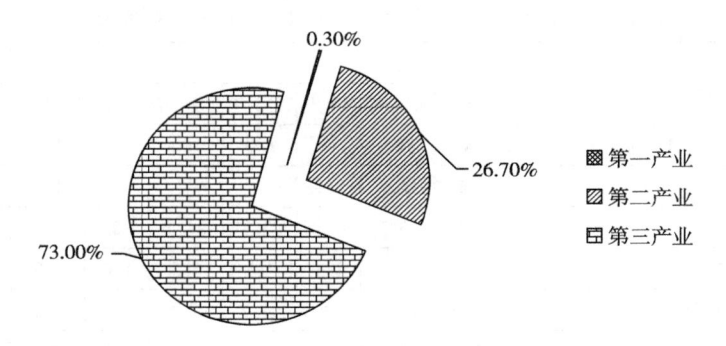

图2-22 2014年内蒙古自治区农牧民工产业分布

2014年，全区农牧民工中非农自营（包括注册企业、个体户和小摊小贩）人数约为28万人，比上年增加3万人，占农村牧区总劳动力的比重为3.2%，比上年同期提高0.3个百分点。究其原因，是2014年以来，全区工商登记制度改革稳步推进，自治区促进小微企业一系列政策贯彻落实，各级各部门转变作风改进服务意识，全区新设立小微企业和农牧区经营实体机构明显增加，有力地促进了农牧民自主创业的积极性。另外，全区"十个全覆盖"工程中的基础设施建设也为农村牧区带来了更多的外来务工人员，为农牧民提供了更多摆摊做小买卖的机会。

2015年，第三产业仍是转移就业的主战场。从产业分布看，农牧民工在第三产业就业的比重超过七成，达72.8%，同比略降0.2%，是"十二五"以来首次出现下降，但与"十二五"初期相比，已累计增长约18个百分点。在新常态下，第三产业与第二产业占比七三开的格局在短期内将不会有大的变化。就从事的行业看，居民修理和服务业、建筑业、批发零售业、住宿餐饮业、交通运输仓储业占比较高，分别占25.9%、14.6%、14.0%、11.2%和9.5%，在这五个行业的农牧民工占比超过3/4。其中，批发零售业和住宿餐饮业农牧民工增长较快，同比分别提高2.4个和2.1个百分点；居民修理和服务业农牧民工基本持平；交通运输仓储业和建筑业受经济大环境的影响均有所减少，农牧民工占比分别下降1.6个和0.6个百分点。本地农牧民工从业总体上仍延续了"十二五"以来第二产业下降、第三产业增加的态势，第二产业从业比重为23.8%，同比略降；第三产业从业比重达到76.2%，有所提高。其中，第二产业中制造业从业占比从上年的5.5%增长到7.1%，提高1.6个百分点。外出农牧民工则出现新变化，第二产业从业增加、第三产业从业下降，第二产业的从业占比为31.4%，提高0.5个百分点，其中，制造业提高3.7个百分点，建筑业下降4.6个百分点；第三产业的从业占比从上年的68.1%减少为67.6%，下降0.5个百分点（见表2-22）。

表2-22 2015年内蒙古自治区农牧民工产业及行业分布

指标	全区			本地			外出		
	2015年	2014年	增量	2015年	2014年	增量	2015年	2014年	增量
农牧民工从事的主要行业占比（%）	100	100	0	100	100	0	100	100	0
一、第一产业	0.4	0.3	0.1				1.0	1.0	0.0
二、第二产业	26.8	26.7	0.1	23.8	24.5	-0.7	31.4	30.9	0.5
其中：制造业	7.8	5.4	2.4	7.1	5.5	1.6	8.9	5.2	3.7
建筑业	14.6	15.2	-0.6	14.2	12.8	1.4	15.2	19.8	-4.6
三、第三产业	72.8	73.0	-0.2	76.2	75.5	0.7	67.6	68.1	-0.5
其中：批发零售业	14.0	11.6	2.4	16.7	13.6	3.1	9.7	7.4	2.3
交通运输仓储业	9.5	11.1	-1.6	14.2	13.6	0.6	2.2	6.1	-3.9
住宿和餐饮业	11.2	9.1	2.1	9.7	6.8	2.9	13.5	13.7	-0.2
居民修理服务业	25.9	25.6	0.3	25.2	25.0	0.2	26.8	26.7	0.1

2016年，3/4的农牧民工在第三产业就业，比重达74.8%，同比提高2.0个百分点，比"十二五"初期累计提高约20个百分点。随着"去产能""调结构"政策的推进，农牧民工在第三产业就业的比重将继续维持在较高水平。就从事的行业看，农牧民工在居民修理及服务业、批发零售业、建筑业、交通运输仓储业、住宿餐饮业和制造业从业占比较高，分别占24.3%、16.5%、12.6%、9.4%、8.7%和6.7%，合计接近八成。其中，批发零售业同比提高2.5个百分点，居民修理及服务业、交通运输仓储业和制造业保持基本稳定，建筑业、住宿餐饮业分别降低2.0个和2.5个百分点（见表2-23）。

表2-23 2016年内蒙古自治区农牧民工产业及主要行业分布情况

指标	全区		
	2016年	2015年	增减
农牧民工从事的主要行业占比（%）	100	100	0
第一产业	0.2	0.4	-0.2
第二产业	25.1	26.8	-1.7
其中：建筑业	12.6	14.6	-2.0
制造业	6.7	7.8	-1.1

续表

指标	全区		
	2016年	2015年	增减
第三产业	74.8	72.8	2.0
其中：居民修理及服务业	24.3	25.9	-1.6
批发零售业	16.5	14.0	2.5
交通运输仓储业	9.4	9.5	-0.1
住宿餐饮业	8.7	11.2	-2.5

三、内蒙古自治区农牧民工转移就业收入特征

（一）从业收入稳步提高

随着城乡一体化的快速推进，农牧民工市民化进程的不断加快，各地相继提高了最低工资标准，农牧民工收入也在稳步增长。2013年，内蒙古自治区农牧民工到外乡从业（含外出自营）的月均收入为2900元，比上年增加328元，增长12.8%，比全国外出农民工月均收入2609元多291元，高11.2%，月均收入增幅低1.1个百分点。从分组看，较高收入组人群占比明显提高。其中，收入800元及以下的占0.6%，比上年下降1.4个百分点；收入800~3000元的占50.9%，下降11.0个百分点；收入3000元以上的占48.6%，上升12.4个百分点。外出从业人员人均月寄回带回收入为1259.80元，同比增长15.3%。外出分布最多的五大行业——制造业、建筑业、交通运输仓储邮政业、住宿餐饮业、居民服务业的月均收入分别为2659元、4096元、3355元、2219元和2496元。

随着城乡一体化和进城务工人员市民化进程的不断加快，以及最低工资标准的稳步提高和城市招工难的助推，劳动力薪酬待遇呈稳步上升趋势。2014年，内蒙古自治区农牧民工月均收入达到3202元，比上年增加221元，增长7.4%，比同期全国平均水平高338元。其中，外出农牧民工月人均收入达3205元，比上年增加305元，增长10.5%；本地农牧民工的月人均收入为3194元，比上年减少7元，下降0.2%，主要是由于上年自主创业的农牧民人数增加，缺乏经营经验，加之创业初期的经营成本较高，拉低了本地农牧民工收入的增长。

2015年，全区农牧民工月均收入水平为3232元，比上年增长0.9%，比同期全国平均水平的3072元高5.2%。其中，外出农牧民工人均月收入达3247元，增长1.3%；本地农牧民工的人均月收入为3224元，增长0.9%。在经济下行压力较大的前提下，农牧民工的收入仍能保持增长实属不易。另据保守估算，截至2015年末，全区被拖欠工资的农牧民工约有1.1万人，比上年大幅减少近万人，工资拖欠状况的明显改善也对保障收入增长起到了积极作用。

2016年，全区农牧民工人月均收入为3502元，比上年增加270元，增长8.3%，比同期全国平均水平的3275元高227元。其中，外出农牧民工人月均收入3496元，同比增长7.7%；本地农牧民工人月均收入3514元，同比增长9.0%；外出和本地人月均收入同时实现了较快增长。

2017年，全区农牧民工人均月收入为3603元，比上年增加101元，增长2.89%，比同期全国平均水平的3485元高118元。其中，外出（到本乡镇以外）农牧民工人均月收入为3597元，同比增加101元，增长2.87%；本地（本乡镇以内）农牧民工人均月收入为3617元，同比增加103元，增长2.92%；外出和本地月均收入同时实现了稳步提高。与此同时，外出农牧民工人均月生活消费支出为1577元，同比减少111元，下降6.6%；人均月寄回带回收入为1451元，增加194元，增长15.5%。

（二）较高收入组农牧民工占比明显提高

2014年，收入1500元及以下的农牧民工占7.4%，下降4.3个百分点；收入1500～2000元的占11.8%，下降1.4个百分点；收入2000～3000元的占29.6%，下降1.7个百分点；收入3000元以上的占51.2%，上升7.4个百分点。由此可见，全区超过半数的农牧民工月收入已经达到3000元以上，这也在一定程度上体现了劳动力成本、用工成本的上升（见图2-23）。另外，外出农牧民工人均月寄回带回收入为1146元，同比减少114元，下降9.0%；外出农牧民工人均月生活消费支出为1382元，同比增加154元，增长12.6%。这表明，农牧民工外出打工时虽然收入增长较快，但背井离乡的生活压力大，生活成本增加较多，照顾家庭的寄回带回收入趋于减少。

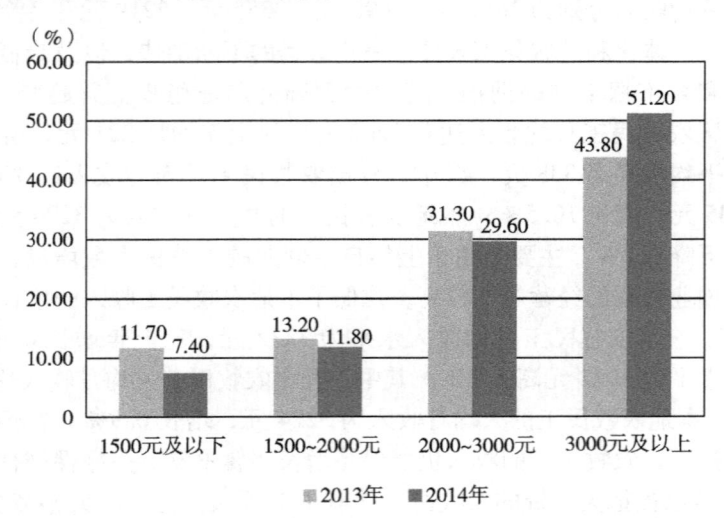

图2-23　2013～2014年内蒙古自治区农牧民工工资水平分布

2015年，从不同收入分组看，较高收入组农牧民工占比明显提高。其中，收入1500元及以下的为5.8%，比上年降低1.5个百分点；收入1500~3000元的占43.2%，上升1.8个百分点；收入3000元以上的占50.9%，基本持平。由此可见，内蒙古自治区过半数的农牧民工月人均收入达到3000元以上，这其中还有5%左右的农牧民工月人均收入已超过5000元。

2016年，较高收入组农牧民工占比进一步提高。其中，收入1500元及以下的为6.2%，与上年基本持平；收入1500~3000元的占40.7%，降低2.5个百分点；收入3000元以上的占53.1%，上升2.2个百分点，且其中有7%左右的农牧民工月均收入已超过5000元。与此同时，外出农牧民工人均月生活消费支出为1688元，同比增加160元，增长10.5%；人均月寄回带回收入为1256元，增加112元，增长9.8%。

第三章

内蒙古自治区就业与失业研究

第一节　内蒙古自治区劳动力市场供求结构特征分析

劳动力市场在整个市场体系中占有重要地位，是市场体系中的最关键部分。劳动力市场的基本功能：一是通过劳动力市场价格对劳动力质量、数量进行客观评价；二是通过劳动力市场上的双向选择调整劳动力的配置；三是通过优胜劣汰的竞争机制激发劳动者的潜能、提高劳动者的素质。

劳动力市场供求结构是由劳动供给和劳动需求相互影响和相互制约的，在不同时间和不同区域组合成一个综合体。在供给方面表现为性别、年龄、文化、技能方面的不同差异，在需求方面表现为职业、企业、行业、产业方面的不同差异，是劳动者技术特征、职业特征、年龄特征、性别特征与产业发展、行业发展、企业发展相互匹配的结果。

一、供给和需求的结构特征

（一）二元结构长期存在

我国劳动力市场的结构特征来源于经济的二元结构特征。二元经济结构是指一个国家的经济结构是由传统的自给自足的农业部门和比较发达的现代化部门两部分组成。传统农业部门生产的基础是土地，一方面可耕地增加的潜力有限，又缺乏资本投入，农业生产技术进步缓慢；另一方面农业社区人口增长较快，相对于有限的土地资源劳动力严重过剩，处于不充分就业和隐蔽性失业状态，农业劳动力的边际生产率甚至接近于零，多数农民只能维持较低的生活水平。现代工业部门生产的基础是可以迅速扩张的生产资料，不断增加的资本和技术投入使生产规模日益扩大，劳动力的边际生产率逐步提高，劳动者的收入水平也相应逐步提高。传统乡村与现代城市劳动者收入差距的不断扩大，导致劳动力从农业部门向工业部门不断转移、农村人口向城市不断迁移。二元经济结构下人口从农村向城市的流动，形成了一种特殊的劳动力市场结构，它由城市的正规劳动力市场、城市的非正规劳动力市场和农村劳动力市场三部分组成。

近年来内蒙古自治区的经济在飞速发展，二元经济结构所引发的问题日益凸显，这将影响着内蒙古自治区经济的正常运行。内蒙古自治区的生产总值在逐年提升，且非农业部门占主导因素，而农业部门产值提升幅度不大，整个内蒙古自治区的经济增长水平主要由第二、第三产业来带动，说明内蒙古自治区的农业水平落后。内蒙古自治区的劳动力水平呈逐年上升的趋势，非农业部门的劳动增长速度快于农业部门，且已赶超了农业部门的劳动力数量，但两者的劳动力数量水平基本一致。

（二）劳动力资源数量减小

根据现有人口初步预测，未来内蒙古自治区劳动力资源将发生两个方面的变化：一是劳动年龄人口总量将持续减少；二是劳动年龄人口中青壮年劳动力所占比重将保持在较低水平，而45～64岁的高龄劳动力人口比例逐渐提高。内蒙古自治区和全国一样，经济发展逐渐步入新常态，进入了经济结构调整、经济发展方式转变、经济增速减缓的时期。劳动力资源变化的总体趋势对内蒙古自治区产业转型升级、社会经济发展、劳动力的赡养能力等都会产生重要影响。掌握未来劳动力供给数量，把握劳动力资源变动趋势和劳动力结构变动的基本走势，为内蒙古自治区经济、社会事业发展战略调整和企业经营策略调整提供重要参考。

劳动力资源数量包含了劳动年龄内有劳动能力的人口和劳动年龄外实际参加劳动的人口。严格意义的劳动力资源人口数据很难取得，16～64岁人口是劳动力资源的主要部分，也是国际通用的劳动适龄人口的标准，一般分析时将16～64岁人口作为劳动力资源人口。根据目前人口数据，结合第六次人口普查资料，对内蒙古自治区2015～2050年的劳动力资源人口进行预测。预测结果显示，内蒙古自治区未来16～64人口数量和16～64岁人口占总人口的比重都呈现直线下降的趋势，而且下降的速度较快。

2013年，内蒙古自治区16～64岁人口有1948.51万人，达到峰值，之后开始逐年减少。到2050年，16～64岁人口预计降到1239.23万人，37年将减少700多万人左右，平均每年减少约19万人。16～64岁人口占总人口的比重由78.01%下降到50%左右。25～44岁是劳动力资源中的主要部分，这部分人口也将从2015年的34万多人降到2050的18万人左右，减少了近一半。劳动力资源人口减少，造成老年人口抚养比和少年儿童抚养比逐年上升，总抚养比直线上升，抚养负担加重，同时劳动力资源人口的平均年龄也不断增大。

（三）劳动力市场供求总量矛盾有所缓和

虽然现阶段内蒙古自治区劳动力供求矛盾相对突出，但从劳动力供求发展趋势上看，劳动力供求矛盾会不断缓解。从长期发展趋势上看，矛盾会随着人口规模的变动、体制改革的深化得到缓解。劳动力供求的矛盾在2016年后开始不断弱化。根据上述观点，结合内蒙古自治区人口自然变动情况，2013年内蒙古自治区劳动力供给量达到最高值，此后劳动力供给量降低。因为按照中国的规定，最低就业年龄为16周岁，16年的周期决定了劳动人口增长率的变化效应要在16年后才能体现。20世纪80年代后期，人口增长率为最高值时出生的人到2014年左右会成为主要的劳动参与者，劳动力供给将会出现高峰。此后，随着劳动人口增长率的锐减，劳动力供给减少，劳动力供求的矛盾将会得到有效缓解，这一状况将会持续到2032年。随着中国二孩政策的放开，2032年后人口会有缓慢回升。

（四）现阶段劳动力供求仍有一定缺口

如图3-1所示，从2000年以来，内蒙古自治区城镇人员登记失业率经历了一个由低到高，然后又不断下降的变化过程，2000～2004年，内蒙古自治区城镇失业率由3.34%上升到4.59%；2004年以后，城镇登记失业率开始起伏，但总体呈下降趋势；到2016年，内蒙古自治区城镇失业率下降到3.65%。虽然城镇登记失业率不能反映内蒙古自治区总体失业动态，因为对未在劳动部门登记的失业率以及第一产业中的潜在失业人员的忽略，可能导致对内蒙古自治区失业率描述出现误差，但是城镇登记失业率基本上反映了内蒙古失业率的变动趋势。所以，从内蒙古自治区城镇失业率的发展趋势上看，劳动力供求失衡态势还会持续一段时间。

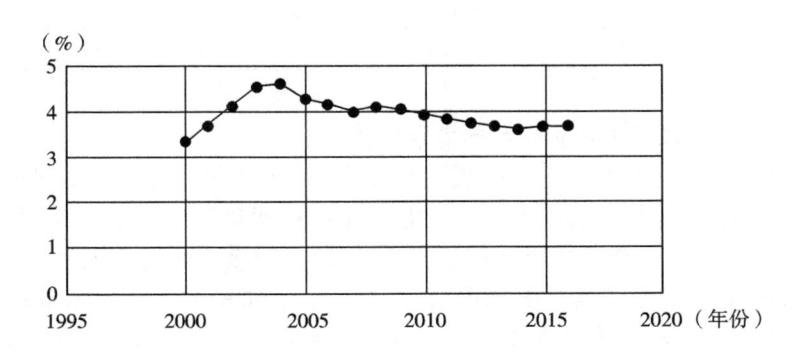

图3-1 历年内蒙古自治区城镇失业率

（五）第三产业已经初步成为吸纳劳动力的主要渠道

以服务业为主的第三产业已成为内蒙古自治区劳动力市场就业需求的主要渠道，九成以上的用人需求集中在中小微服务行业。按用人单位看，95.15%的用人需求集中在企业，机关事业单位的用人需求比重仅占0.24%，其他单位的用人需求比重为4.61%。从企业经济类型对劳动力的需求看，内资企业在需求中占主导，占企业总需求的80.59%；在内资企业的需求中，有限责任公司、私营企业两类需求的比重为56.69%。

从劳动力市场供求状况分析看，服务业总体用工需求呈上升趋势，以服务业为主的第三产业已成为内蒙古自治区劳动力市场就业需求的主要渠道，占市场总需求的70.59%。餐厅服务员、推销展销人员、客房服务员和前厅服务员等岗位用工缺口较大。住宿餐饮业、批发零售业、居民服务业和其他服务业是服务业用工需求的主体。住宿餐饮业、批发零售业、居民服务业和其他服务业在全区劳动力市场用人需求中分别占17.32%、17.48%和10.24%，占总用工需求的45.04%。

（六）劳动力主体多元化

进入市场求职的人员中，新成长劳动力、失业人员和本地农村牧区富余劳动力是求职的主体，新成长劳动力中应届高校毕业生的比重有所增长。从求职人员类别看，在所有求职人员中，新成长劳动力所占比重为38.17%，失业人员（就业转失业人员和其他失业人员）所占比重为31.61%，本地农村牧区富余劳动力所占比重为11.50%，合计所占比重为81.28%（见表3-1）。分年龄来看，现在求职者年龄主要以40岁以下年轻劳动力为主，而且年龄有逐步年轻化的趋势。求职者集中在16~34岁，占求职总数的71.28%。

表3-1 劳动力主体构成

类别	新劳动力	失业人员	农牧区富余劳动力	合计
比重（%）	38.17	31.61	11.5	81.28

（七）初、中级技术人员供给和需求旺盛

技能人才的供求集中在初、中级技术人员，求职人员中无技术等级或职称的劳动者比重有所减少。从需求看，对技术等级有明确要求的占总需求人数的39.99%，主要集中在初级技能（职业资格五级）、初级专业技术职务和中级技能（职业资格四级）职务，其所占比重为34.15%。从求职看，无技术等级或职称的求职者较多，占求职人员总数的52.44%。求职者中有技术等级的初级技能（职业资格五级）最多，所占比重为25.62%。

二、劳动力市场供求结构矛盾

劳动力市场上供给和需求之间存在不匹配现象，即会出现有人无岗的现象，也会出现有岗无人的现象，表现为地区、行业之间的不匹配，劳动者素质技能与岗位技能需求之间不匹配等。当前全区劳动力市场结构性矛盾突出，出现了明显的职位空缺和失业并存现象。虽然用人单位提供的用人岗位明显多于入场求职的人数，但是达成交易成功的人数却很少。

（一）区域性结构矛盾

劳动力需求的区域结构取决于内蒙古自治区的区域经济结构。内蒙古自治区版图东西狭长，迄今为止对于蒙东、蒙中、蒙西没有绝对的界定。本文采用所有划分方法中较为普遍的一种，即通辽、赤峰、呼伦贝尔、兴安盟、锡林郭勒为蒙东地区；呼和浩特、鄂尔多斯、乌兰察布、包头归为蒙中地区；蒙西地区则为余下的乌海、巴彦淖尔和阿拉善。从2016年失业率看，蒙东地区城镇登记平均失业率最高，为3.68，蒙西地区城镇登记平均失业率最低，为3.68，蒙中地区居中（见表3-2）。蒙东地区的城镇失业率与人口数量和东北地区经济低迷有较大的关系。同时可以分析出，蒙东地区的求人倍率低，蒙西地区求人倍率高。内蒙古自治区东、中、西部地区的城镇登记失业率存在鲜明的地域特征，具有区域性的结构矛盾。

表3-2　2016年各盟市城镇登记失业率

地区	2016年	平均失业率
呼和浩特市	3.66	3.56
包头市	3.89	
乌兰察布市	3.86	
鄂尔多斯市	2.89	
呼伦贝尔市	3.8	3.68
兴安盟	4	
通辽市	3.7	
赤峰市	3.99	
锡林郭勒盟	2.98	
巴彦淖尔市	3.81	3.36
乌海市	3.46	
阿拉善盟	2.8	

（二）时间性结构矛盾

时间性结构矛盾，是由于劳动者的求职行为与社会生产季节性和周期性所提供的职业种类和数量不同产生的差异。内蒙古自治区存在二元经济结构，劳动力流动存在一些障碍，但社会生产需求调整的幅度加快，用工需求表现在不同季节、不同周期之间的波动不同，影响劳动力市场供给和需求。从劳动需求看，时间特征从季节性、行业性向持续性、常年性转变。2010年前，时间性结构性矛盾一般呈现出季节性和行业性特点，一般在农历春节前后较为突出，如春节期间对服务员的需求量大，但是社会供给量小；2010年以后，时间性结构性矛盾表现为常年性和持续性的特点。

（三）性别性结构矛盾

性别性结构矛盾，是由于男性与女性劳动者在工作上、生理上具有不同的特点，不能满足市场对不同性别的劳动者需求。内蒙古自治区67.63%的用人单位对求职者的性别有明确要求，其中对男性的需求比重为41.26%，对女性的需求比重为26.37%。从城镇登记失业率来看，从2009年之后，女性的失业率始终低于男性失业率（见图3-2）。从求职者的性别结构看，男性的求职人数多于女性，所占比重分别为54.73%和45.27%。

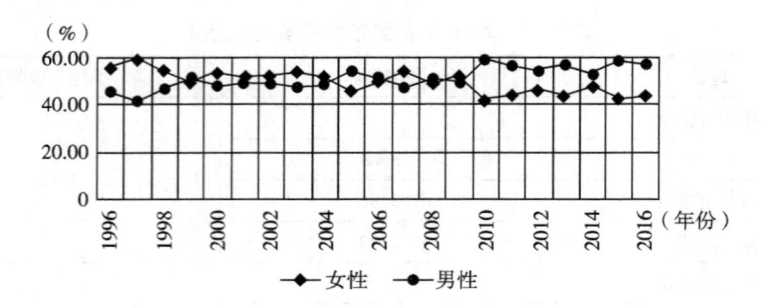

图 3-2　1996~2016 年内蒙古自治区城镇男女失业率

从供求状况看，男性的求人倍率为 1.09，女性的求人倍率为 0.91。不难看出，尽管女性的失业率更低，但是女性劳动力就业难度依旧大于男性。内蒙古自治区大力扶持发展以女性为主体和以底层妇女为主要服务对象的非正规组织，进一步完善再就业援助的办法和措施，认真落实促进就业的扶持政策，男性与女性的求人倍率趋于一致，但男性的求人倍率变化幅度超过女性。

（四）年龄性结构矛盾

年龄性结构矛盾，是指新成长的青年或者进入老龄期的劳动力与市场就业需求形成的差异，通常用年龄段的求人倍率表示。不同年龄段的劳动者的主动精神、创造精神和自觉精神具有很大的差异，劳动者所具有的知识和能力，与企业实践相结合，转化为可雇用技能，可以给企业带来收益。从发展趋势看，不同年龄段的结构性矛盾也存在一些差异，25~34 岁年龄段的人员最受用人单位欢迎，占 40%；无年龄要求的需求比重占 17.73%。

内蒙古自治区求人倍率以 16~34 岁具有工作经验的青年为主，16~34 岁的用人需求占总体需求的 57.95%，年龄偏大、技能偏低的劳动力在市场上就业比较困难。2016 年，劳动力市场 16~24 岁的求人倍率为 1.02，25~34 岁的求人倍率为 0.98，35~44 岁的求人倍率为 0.92，45 以上的求人倍率为 0.83（见表 3-3）。从用人单位对劳动者的年龄要求看，80.3% 的用人需求对劳动者的年龄有所要求。

从求职者的年龄构成来看，16~34 岁劳动力求职人数较多，占求职总数的 71.28%，其中，年龄在 16~24 岁的求职者占 30.87%，25~34 岁的求职者占 40.41%。

表 3-3　2016 年劳动力市场年龄性结构矛盾特征

年龄	16~24	25~34	35~44	45 以上
求人倍率	1.02	0.98	0.92	0.83

（五）文化性结构矛盾

文化性结构矛盾，是由于人力资源培养与市场经济需求的人力资源存在差异，由于人力资源培养模式和方式不同，不可能用相同的质量标准要求来衡量，传统的学校培养人才一般具有单一化、狭隘化的特点，不能适应市场新的能力本位的用人观念，人格品德与实践能力、创新能力更受用人单位的关注，从而形成的劳动力供给与需求之间的矛盾。

从用人单位对求职者的要求来看，81.04%的用人单位对求职者的文化程度有要求。高中文化程度的需求比重为27.91%；初中及以下的文化程度的需求比重为15.58%；大专文化程度的需求比重为26.78%，大学文化程度的需求比重为10.68%（见表3-4）。

表3-4 文化性结构矛盾　　　　　　　　　　　　　单位：%

	初中及以下	高中	大专	大学
需求	15.58	27.91	26.78	10.68
供给	20.57	27.76	30	21.67

从求职者的文化程度来看，高中、大专和大学文化程度的求职者是市场的求职主体，占全部求职者的79.43%，其中高中（包括职高、技校、中专的求职人数）文化程度的求职者所占比重为27.76%，大学文化程度的求职者所占比重为21.67%，大专文化的求职者所占比重为30%。

从发展趋势看，不同文化水平之间的结构性矛盾也存在很大差异，各种文化程度劳动力的需求总体上都呈现上升态势，文化特征是从初中及以下、高中文化程度为主向大中专以上的文化程度转变，表明内蒙古自治区用人需求正在从低成本的劳动力向高素质的劳动力转型。从文化程度来看，市场内需求人数大学和大专文化的呈上升趋势，高中和初中文化程度的都有较大幅度下降，说明用人单位增加了用人的学历标准。由于政府、高校、企业联手开展职业培训的机制尚未健全，社会对人才素质要求较高，已从过去的单纯知识型转向知识、能力和人格和谐发展的综合素质型，反映了劳动技能与社会需求之间存在的差异。

（六）职业性结构矛盾

职业性结构矛盾，是由于劳动者的行为特征、工作的趣味性和挑战性不同，与社会所提供的职业种类和数量不同产生的差异，通常用职业的求人倍率来表示。由于工业化和信息化程度不断提高，表现在各种不同职业的体力、脑力付出的不同，工作的复杂程度不同，以及工作内容的自主权、收入水平、社会声望、职业社会心理等方面的原因，不同职业之间存在差异。

如表 3-5 所示，从各类职业的技术人员需求状况看，用人单位需求主要集中在专业技术人员、办事人员和有关人员、商业和服务业人员、生产运输设备操作四大职业，其需求所占比重分别为 14.81%、10.7%、33.74% 和 15.77%，合计约占全部用人需求的 75.02%。从求职情况看，求职人员主要集中在专业技术人员、办事人员和有关人员、商业和服务业人员、生产运输设备操作四大职业，其所占比重分别为 22.61%、10.95%、19.61% 和 16.23%，合计约占全部用人需求的 69.4%。其中，用人单位对商业和服务业人员需求最大，求人倍率为 1.18，但是求职人员对商业和服务业人员的供给不足。

表 3-5　技术人员供需状况　　　　　　　　　　　单位：%

劳动力类别	需求	供给
专业技术人员	14.81	22.61
办事人员和有关人员	10.7	10.95
商业和服务业人员	33.74	19.61
生产运输设备操作	15.77	16.23

（七）行业性结构矛盾

行业性结构矛盾，指的是在行业投资政策与市场就业需求匹配度间存在的差异。由于投资政策重点支持具有技术密集和知识密集、高附加值、高加工度特征的机电产业、高技术产业和新兴行业的发展，地区产业结构调整加快，现代服务业尤其是生产性服务业的发展加快，这些都会引起人力资源在各个行业流动。不同行业之间的结构性矛盾也存在很大差异，行业特征从制造业向住宿餐饮、批发零售等服务业扩展。2009 年以前，制造业的求人倍率持续走高，2009 年以后，批发和零售业、住宿餐饮业的求人倍率也持续走高，反映内蒙古自治区传统服务业升级的特点。

全区重点行业对劳动力的需求分布如下：批发零售业、住宿和餐饮、制造业、居民服务和其他服务业所占比重分别为 17.48%、17.32%、12.73%、10.24%，以上行业占总需求的 57.77%，由此可见，上述行业是劳动力就业人数比较集中的行业，尤其是住宿和餐饮业、批发零售业和制造业，将对扩大就业起到积极的促进作用。

（八）产业性结构矛盾

产业性结构矛盾，指的是在产业投资政策与市场就业需求匹配间存在的差异。由于经济发展方式转变要求劳动力在各产业之间实现有序转移，需要大力发展第三产业来吸纳第二产业的减员、消化第一产业的富余劳动力；特别是产业升级、科技进步和管理创新将会对劳动力市场的供给与需求产生重要的影响。从发展趋势看，不同产业之间的结构性矛盾也存在很大差异，产业特征从第二产业向第三产业转变。

内蒙古自治区劳动力市场第一、第二、第三产业对劳动力的需求总人数所占比重分别为1.63%、27.78%和70.59%。由此可见，从产业结构需求角度看，第二、第三产业仍然是劳动力需求的主体，占总需求的98.37%，并在一定时期内将是劳动者就业的主要途径。通过第一、第二、第三产业对劳动力的需求比重可以看出，第二、第三产业在吸纳就业中占主导，特别是第三产业尤为明显。但求职者的求职意向首先是第一产业，其次是第二产业，最后才是第三产业，供需之间存在不平衡。

三、供求结构性矛盾原因

（一）劳动力供需错位

"有人没事干，有事没人干"这一劳动力市场供需结构性矛盾的特征使求职要求与空位并存，造成这种现象的原因主要是劳动力需求与供给之间出现"错位"。无底薪或底薪很低的业务员劳动报酬主要依靠完成业绩取得提成，大部分没有社会保险等劳动保障，挑战性强，风险性高，尽管其需求量比较大，但求职者往往对其"敬而远之"；低薪行业难以得到求职者"垂青"。商业服务业等行业由于技术含量低，工资待遇也相对较低，但劳动强度大、工作时间长，因此尽管需求位居各类职业之首，但对求职者的吸引力不大，用工待遇问题在一定程度上制约了劳动者求职的积极性。

（二）劳动力供需缺位

企业用工需求与劳动者素质之间差距较大，主要体现在求职者技能不能适应市场需求。人力资源市场中下岗失业人员、农民工等群体占很大比例，短时间内不会改变市场技能偏低、文化基础较差的局面，中级和初级技能比较短缺，市场对高技能工人到了"求贤若渴"的程度。市场需要中级和初级技能的求职者，而无技术等级或无职称者依然是人力资源市场求职者的主体。相反，一些传统热门行业如财会人员、机动车驾驶员、文秘，这三个职业的市场需求已经饱和，需求小于求职的缺口最大，但这三种职业的劳动力供给却越来越多。这种现象显示劳动者求职取向趋同，就业的指向性、选择性比较集中。劳动者择业时没有跟随市场变化，知识技能储备滞后于市场需求。因此，求职者在择业时需跟随市场变化，公共职介机构、职业技术培训等部门也应及时发布劳动力市场供需动态信息，引导求职者更新技能，参加定向、定岗培训为宜，调整就业方向，适应市场变化，缩短失业周期。

（三）企业负担重加剧错位

企业负担太重被迫压缩用工成本也是造成劳动力供需错位的一个重要原因。

企业由于负担太重不得已压缩了用工成本，导致其工资待遇不能满足求职者不断增长的需求，最终加剧了"供需错位"的结构性矛盾。由于其他运营成本较低，美国企业的用工成本可以占企业利润的50%以上，德国甚至超过60%，而我国企业由于负担太重，利润微薄，用于人力资源的投入只能占到利润的12%左右。

（四）教育体制结构不完善

1. 高等教育体系不健全

教育的最终目的是为社会发展提供智力支持以及人才保障。也就是说，学校要为市场培养人才。当前我国的高等教育是"两头大，中间小"，即本科教育规模大，研究生与高职教育规模较小。这种不合理的现象不能满足国家对高层次人才以及实用技术型人才的需求。

我国高等教育的专业设置也存在着不合理的地方。一方面，专业设置在开始阶段就存在不合理的地方，即专业设置有过多雷同，各个高校的专业设置没有自己的特色。另一方面，随着社会的发展，一些专业已经过时，不能与现在的需求相适应。我国目前的这种专业结构设置所培养出来的大学生与市场上需要的劳动力有很大的差距，这种不相匹配性致使我国大学生失业严重。高校毕业生就业指导工作中存在的就业指导内容缺乏系统性和科学性、就业指导形式单一、就业指导过程过短的问题，在一定程度上也影响了大学生的就业。

2. 中等职业教育薄弱

政府投入不足，经费缺乏，办学条件简陋。近年来，中央和地方虽然加大了对职业教育经费投入，办学条件有了不同程度的改善，但从总体上看，经费严重不足，办学设施简陋，教学和实训设备缺乏的问题仍然十分突出。据测算，职业教育生均培养成本一般是同级普通教育的2.6倍，而财政对中等职业学校拨款一般参照普通高中标准，只拨教师人头费和公用经费，有的另加职教专项设备补助费，有的不仅没有专项设备补助费，甚至连普通高中拨款标准也达不到，还有不少地方财政对职业学校教师工资也保障不了，仍实行差额拨款。

教师队伍数量不足，结构不合理。教师队伍建设是当前职业教育发展中的一个薄弱环节，存在的主要问题是职业学校特别是中等职业学校教师缺编严重。职业学校由于专业和实习的需要，应当编配比普通学校更多的教师，而实际上教师编制比普通学校少。

社会上重普教、轻职教的问题仍很突出。国家在职业教育法等有关规定中，虽然把职业教育作为促进经济、社会发展的重要基础和教育事业发展的战略重点，但在现实中，重普教、轻职教，重研究型人才、轻技能型人才的现象仍很突出。成才的观念依旧是初中毕业升普通高中，高中毕业升普通大学，往往是报考普通学校无望的学生才报考职业院校。造成这种现象的原因，既有对职业教育重要性宣传不够的问题,也有具体政策和制度不配套的问题。

(五) 就业观念滞后于就业市场的变化

以大学毕业生为例,大学毕业生普遍存在对工资期望值过高,希望在相对稳定的国家机关、事业单位和收入相对较好的外资企业、高新技术企业就业,因而造成在国家机关、企事业单位、大企业人才相对过剩的结构性失业。一部分下岗工人也存在着自身定位的问题,他们习惯了国有企业的工作氛围,也习惯了国有企业职工的优越感,当他们进入社会重新就业时,往往不愿放下这种优越感,不能很快重新定位自己,往往就会造成"高不成,低不就"的结果。

四、解决措施

(一) 缩小二元经济结构区域差异

首先,对内蒙古自治区的发展战略做出调整。近年来,蒙中和蒙西有了长足发展,蒙中也被誉为整个内蒙古自治区经济发展的"金三角"。蒙中在空间地理位置上处于内蒙古自治区中部,但协调作用发挥不够,特别是对蒙东地区,没有产生太大的带动作用。政府在区域发展中起到主导作用,其制定的发展战略应做出新的调整,统筹这三大区域的规划。要健全合作机制,鼓励和支持各地区开展多种形式的区域经济协作和技术人才合作。加大对蒙东地区的投资,对农牧林业的补贴;引进先进技术与设备,对农牧产品进行深加工,扩展产业链。同时,政府要注重对当地生态环境的保护,保护农牧业得以发展的天然优势。

其次,加快城乡一体化进程,这也是改善二元经济结构最有效的办法之一。城乡一体化作为一个理想的经济社会现代化目标,统筹城乡发展,缩小城乡之间的二元经济结构,是实现城乡一体化发展的必由之路。目前城乡一体化进程面临着三大难题:户籍、土地、资金。解决这些问题,必须把握城乡统筹发展机遇,深化城乡二元经济改革,逐步实现城乡人口、经济、社会、文化和生态一体化,从而推动城乡一体化进程迈入新的阶段,实现经济由二元向一元的转变。

(二) 加快产业结构调整

改革开放以来,内蒙古自治区经济持续发展,产业结构逐渐向合理方向调整,但调整速度缓慢,这不仅会制约内蒙古自治区经济的进一步发展,还导致其劳动力市场的供求结构不平衡。内蒙古自治区目前的产业结构还停留在"三、一、二"的布局,与此相应的就业结构也是如此。第二产业应当成为内蒙古自治区的主导产业,尽管其第三产业的发展势头很好,但是增长幅度缓慢,吸纳劳动力的能力还有待加强。在社会经济改革的大背景下,内蒙古自治区整体的产业结构应该是往"三、二、一"的方向调整。所以,内蒙古自治区应积极调整自身的产业结构,加大第二、第三产业的发展,尤其是生产性服务业和高技术服务业的发展,从而发挥出其巨大的就业潜力,进而改善劳动力市场中的就业结构。

（三）提高劳动力供给素质

从企业发展来看，应大力发挥私营个体企业的就业弹性优势，同时鼓励创业，以创业带动就业，发展中小企业以促进就业，应为其提供平等的竞争环境，加大对中小企业的财政补贴和税收优惠，特别是认真贯彻执行与吸纳就业、提高就业质量相关的各项扶持政策。另外，在落实政策时，要注意避免盲目创业、盲目扩张，应从制度完善的层面入手，创建利于企业发展的经济环境。

从内蒙古自治区的实际情况来看，近几年出现的"招工难"其实是由于技工的缺乏。随着经济改革的推进，企业开始转型升级，一些落后的生产设备及技术也逐渐被先进的高科技设备所代替。因此，内蒙古自治区很多民营企业对于高素质的人才，尤其是对技术工人的需求量开始逐渐增加。然而，劳动力素质普遍较低，不适应企业的最新要求，导致内蒙古劳动力市场出现了"招工难"的情况。

从人力资源培养的角度看，培养结构的不合理是导致部分劳动力资源不能适应产业发展需求的重要原因。尽管对人力资本的投资在短期内不会对经济发展有明显的促进作用，但它将会对经济的长期发展带来重要影响。所以，为了保证经济的健康发展，内蒙古自治区应根据社会经济发展的需求调整人力资源的培养结构。首先，政府在引进人才的同时，也要加大对教育部门投入。从内蒙古的现状来看，政府除了要加强义务基础教育之外，更应该加大职业技术教育，为培养更多的技术型人才进行投资。其次，结合社会发展的真正需求，适当调整高校的专业设置，培养出社会需要的人才。

（四）建立劳动力市场制度

建立劳动力市场制度的目的是使劳动力工资由供求关系和劳动力市场制度共同决定。政府应进一步促进企业工会职能转变，充分发挥企业工会在工资谈判中的作用，建立劳动报酬正常增长机制，农民工与城镇工人同工同酬，形成企业和职工利益共享机制，建立和谐劳动关系，促进经济稳定增长。

（五）缩小收入分配差距

缩小收入分配差距不仅是单纯的经济利益调节问题，还是关系社会和谐稳定的重大全局性问题。应加大实施缩小城镇、农村和城乡之间收入分配差距的政策力度，调整国民收入分配关系，调整政府、企业和老百姓的收入分配结构关系，在经济发展的基础上建立覆盖城乡居民的社会保障体系。

（六）逐步取消各种制度障碍

从实际情况看，制度等体制性因素对劳动力市场有重要影响，尤其是户籍制度以及社会保障制度对于劳动力的影响最大。户籍制度的存在不仅阻碍了劳动力的自由流动，同时在暗地里将城乡劳动力分割开来。社会保障制度的建设与完善，对于劳动力市场的稳定起到了一定的作用。所以，政府应当在制度方面进行一系列的改革，逐渐消除制度障碍，创造劳动力自由流动的条件。随着经济的发展、城市化建设的不断加强，更应该出台一些相关政策来逐步消除这些制度障碍。

（七）采用灵活多样的就业形式大力发展中小企业

大中型企业吸纳劳动力有限，而中小型企业在吸纳劳动力就业方面具有大中型企业无法比拟的优势。中小企业劳动密集程度高，就业渠道多样，就业方式灵活，可以大量吸纳劳动力。所以，可以根据中小型企业的特点，制定中小企业长期发展规划和相应的优惠政策，调动各产业、各部门、各地方的积极性，扶持发展中小企业，并通过发展中小企业广泛吸收社会不同层次的劳动力，同时还要鼓励和引导个体经济加快发展步伐。

另外，大量中小型企业是私营企业，所以应当为这些中小型的私营企业创造平等的经营环境。在投资规模、银行贷款、税收征管、审计监督等方面，创造有利于不同所有制企业公平竞争、共同发展的社会经济环境。中小企业可以容纳更多的大学毕业生，提供更多的就业机会。

（八）完善学校教育及体制改革

1. 调整高等教育教学结构

在保持本科教育与研究生教育稳步发展的同时，不断扩大高职教育的规模，不断调整高等教育层次与结构，以满足高等教育大众化、专业化的要求。同时，还应该不断优化结构、办出特色。适应国家和区域经济社会发展需要，建立动态调整机制，不断优化高等教育结构。优化学科专业、类型、层次结构，促进多学科交叉和融合。重点扩大应用型、复合型、技能型人才培养规模。

2. 调整高校人才的培养机制

随着产业结构调整步伐的加快，我国农业在国民经济中的比例将会进一步缩小，工业比例也会逐步减少，第三产业将会长足发展，在国民经济中所占的比重将会进一步加大。因此，高等教育在满足第一、第二产业需求的基础上，可以进一步向为第三产业培养人才转变。还可以多设置一些符合第三产业需要的专业，建立起与多种经济体制相适应的多种办学体制和办学模式，使它既满足各种社会成员对教育的不同需求，又使教育结构适应经济结构和劳动力就业结构的多样化，解决日益严重的劳动力就业问题。

3. 加强大学生就业观念教育

就业观念的正确与否，直接关系到大学生能否顺利就业。所以，加强学生就业的教育，让大学生有一个正确的就业观念是非常重要的。对于众多的大学生而言，与其怨天尤人，不如摆正求职心态，以积极向上的态度面对就业。大学毕业生要树立正确的就业观念,应当明白择业的首要因素不是高收入、高地位,而是社会需求和个人发展的最佳结合。要把眼光放得长远些,把就业当作职业发展历程的起点,不要过分计较短期内的利益得失,不要与别人盲目攀比。

4. 加强职业教育教师队伍建设

职业教育教学质量的提高,必须有优秀的教师队伍。可以借鉴先进的教师培养模式,通过多种渠道充实和提高"双师型"教师队伍。一是应该建立专业教师定期轮训制度,支持教师到企业进行工作实践,重点提高教师的专业能力和实践环节教学能力。二是完善教师聘用制度,从企业引进一批生产和服务第一线的高级技术人才充实教师队伍。三是建立示范性中职学校和职业教育实训基地,承担"双师型"教师的培养和培训任务。

5. 制定切实可行的教学计划

切实可行的教学计划对职业教育的发展有至关重要的作用。专业的工种设置、专业理论的内容和理论讲授与实训的课时比例等方面要体现出市场的需求,要有不同的特色。制定切实可行的教学计划和教学大纲,充分体现理论为实践服务,突出实践的主导地位,实践需要什么样的理论,理论教学就按需设置相应的必需课程及课时量。

6. 走校企合作办学道路

职业教育是为企业提供有用的技能人才,所以学校与企业要紧密结合,通过服务于企业,了解企业对人才的要求,培养企业用得上的人才,以获得企业的支持,获得更广阔的实践空间。学校与企业可以更紧密地结合,形成由学校提供教学场所和理论课教师,企业提供实习实训基地、培训师和就业机会的校企合作办学形式。

第二节 内蒙古自治区劳动力市场就业现状及主要矛盾

一、2016年总体就业状况

(一)就业人数增长

2016年末,全区就业人员1474.0万人,比上年末增加10.3万人,增长0.7%,其中,城镇就业人员720.7万人,比上年末减少5万人(见表3-6)。城镇私营个体就业人员176.8万人,比上年末增加0.7万人。全年实现失业人员再就业人数为26.84万人,同时,城镇就业人口中在非国有单位就业所占比例高于在国有单位就业所占比例。

表3-6 内蒙古自治区就业状况　　　　　　　　　　　单位：万人

项目	2000年	2005年	2010年	2015年	2016年
就业人员总计	1061.6	1041.1	1184.7	1463.7	1474.0
城镇就业人员	430.1	350.3	465.2	725.65	720.7
乡村从业人员	631.5	690.8	719.5	738.05	753.26
城镇单位女性就业人员	102.9	91.8	91.6	107.7	107.94

围绕经济发展促就业、城镇就业稳步增长，2016年，内蒙古自治区城镇新增就业26.84万人；全区通过各种就业渠道安置就业困难人员6.03万人；415户零就业家庭中421人实现就业，实现零就业家庭"动态为零"的目标；全区农牧民转移就业256.95万人，其中，转移6个月以上的有210.92万人。

通过技能培训提高劳动者就业、创业能力。2016年，全区城镇技能培训14.2万人，其中，培训后实现就业12.7万人，农牧民转移技能培训13.49万人。全区创业培训5.43万人，培训后创业成功4.53万人。创业带动就业15.69万人，创业带动就业人数之比为1∶3.46。全区累计发放创业担保贷款23.44亿元。积极开展家庭服务业从业人员培训，促进家庭服务业职业化发展，全区家庭服务从业人员技能培训3.16万人。

（二）全区就业结构不断调整

内蒙古自治区产业结构的战略性调整，促进了劳动力资源的合理配置。2000年全区三次产业从业人数占全部从业人数的比例为52.2∶17.1∶30.70，到2016年，这一比例为40.06∶15.85∶44.09，其中第一产业从业人员所占比重下降了12.14个百分点，第二产业从业人员所占比重下降了1.25个百分点，第三产业从业人员所占的比重上升了13.39个百分点，成为增加就业的主要渠道（见表3-7）。

表3-7 2000年和2016年三次产业从业人员数量与比例　　单位：万人，%

年份	第一产业（万人）	比例（%）	第二产业（万人）	比例（%）	第三产业（万人）	比例（%）
2000	553.7	52.2	182.4	17.1	325.5	30.70
2016	590.5	40.06	233.7	15.85	649.8	44.09

如表3-8所示，从所有制结构与人口就业结构变化的主要特点来看，城镇就业增长点朝着非公有制经济发展。2016年末，全区国有单位、城镇集体单位从业人员均呈现下降趋势，比2000年共减少53.1万人；非公有制经济从业人员呈现上升趋势，比上年共增加从业人员4.83万人，比2000年增加从业人员387.24万人，已经成为吸纳新增就业人员的主体。

表 3-8　2000 年和 2016 年城镇就业人员数量　　　　　单位：万人

年份	2000	2016
国有单位	201.1	167.8
城镇集体单位	25.6	5.8
其他	158.40	545.64

（三）就业服务体制逐渐完善

全区各地大力发展职业介绍所等就业服务企业，通过其为求职者和用人单位提供指导、咨询与介绍服务，对求职者提供就业培训、转业培训或再就业培训，推动就业服务向社区发展，逐步形成多层次的就业服务网络，就业服务体系日趋健全。现有的就业培训主要包括城镇技能培训、农牧民转移技能培训、创业培训、家庭服务从业人员技能培训等。

从 2012 年至今，内蒙古自治区针对就业创业，实施了"创业就业工程"和"创业内蒙古行动"；出台了 80 多个含金量高、扶持力度大的政策文件，就业创业扶持政策进一步完善，这些政策涉及创业就业三年行动计划、做好新形势下就业创业工作的实施意见、鼓励和支持高校毕业生创业、农牧民返乡创业、援企稳岗、化解煤炭钢铁过剩产能职工安置等。其中，创业带动就业效果明显，建成创业园和孵化基地 346 家，基本实现了"一旗县一基地（园区）"的目标，实现就业 24.3 万人；积极开展订单、定向和定岗式培训，培训城乡劳动者 134.6 万人。

二、失业现状

（一）城镇失业人数逐年攀升

据劳动部门统计，2000 年全区城镇失业人数达 12.6 万人，到 2016 年末，城镇失业率为 3.65%，失业人数达 26.7 万人，比 2015 年增长 3.26%（见图 3-3）。

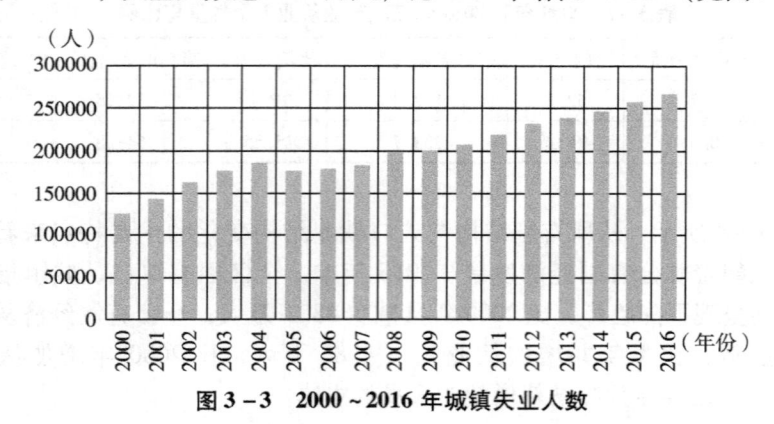

图 3-3　2000~2016 年城镇失业人数

（二）农村剩余劳动力数量庞大

截至2003年底，内蒙古自治区共有乡村人口978万人，随着农牧业生产力水平的提高，退耕还林还草等生态环境保护和建设工程的积极推进，将有更多的农村劳动力离开土地，加上每年的新增劳动力，农村剩余劳动力问题也日益突出。

（三）下岗职工再就业形势严峻

2015年以来国家实施供给侧结构性改革，随着深化国有企业改革，仍有部分国企职工将会下岗，同时，集体企业也参照国有企业进行改革，下岗人员进一步扩大。虽然政府加大再就业保障力度，解决了部分下岗人员再就业问题，但这部分人员数量依然较大，所以，下岗失业人员已经成为内蒙古自治区失业大军的重要组成部分。

（四）大学毕业生成为新的失业群体

2016年，内蒙古自治区高校毕业生总数为113117人，实现就业97501人，就业率达86.19%，仍有15616人未就业，加上往年没有就业的，估算至少有4万~5万大学生处于失业状况。由于面临宏观经济下行压力较大、毕业生总量压力持续高位、就业结构性矛盾依然突出等问题，就业形势异常严峻。

三、失业成因分析

（一）劳动力总量增长过快

劳动力供给远超过需求，劳动力的供给与需求关系严重失衡。自然增加的劳动力、城镇下岗职工、农牧民进城务工人员以及其他省市农民工构成了劳动力的整体，劳动力总量增长过快，需求不足。

（二）投资和经济增长对劳动力的需求减弱

随着国家投资的重点由劳动密集型的轻工业部门转向投资规模大、带动就业少的基础设施建设和高科技、战略性新兴产业的倾斜，内蒙古自治区经济发展开始经历了一个结构升级的调整过程，单位资本吸纳劳动力的能力大大下降，经济增长带动就业增加的能力也大为减弱。按此趋势发展，全区每年提供的就业岗位增量无法满足就业需要，不仅原有剩余劳动力没有得到"消化"，新的劳动力不断涌现，剩余劳动力越积越多，将呈恶性循环的现象。

（三）国有和集体经济单位成为劳动力的净流出部门

2015年，国家开始实施供给侧结构性改革，长期作为吸纳城镇劳动力主体的国有、集体企业，随着国有经济布局的战略性调整，一方面进行较大规模的破产或关闭，另一方面进行较大幅度的减员增效，逐渐转变成城镇劳动力的净流出部门。2016年末，全区国有单位、城镇集体单位从业人员均呈现下降趋势，比2000年共减少53.1万人（见表3-9）。随着经济结构调整的加快和国企改革的继续深化，国有经济和城镇集体经济就业容量还将会进一步收缩。

表3-9 城镇国有和集体企业劳动力变化情况　　　　单位：万人

年份	2000	2005	2010	2015	2016
城镇就业人员	430.1	350.3	465.2	725.65	720.7
国有单位	201.1	162	169.4	168.04	167.8
城镇集体单位	25.6	12.4	8.9	5.88	5.8

（四）乡镇企业吸纳农村剩余劳动力的能力减弱

改革开放以来，一度成为吸纳农村牧区剩余劳动力主渠道的乡镇企业，随着体制转轨和买方市场的形成及经济结构的调整，原有的技术落后、布局分散、产权不清、产品质量低下等缺陷充分暴露出来，陷入徘徊不前的境地，吸纳就业的能力大为减弱。

（五）经济周期波动导致劳动力需求减少

在经济波动周期里，当经济运行处于扩张和繁荣阶段时，社会需求旺盛，企业普遍开足马力生产，整个社会的就业机会和就业岗位就会大量增加，企业内部富余人员也会相应减少；当经济运行处于收缩和萧条阶段时，社会需求萎缩，企业普遍压缩生产，甚至停工倒闭，整个社会的就业机会势必相应减少，对劳动力的需求就随之下降，这时，不仅相当一部分社会新增劳动力难以及时找到工作，而且原有就业人口中也会有一部分人失去工作。2009~2015年是全球经济的衰退期，中国和内蒙古自治区也必然会受到全球经济的影响。

（六）经济体制转轨、产业结构调整的必然结果

在计划经济体制下，国有企业担负吸纳劳动力、稳定社会的重任，长期实行"低收入、高就业"模式，导致人员富余过多，效率低下。随着市场经济的逐步完善，要提高企业竞争力和经济效益，国有企业改革的一个主要措施就是减员增效。随着经济的发展，各产业劳动力需求结构发生了很大变化。首先，原为吸纳劳动力就业主渠道的农业部门，在三大产业结构中所占比例大幅下降，造成大量农村剩余劳动力向城镇转移，给第二、第三产业的就业和城镇就业带来了巨大压力。其次，制造业经历了由"短缺经济"向"过剩经济"的转变，许多生产部门的生产能力不同程度地出现过剩或利用不充分，导致大量失业。

经济增长方式逐渐由"粗放式"向"集约式"转变，"劳动"密集型企业向"资金"或"技术"密集型企业转变，产生了对低素质劳动力的挤出效应。另外，科学技术的迅猛发展也导致劳动力需求市场大大提高了对劳动力素质的要求，限制了从第一产业流出的劳动力的就业范围。

（七）竞争导致的优胜劣汰

竞争是市场经济的核心，优胜劣汰是市场竞争的必然结果。由于生产条件不同，企业在竞争中有优势和劣势之分。优势企业通常由于技术先进、规模合理、经营管理科学、劳动生产率高等，拥有稳定的市场占有率，而且有望随着实力的增强不断扩大市场份额，成为竞争中的优胜者；相反，劣势企业则往往因技术陈旧落后、规模不合理、经营管理水平低下等市场份额萎缩，最终被淘汰出局。市场竞争的这种优胜劣汰机制客观上有利于技术进步和提高管理水平。在竞争中被淘汰的企业，其职工自然会失去原有的工作而加入失业者队伍。由竞争劣汰性引起的失业具有广泛性和经常性，它不仅发生在生产经营者竞争中，也发生在劳动者就业竞争中。不同的是，生产经营者之间竞争引起的失业是间接的，而劳动者之间的竞争导致的失业往往是直接的。总之，只要有竞争存在，就会引起失业。

（八）大学生和农民就业观念错位

当代大学生存在着"宁愿出国带光环，不在国内做职员""宁到外企做职员，不到中小企业做骨干""创业不如就业""就业难不如再考研"的就业误区，同时就业准备不足，职业生涯规划模糊。调查中发现，60%的大学生没有"职业生涯"概念，更不知道自己的优势和劣势，不知道自己适合做什么，不适合做什么，哪些职位能成功。在调查中还发现，当代大学生在就业期间既缺少社会、校方的指导服务，更缺乏对就业、择业的自身研讨，普遍存在就业能力危机。

另外，农民工就业成本上升和就业观念变化，正在使一些岗位丧失对农民工的吸引力。今天的农民工很多是二代农民工，而二代农民工所拥有的人力资本投资明显比一代农民工高，他们对就业岗位工资和福利的要求与一代农民工有着明显差异，务工动因也由"经济型"转为"生活型"，这些变化深刻影响着农民工的就业选择。

四、就业失业中的主要矛盾表现

（一）经济实力弱，造成就业压力大

2016年，全区人均GDP为18632.6元，居全国第15位，经济属于欠发达地区。2018年初，内蒙古自治区"自曝家丑"，承认财政收入虚增空转，2016年内蒙古自治区全区一般公共预算收入约为1990亿元，而剔除虚增因素后实际收入约为1486亿元，人均地方财政收入仅为5911元。由于投入不足，扩大再生产和产业结构调整困难增大，反过来导致经济发展慢，经济实力弱。据测算，内蒙古自治区经济总量每增加1个百分点，可以增加4万个就业岗位，而经济发达省份可达6万个就业岗位，广东省可增加8.9万个就业岗位。

（二）经济增长与就业增长不够协调

通过经济增长促进就业是世界上多数国家在解决失业问题时所采取的一种重

要手段。联合国开发计划署将经济增长率和就业增长率的关系划分为四种类型：一是高经济增长，就业机会扩大类型；二是高经济增长，低就业或无就业类型；三是经济增长率下降，就业机会下降类型；四是经济增长率下降，就业机会有所扩大类型。从国内的一些研究成果来看，内蒙古自治区基本上属于第四种类型，即近几年经济增长率下降，就业机会有所扩大（见图3-4）。

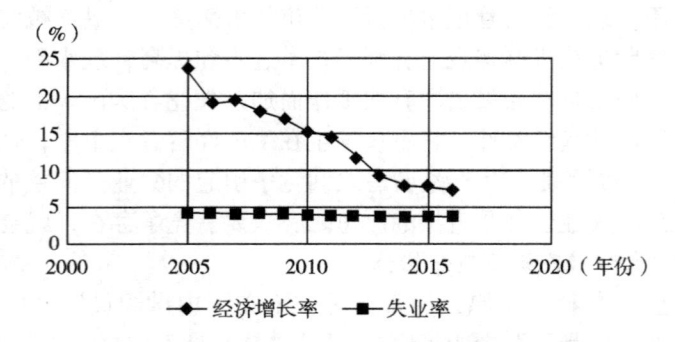

图3-4 2005~2016年经济增长率与失业率

促进经济增长是解决就业问题的基本前提，经济增长与就业增长的关系也一直引人关注。经济增长的就业弹性系数是衡量这种关系最常用的指标。所谓就业弹性系数，是指就业增长速度与经济增长速度的比值，即经济增长1个百分点，相应地就业增长的百分点。美国经济学家奥肯经过实证研究发现，在3%的GDP增长基础上，GDP增长速度每提高2个百分点，失业率便下降1个百分点；反之，GDP每下降2个百分点，失业率便上升1个百分点。但我们从图3-4中可以看到，无论内蒙古自治区的经济增长率如何变化，失业率的变化幅度很小，既可以说明经济增长对就业的拉动作用不大，也可以说明经济下行时，失业率并没有提高。

2018年初内蒙古自治区第十届委员会第五次全体会议暨全区经济工作会议上，自治区党委"自曝家丑"：自治区政府财政收入虚增空转，部分旗区县工业增加值存在水分，一些地方盲目过度举债搞建设。2016年，内蒙古自治区全区一般公共预算收入约为1990亿元，而剔除虚增因素后实际收入约为1486亿元。鉴于这种情况，很难准确地知道内蒙古自治区近几年的GDP增长速度。但可以肯定的是，实际的增长速度将会小于公开的数据。

（三）农业比重大，工业化进程相对滞后，造成就业能力减弱

加快工业化进程是内蒙古自治区产业政策的必然选择，目前内蒙古自治区经济中最突出的问题之一是农业的相对优势与工业的相对劣势共存。2016年，内蒙古自治区粮食总产量为2780.3万吨，居全国第9位；肉类产量为258.9万吨，

列于第 15 位；农林牧渔业总产值为 2794.2 亿元，居第 18 位。与农业相比，工业的相对劣势比较突出。目前内蒙古自治区处在工业化初期阶段，与全国工业化进程已进入工业化中期相比，差距在 7 年以上。由于农业比重大，比较效益差，工业相对劣势，难以带动劳动力的转移，以致大量的劳动力滞留在农业领域。2016 年，全区从事农业生产的人数占全部从业人员的 40.06%，比全国高 12.36 个百分点，同一时期，全区从事工业生产的人数占全部从业人员的 15.85%，比全国低 12.95 个百分点。工业化滞后，竞争力下降，吸收劳动力的能力继续减弱，导致工业在业人员继续减少，城镇失业下岗人员增多，社会待业人员增加，整体就业能力减弱。

（四）城镇化水平较低，吸收剩余劳动能力弱

改革开放以来，内蒙古自治区城镇化水平由 2000 年的 42.69% 增加到 2016 年的 61.2%，户籍人口城镇化率提高到 2016 年的 45.38%，户籍人口城镇化率与常住人口城镇化率相差 15.82 个百分点。农地产权制度和户籍制度挂钩，以及农地确权不到位、土地流转的制度体系建设不足，限制了农村劳动力向城市转移。导致第二、第三产业发展不足，极大地削弱了产业在其结构升级过程中吸收剩余劳动力的能力，成为城市出现大量下岗、半下岗人员和农村剩余劳动力增多的重要根源，也不利于增加农民收入、缩小城乡差距，阻碍了经济和社会的发展。

（五）产业结构升级缓慢，造成就业矛盾突出

配第一克拉克定理揭示了伴随经济发展而产生的劳动力和产业结构演变规律：劳动力先从农业流向制造业，再从制造业流向商业和服务业，相应地，三次产业生产比重也逐步向第三产业集中。2016 年，内蒙古自治区三次产业比例为 8.8∶48.7∶42.5，第二产业占 GDP 的比重逐年下降，第三产业所占比重逐年上升，全国为 9∶40∶52，第二产业和第三产业与全国平均水平相比还有不小的差距。产业结构优化程度明显落后全国平均水平，与西部相邻省区差距也较大。由于产业结构演变滞后，就业矛盾突出，主要表现为城镇下岗职工增多和农村剩余劳动力转移难。

（六）劳动力素质不高，就业机会相应缩小

近年来，随着世界科学技术的飞速发展，发达国家的经济已越来越建筑在知识和信息的基础上，技术进步在经济增长中贡献的份额不断提高。知识作为蕴含在人力资本和技术中的重要部分，成为经济发展的核心。一个越来越明显的趋向是：高新技术与知识将成为产业的核心支柱，具有高教育水平、高综合素质的人力资本将成为综合国力的核心。

第六次全国人口普查数据表明，内蒙古自治区人口中具有高中以上文化的有 374 万人，占六岁以上人口的 16%；受过大专以上教育的 160 万人，占 6.8%，

这一比率比北京、上海、天津要低得多。人口整体文化素质低、高技术人才群体的缺乏，是内蒙古自治区在新的国际国内形势下加快国民经济结构调整和产业升级、改善就业结构和缓解就业压力的严重障碍，特别是造成了一方面许多高技术岗位和行业所需的人员严重缺少，另一方面大量的人员找不到就业机会的矛盾。

五、化解内蒙古自治区就业难题的对策建议

（一）把就业工作放在政府经济工作的首位

在市场经济中，失业率、经济增长速度、通货膨胀率都是重要的宏观调控指标。其中，应把失业率排在首位，因为失业率是效率和公平的结合点，失业率过高必然导致收入差距拉大，从而影响提高效率的社会环境，效率也可能由此而大打折扣。失业率同时也是近期发展目标和长期发展目标的结合点。只有把当前的就业问题处理好，才具有经济社会可持续发展的可能；同样，只有把未来的失业率控制在合理的范围，才能把潜在的经济增长速度尽可能地发挥出来。因此，各级政府在制定国民经济和社会发展战略时，应该以就业问题为重要的基础性约束条件，寻求具体的经济和社会发展措施。

（二）促进劳动密集型三产发展，着力扩大就业容量

第三产业特别是劳动密集型服务业的发展，是经济发达地区扩大就业容量、调整产业结构的重要内容。发达地区的第三产业从业人员占全社会就业总量的比重达到60%以上，超过第一产业及第二产业成为消化就业人员的主体。2016年末，内蒙古自治区的第三产业从业人员占全社会就业总量的比重仅为44%，比发达地区低16个百分点。如果内蒙古自治区第三产业的从业水平能够达到发达地区的水平，就业前景就会乐观。因而，我们要以产业结构调整为导向，一方面继续鼓励传统第三产业的发展，重点支持旅游、餐饮、商贸流通等创业成本低、劳动力相对密集的行业发展；另一方面积极拓展第三产业的新领域，重点支持社区服务、教育培训、信息咨询、文化服务以及农牧业的产前、产中、产后服务等发展潜力大、就业带动能力强的行业发展。

（三）完善就业服务体系，建立市场导向的就业机制

要按照科学化、规范化和现代化的要求，加大资金投入，建立以中心城市为重点，市、县（区）联网为依托，并逐步向社区延伸的劳动力市场信息网络。改善公共职业介绍机构的服务条件，鼓励民办职业介绍机构的发展，形成多层次的就业服务网络，不断完善包括职业介绍、就业培训、失业保障在内的就业服务体系。要鼓励劳动者通过公平竞争获得就业岗位，促进市场导向就业机制的形成。要努力探索劳动力市场的流动机制、保障机制和价格形成机制，充分发挥市场机制在劳动力资源配置中的基础性调节作用，逐步建立健全机制、运行规范、服务周到、监督有力的劳动力市场体系。要结合建立统一的社会保障制度体系，

深化用工制度改革，逐步消除地区之间、所有制之间、部门之间的市场分割现象，尽快建立城乡统一的劳动力市场。

（四）推行灵活就业方式，制定和完善配套的政策法规

灵活就业是当前解决就业问题的重要途径之一，上海等经济发达地区的灵活就业人数占再就业总量的比重超过90%，已成为城镇下岗职工和失业人员再就业的重要途径。因而，在就业形式上，要按照市场就业的要求，在努力扩大全日制就业的同时，鼓励实行临时性、阶段性、弹性工作时间等多种灵活的就业制度。鼓励希望学习深造的劳动者实行阶段性就业，允许用人单位采用家庭承包工作、弹性工作时间安排更多劳动者就业。要采取保留劳动关系、发给适当生活费等办法，鼓励和创造条件使女职工在怀孕、生育、照顾年幼子女和家中老人期间实行阶段性就业。对于受雇于小型企业的灵活就业人员，重点制定支持小型企业创办及发展的政策措施和完善现行劳动法律制度。对于受雇于大中型企业的灵活就业人员，要重点规范企业的用工行为和维护劳动者合法权益。对于那些自雇型及其他形式的灵活就业人员，要重点加强对他们在劳动保障等方面的就业服务，维护他们的权益。

（五）密切关注、保护就业困难群体

在庞大的就业大军中，有一个自身条件较差、非常渴望工作岗位而又很难实现就业和创业的群体，被称为就业困难人员。这一群体，主要包括以40~50岁年龄段人员为主的大龄失业人员、残疾人、低保对象、"零就业家庭人员"等。一方面要解决他们的基本生活保障问题，另一方面要通过提供培训，帮助他们尽快重返劳动力市场。解决好就业困难人员的就业问题，是维护社会和谐稳定的重要任务。面对当前严峻的就业形势，必须进一步加大对就业困难人员的扶持力度。

创造更多的就业岗位，积极安置就业困难人员就业。推进城市环保、绿化、卫生、治安、交通、便民服务等公益性岗位开发。政府投资开发的公益性岗位，要优先安置符合岗位要求的就业困难人员就业。指导技能培训、职业介绍等公共就业服务。针对就业困难人员的特点和需求，集中开展上门服务和"一对一"精细化援助。进一步实施特别职业培训计划，组织开展多层次、多形式的职业技能培训，帮助他们提高技能水平和就业能力。落实鼓励就业困难人员自谋职业、自主创业的政策，鼓励他们立足实际、各展所长，多渠道就业和创业，并提供全过程、全方位的服务。对于一些年龄偏大、劳动技能偏低、无法实现市场化再就业的老职工，也要通过政府购买就业岗位等形式，帮助他们重返劳动岗位，使他们有一种社会归属感。

（六）实现农村牧区剩余劳动力多元化转移，减轻城市就业压力

农业剩余劳动力的转移是所有发展中国家在二元经济结构转换过程中所面对

的共同难题。内蒙古自治区目前有着大量的农村牧区剩余劳动力，实现农村牧区剩余劳动力的转移是经济走向现代化的必然过程。目前的状况是，一方面大量农村牧区劳动力剩余，另一方面城镇和农村工业又不具备对剩余劳动力充分吸纳的条件，农村牧区剩余劳动力除一部分就地转移到乡镇企业外，其余大部分形成浩浩荡荡的民工潮涌入城市。面对如此巨大的流动人口群，必须采取措施，加强宏观调控。

首先，大力综合开发农业。向农业的深度、广度进军，一是变传统农业为农、林、牧、副、渔多种经营的大农业；二是在第一产业内部开发性转移劳动力，包括维护和重建农业基础设施，特别是农田水利设施，治理大江大河，开发荒地、荒山、荒坡、近海滩涂，扩大农业内部的劳动力总量，减少剩余劳动力总量。在稳定粮食生产的前提下，大力进行产品结构调整，发展多样化的高质量农业，既增强农副产品的竞争力，又改善就业结构。

其次，加快农业产业化和农村工业化步伐，增加就业岗位。农业产业化和农村工业化不仅是解决农民个体小生产与变化莫测的大市场对接困难的有效手段，而且可以拉长产业链，增加就业岗位。农业产业化和农村工业化程度较低，农产品深加工水平和层次都不高，这样，农村消化劳动力能力有限。要积极鼓励有条件的农民创办龙头企业，推动种养大户办经济合作组织，创造更多的就业机会，带领农民致富，是农村劳动力就地转移的有效途径。

最后，实施乡村振兴战略。21世纪以来，中央加大了对农村的扶持力度，从2003年开始连续15年的中央一号文件都聚焦于农业、农村、农民（即"三农"）问题，党的十七大和十八大也分别提出了城乡统筹和城乡一体化的发展思路，对推动农村发展、增加农民收入起到了重要的作用。但是从发展动力来看，政策重点侧重于城市，使用的政策手段是城市和工业对农村的反哺和扶持，把农村放在了城市的从属地位。党的十九大提出乡村振兴战略，是把乡村放在了与城市平等的地位上，立足于乡村的产业、生态、文化等资源，注重发挥乡村的主动性，来激发乡村的发展活力，建立更加可持续的内生增长机制。这是一种思路的根本转变，确立了全新的城乡关系，乡村振兴战略的实施有利于解决农村富余劳动力。

（七）加强对农民工的技能培训

农民工结构性失业主要包括两种类型，一是人员和岗位在地域间的不匹配，二是就业岗位和人员技能之间的不匹配。对于人员和岗位在地域间的不匹配，政府应通过加大劳动力市场、职业指导、中介机构的建设、投资及工作指导，及时搭建供需平台，沟通信息等措施加以改善。造成第二种类型结构性失业的原因在于，与失掉的就业机会相比，新增就业机会的岗位要求和技能要求会有很大不同，农民工面临岗位转换的问题，如果缺乏新就业机会所要求的岗位技能，即使工作机会存在，失业同样会发生。解决这一问题的关键是提供及时的培训，尽快让农民工掌握新的技能。调查显示，第二代农民工更加重视技能培训问题。从长远来看，为了稳步促进产业升级和有序地推进城市化，对于农民工的培训应该长期化和系统化。

（八）促进大学毕业生就业

大学毕业生是国家宝贵的人才资源，是现代化建设中一支高素质的生力军。做好大学毕业生就业工作，关系千家万户的切身利益，关系国家现代化建设和社会和谐稳定。2016年，内蒙古自治区大学毕业生达11万人，加上往届未实现就业的，就业形势不容乐观。促进大学毕业生就业是一项系统工程，离不开各级政府、高校以及全社会的共同努力。要进一步加大力度，多措并举、多管齐下，形成促进大学毕业生就业的强大合力。

对各级政府来讲，要把中央各项部署落到实处，采取更加积极地促进大学毕业生就业的政策。要将大学毕业生就业纳入当地就业总体规划，放在当前就业工作的首位，加强统筹安排。通过发展经济和各项社会事业增加就业岗位，特别是结合经济结构调整，创造更多智力密集型就业机会。完善创业扶持政策，鼓励大学毕业生自主创业，加强对参加基层就业项目的大学毕业生的指导、管理和服务。

对高校而言，必须改革高等教育培养模式，把培育大学生的创新精神和创新能力作为突破点，增强其就业能力和创业能力。主动适应社会需求和就业市场的变化，加大学科和专业调整力度，进一步整合和优化教育资源，着力培养高素质的复合型人才，实现由人才供给导向型向就业需求导向型的转变。

对用人单位来说，要致力提升人力资源工作质量，同时要积极承担社会责任，努力吸纳大学毕业生就业。目前，很多用人单位不重视人力资源工作，导致人力资源工作质量不高，不知如何选人、用人，在招聘过程中，存在着过分看重高学历、看重工作经历、拒绝女生求职、故意压低待遇等倾向，在一定程度上影响了大学毕业生就业。用人单位应该树立长远眼光和正确的用人观念，消除性别、学历等偏见，完善用人机制，积极吸收和储备优秀人才。

对大学毕业生自身来说，应该增强信心，切实提高就业能力。要转变观念，树立"先就业、后择业""重事业、轻地域"等正确的择业观，要勇于创业，自主创业，闯出属于自己的广阔天地。同时，积极参与各种社会实践活动，增加社会经历，积累工作经验。及时了解就业信息，掌握就业技能，把握好每一个就业机会。

（九）下岗职工与农民工自我提升

下岗职工与农民工就业困难，多半是因为没有相应的职业技能，所以要想顺利就业，下岗职工与农民工必须转变观念，不等不靠，积极参加就业技能培训，提高自己的职业技能，使自己符合企业的要求。

下岗职工可以利用国家有利条件，并结合自己的实际情况积极创业。对于下岗职工来说，一定要摒弃旧的思想观念，树立正确的再就业观念，既要依法择业，不干违法的事，又要从容"下海"，不怕被人耻笑。走出大工厂干起小生意，不能怕丢人，要相信只要合法经营，依靠自己的双手艰苦创业，勤劳致富，就是对社会的贡献。

第四章

内蒙古自治区劳动力流动研究

第一节　内蒙古自治区劳动力流动状况及其对经济发展的影响

劳动力流动作为一个重要的社会经济现象，常常被人口流动问题所替代。劳动力既是生产要素，又是经济主体，劳动力流动是人口流动中极其特殊和重要的一部分，是人口流动的主要形式。所谓劳动力流动，就是指劳动力为了寻找更好的就业机会、获取更高的收益在地区间、产业间、企业间甚至是部门之间的流动，这种流动具有很强的目的性和经济性，劳动力流动主要是为了追求价值的最大化，如寻找更好的就业机会、增加个人收入等，它体现的是一种经济现象，涉及就业、收入分配、资源配置等问题。随着近些年来我国区域之间经济发展的不协调、产业结构发展的不协调、城乡经济发展的不协调，劳动力在区域之间、产业之间、城乡之间甚至是国家之间的流动呈现出越来越复杂的局面。因此，劳动力流动所带来的一系列问题得到各界的关注和研究。

一、内蒙古自治区流动劳动力的状况和特征

内蒙古自治区地域辽阔，横跨我国东北、华北和西北地区，全区现有55个民族，汉族和蒙古族是内蒙古自治区人口数量最多的两个民族。2016年，全区12个盟市的常住人口为2520.1万人。其中，汉族人口为1889.06万人，占74.96%；蒙古族人口为462.39万人，占18.35%；其他少数民族人口为168.65万人，占6.69%。对内蒙古自治区流动劳动力状况和特征进行深入分析，了解内蒙古地区劳动力分布和流动的基本趋势，对加快内蒙古地区经济发展、推进内蒙古地区新型城镇化建设具有重要的现实意义。

（一）内蒙古自治区流动劳动力的基本状况

内蒙古自治区流动劳动力可以分为跨自治区流动劳动力和自治区内流动劳动力。其中，跨自治区流动劳动力可以分为跨自治区流出劳动力和跨自治区流入劳动力。跨自治区流出劳动力是指流动劳动力把自治区以外的地区作为流动目标地，跨自治区流入劳动力是指自治区外的流动劳动力把自治区作为流动目标地。自治区内流动劳动力是指流动劳动力以自治区内的地区作为流动目标地，流动过程仅在自治区内部。自治区内流动劳动力又可以分为自治区内跨盟市流动劳动力和盟市内跨旗县流动劳动力。

1. 跨自治区流动劳动力

（1）跨自治区流动劳动力规模。跨自治区流动劳动力包括跨自治区流出劳动力和跨自治区流入劳动力。中国人民大学人口与发展研究中心教授段成荣等根据2010年"第六次人口普查"数据和"2015年全国1%人口抽样调查"样本数

据的分析，2010年内蒙古自治区全区流到全国其他省份的流动人口是73.04万人，截至2015年，这一流动规模增加到77.98万人，5年来内蒙古自治区流出人口增加了4.94万人，呈现出小幅上升的趋势；而由全国其他省份流入内蒙古自治区的流动人口从2010年的97.26万人减少到2015年的77.81万人，呈现出下降的趋势。2015年，内蒙古自治区流入人口与流出人口数据比较接近，表明从自治区整体层面来看，内蒙古自治区流出人口与流入人口规模基本相同（见表4-1）。

表4-1 内蒙古自治区流动人口规模　　　　　　　单位：万人

年份	2010	2015
跨自治区流出人口	73.04	77.98
跨自治区流入人口	97.26	77.81
自治区区内流动人口	347.41	291.67

根据上述数据可以计算出内蒙古自治区流动人口参与度指标：

R（流动参与度）= M（跨自治区流出人口 + 自治区区内流动人口）/P（内蒙古自治区常住人口）×100%。经过计算，2015年内蒙古自治区流动人口参与度为14.72%，而同年度全国流动人口参与度为17.9%，说明内蒙古自治区流动人口参与度要低于全国平均水平，其人口流动还处于相对滞后的状态。人口流动与一个地区经济发展和开放程度有很大的关系，深刻影响着一个地区的城镇化进程与水平。因此，对内蒙古自治区而言，进一步促进人口有序流动、积极流动，是发展经济、推进新型城市化的有力保障。

（2）跨自治区流动劳动力的分布。根据"2015年1%人口抽样调查"数据分析，内蒙古自治区流出劳动力的20%左右集中在北京，说明北京对流动人口有巨大的吸引力，但广东、浙江、江苏等传统意义上的流入人口聚集大省对内蒙古自治区劳动力的吸引力并不明显。除此之外，天津、河北、辽宁、山西、山东、陕西也是内蒙古自治区流出劳动力的主要分布地区，占比40%左右。这表明，内蒙古自治区流出劳动力主要集中在相邻省份，特别是北京，流出劳动力就近分布的地缘特征十分明显。可见，不同地区经济发展水平的差异虽是人口外出的主要动因，但最终流向还受到诸如距离、文化等其他因素的影响。

内蒙古自治区流入劳动力最主要的来源地是山西、河北、陕西、黑龙江，来自这些地区的流动劳动力占跨自治区流入人口的58.66%，表明跨自治区流入人口中有超过一半的人来自这4个省份。另外，从甘肃、河南流入内蒙古自治区的流动人口也占到一定的比例，分别占跨自治区流入人口的7.35%和5.88%。这充分说明，流入内蒙古自治区的劳动力主要集中在相邻省份，流入劳动力的分布也具有比较明显的地缘特征。相比而言，北京、天津、吉林、辽宁、宁夏等靠近或与内蒙古自治区接壤的相关地区，流入内蒙古的劳动力相对较少，特别是北京和天津，这也是内蒙古地区总体经济发展比较落后在流动人口方面的反映。

2. 自治区内流动劳动力

（1）自治区内流动劳动力规模。通过对"2015年1%抽样调查"样本数据的分析，可以推算出内蒙古自治区内部的流动人口为291.67万人。与"第六次人口普查"数据比较后发现，自治区区内流动人口从2010年的347.41万人下降到2015年的291.67万人，也呈现出明显下降的趋势。如果将跨自治区流入人口与自治区区内流动人口作为内蒙古自治区流动人口的总体，就会发现内蒙古流动人口以自治区区内流动人口为主，所占百分比高达79%，而跨自治区流入人口只占内蒙古流动人口的21%。因此，在后面章节的流动劳动力分析中，主要以自治区内流动劳动力为主。

（2）自治区内流动劳动力的分布。通过数据分析，自治区内流入人口比率最高的为首府呼和浩特市，集中了区内44.46%的流动人口，成为内蒙古自治区流动人口聚集的"超级中心"，这与其经济、政治、文化中心的地位有关；其次为鄂尔多斯市和包头市，集中了区内25%以上的流动人口。相比之下，全区人口最多的赤峰市和通辽市聚集的流动人口比例相对较低，人均可支配收入比较低的兴安盟和乌兰察布市流入人口比例更低。这说明，自治区流动人口分布具有在典型城市聚集的特征，主要集中在自治区首府呼和浩特市，以及经济新兴城市鄂尔多斯市和工业较为发达的包头市，另外也体现了流动人口的经济性特征，主要由经济不发达地区流向经济发达地区。通过对流动人口进一步分析发现，自治区区内流动人口中跨盟市流动的比例为58.04%，盟市内跨区县流动的比例为41.96%，自治区区内流动人口中跨盟市流动的比例要高于盟市内跨区县流动的比例，表明跨盟市流动是自治区内劳动力主要的流动方式。

（二）内蒙古自治区流动劳动力的特征

1. 流动劳动力的个体特征

（1）性别特征。内蒙古自治区流动劳动力的性别构成上突出表现为以男性为主。2010年，全区总流入人口为7170889人，其中男性流入人口数为3844873人，占全区总流入人口的比重为53.62%；女性总流入人口为3326016人，占全区总流入人口的比重为46.38%，男女性别比为1.16。另根据"2015年1%人口抽样调查"数据计算，内蒙古自治区内流动人口汉族男女性别比为1.02，和2010年相比，女性在流动人口中的比重有所上升，但总体来说还是男性较多。

（2）年龄特征。内蒙古自治区2010年15~60岁的流动人口总数为5754310人，占自治区总流入人口数的80.25%，劳动年龄人口构成自治区总流动人口的主体，其中20～40岁的人占比最高，40岁以后流动人口随着年龄的增长越来越少。中青年是流动人口的主力军，同时也带动了少年和老年人口的流动。随着内蒙古自治区经济的发展，对劳动力的需求不断增加，劳动力逐渐呈现出年轻化的趋势，并且这种趋势日益加重。"2015年1%人口抽样调查"数据显示，蒙古族流动人口的年龄结构更为年轻化，有50%以上的蒙古族流动人口集中在35岁以下，汉族35岁以下流动人口所占比例为42.38%，流动人口的年龄结构相对均衡。

（3）受教育水平。流动劳动力的受教育水平是衡量流动劳动力人力资本存量的重要指标，受教育水平越高，代表人力资本存量水平越高。从流动劳动力的受教育状况来看，大多数人完成了义务教育。据2010年人口普查数据统计，全国省内流动人口共计16738.35万人，受教育程度为未上过学、小学、初中、高中、大学专科、大学本科以及研究生的流动人口数占全国省内流动人口总量的比重分别为2.12%、15.90%、35.12%、25.58%、11.83%、8.76%、0.70%，流动人口受教育程度集中在初高中阶段，初中及以下学历人口比重超过全国一半。据2010年内蒙古人口普查资料，内蒙古自治区区内城镇受教育程度为未上过学、小学、初中、高中、大学专科、大学本科以及研究生的流动人口总量占比分别为3%、18.61%、38.14%、22.40%、10.72%、6.60%、0.53%，初中及以下学历人数占比较大，未上过学和研究生教育程度的人口相对较少。与全国省内流动人口受教育程度相比，除小学和初中学历外，其他学历的占比均低于全国水平，这一情况表明内蒙古自治区流动劳动力绝大多数只是接受过基本文化知识教育的普通劳动力，整体受教育水平偏低，意味着人力资本存量低，多数只能适应较低水平的劳动密集型产业对一般劳动力的需求。

2. 流动劳动力的结构特征

劳动力流动从结构上可以分为纵向和横向两个方面。纵向主要是指劳动力从农业部门向非农业部门转移，由此带来的劳动力生产率的提高提升了经济中第二、第三次产业的比重，促进了产业结构升级。图4-1描述了内蒙古自治区就业人员的产业构成从2007年到2016年的变化，2010年，第一产业所拥有的劳动力人数所占比例达到48.2%，第二产业的劳动力占比为17.41%，第三产业就业人数占比为34.39%。2016年，劳动力从业有了新的趋势和变化。第一产业劳动力人数占比和2010年相比下降了8.14%；第二产业劳动力人数占比稍有下降，由2010年的17.41%下降为2016的15.85%；第三产业则明显提高，由2010年的34.39%提高到2016年的44.09%。

内蒙古自治区劳动力市场发展报告（2018）

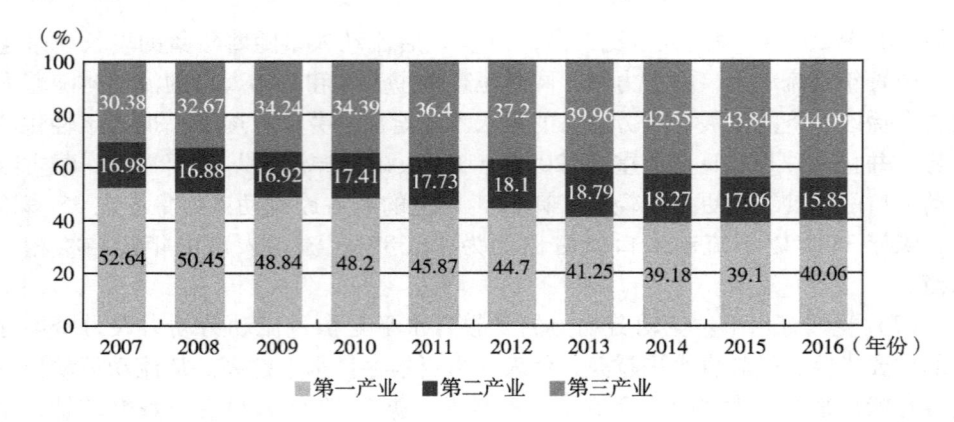

图4-1　内蒙古自治区就业人员三次产业构成

总体来看，劳动力在第一、第二、第三产业之间分布的变化趋势主要是从事第一产业的劳动力数量逐步下降，而第二、第三产业中劳动力的数量正在逐步上升，并且第三产业中的就业人数已经超过第一、第二产业的就业人数，这表明劳动力正在由第一产业向第二产业逐步流动，并且最终流向第三产业，也表明劳动力在产业之间的流动方向和规律。

劳动力流动的横向结构是指劳动力在地区间流动，通过分析发现，内蒙古自治区流动人口以区内流动为主，且70%以上的流动人口主要集中在首府呼和浩特市以及工业较为发达的包头市和经济新兴城市鄂尔多斯市，而蒙古族流动人口则主要分布在呼和浩特市、通辽市和赤峰市。这表明了流动劳动力流动趋向主要从农村以及农牧区流向城镇，同时，相比较汉族而言，蒙古族流动人口的流动距离相对较短，流动范围相对较小。

（三）内蒙古自治区蒙古族流动劳动力的特征

内蒙古自治区作为典型的民族地区，是我国蒙古族人口最多、最为重要的聚居地区。2016年数据统计，内蒙古全区12个盟市的常住人口中，蒙古族人口占18.34%，其他少数民族人口占6.69%，因此内蒙古被称为"马背上的民族"。少数民族尤其是蒙古族在内蒙古自治区的流动人口中占比较多，因此这里以蒙古族和汉族为代表，对蒙古族流动劳动力与汉族流动劳动力从以下几个方面进行比较。

从蒙古族流动劳动力的个体特征来看，通过对"2015年1%人口抽样调查"数据的计算，蒙古族流动人口的性别比为0.92，意味着蒙古族流动劳动力中女性较多；年龄结构更为年轻化，有50%以上的蒙古族流动人口集中在35岁以下。

从受教育状况来看，蒙古族流动人口大多数人完成了义务教育，蒙古族流动人口的平均受教育年限是 9.9 年，高于汉族流动人口的平均受教育年限 9.12 年（见表 4-2）。

表 4-2 内蒙古自治区汉族和蒙古族流动人口受教育状况

受教育状况	汉族	蒙古族
未上过学（%）	2.35	1.46
小学（%）	15.42	10.50
初中（%）	46.53	35.57
高中/中职（%）	17.69	25.66
大专及以上（%）	18.01	26.81
其中：大专（%）	11.85	13.41
本科（%）	5.90	12.24
研究生（%）	0.26	1.16
平均受教育年限（年）	9.12	9.9

从户口类别来看，蒙古族和汉族流动人口均以农业户口为主。其中，蒙古族流动人口中有 26.24% 是非农业人口，而汉族流动人口中有 19.46% 是非农业户口，蒙古族的非农业人口流动比例明显高于汉族，说明了蒙古族非农业人口的流动参与度相对较高，而农牧业人口的流动参与度相对较低（见表 4-3）。

表 4-3 内蒙古自治区汉族和蒙古族流动人口户口类别　　　　单位:%

户口类别	汉族	蒙古族
农业	80.37	73.47
非农业	19.46	26.24
其他	0.17	0.29
合计	100	100

从流动人口的婚姻家庭状况来看，蒙古族流动人口的未婚比例比汉族更高一些（见表 4-4），这可能与蒙古族流动人口的年龄结构较为年轻具有很大的关系。从区内流动人口的家庭结构来看，蒙古族同住家庭成员更少一些。由于我国少数民族执行相对宽松的计划生育政策，再加上民族传统的影响，少数民族家庭规模普遍要比汉族家庭规模稍大一些。但是，从流动人口同住家庭成员数来看，蒙古族却小于汉族，这表明蒙古族流动人口家庭化的趋势相对滞后，要低于汉族流动人口。

表4-4 内蒙古自治区汉族和蒙古族流动人口婚姻家庭状况　　　　单位:%

婚姻家庭状况	汉族	蒙古族
未婚	9.79	15.16
已婚	87.71	82.21
其他	2.50	2.63
平均同住家庭成员	2.95	2.89

从蒙古族流动人口的流动范围看，蒙古族流动人口主要分布在呼和浩特市、通辽市和赤峰市，流动范围以盟市内跨区县流动为主，占蒙古族流动人口的53.28%。和汉族流动劳动力相比，蒙古族流动劳动力的流动距离相对较短，流动范围相对较小。另外，蒙古族流动劳动力所从事的职业大多具有浓厚的民族文化特色，以从事民族特色饮食、农牧业土特产品经营、手工艺品制作销售为主；选择自主创业的蒙古族流动人口进入城镇后，主要从事特色经营，如牛羊肉、奶制品、民族工艺品和特色餐饮业经营等，或在城镇周边从事牛羊养殖、蔬菜种植；也有一些人依托本地资源优势成为农畜产品的经纪人。

从上述比较中发现，蒙古族和汉族流动人口有着一定的差异性，这种差异性集中体现了蒙古族人口流动的特殊性和多元性。在内蒙古地区，很多蒙古族人精通汉语，熟悉汉族的文化与习俗，民族因素没有对外出务工的流动人口带来不利的影响。

劳动力的流动具有选择性，包括少数民族聚居地区，如蒙古族劳动力的流动同样具有选择性，这种选择性使农牧区的蒙古族人口流动处于相对"不活跃"的状态。与普通的人口流动相比，蒙古族人口流动不仅是城乡流动的反映，还是跨民族交往的反映，其最大的不同点在于民族互动和文化认同问题。从这个意义上讲，应该鼓励更多少数民族参与到人口流动中来，增进与其他各民族成员接触的机会，加强彼此的文化交流，从而使各少数民族获得更大的发展空间。

二、劳动力流动对内蒙古自治区经济发展的影响

劳动力流动作为一种社会现象，同时又是一种经济现象，是整个社会资源重组和优化配置的必然结果，必然对社会经济产生重大影响。在市场经济迅速发展的大背景下，内蒙古地区劳动力从农村流入城市、从不发达地区流向发达地区的流动趋势，一方面极大地推动了城镇工商业经济的发展，促进城乡之间以及地区之间经济社会的融合，也相应地提高了人民的生活水平；另一方面也会对流出地和流入地的社会经济以及家庭产生一些负面影响。因此，把握流动劳动力这把"双刃剑"，既要疏导流动劳动力缓解城市人口压力以促进整个社会的和谐，又要合理管理以减少对劳动力流出地的不必要影响，这是城市化进程中迫切需要深刻思考并科学应对的问题。

（一）劳动力流动对内蒙古自治区经济发展的有利影响

1. 促进了经济的发展和产业结构的改善

人口的迁移流动有助于提高经济的增长速度并改善经济结构。根据历年内蒙古自治区统计年鉴数据计算，从2006年到2016年的11年间，内蒙古地区生产总值从4944.25亿元增长到18632.6亿元，翻了两倍多，年均增长率为1.71%。第一产业（634.94~1628.7）、第二产业（2374.96~9078.9）、第三产业（1934.35~7925.1）总增长率分别为156.51%、282.28%、309.70%，年均增长率分别为1.66%、1.72%、1.73%。可见，内蒙古地区经济的增长主要表现在第二、第三产业的增长上，而第二、第三产业的高速增长，与人口的迁移流动，特别是农村剩余劳动力向第二、第三产业的转移，为其提供低成本的劳动生产要素有直接关系。在经济增长的同时，内蒙古自治区的产业结构也得到逐步改善，第一、第二、第三产业的比重分别从2006年的0.13、0.48、0.39变为2016年的0.087、0.49、0.43，产业结构改善最明显的特征为第一产业在地区生产总值的比重下降，第二、第三产业的比重上升，而产业结构的变化与就业情况有着密切关系，第二、第三产业的增长对劳动力产生更大的需要，反过来充足的劳动力继续推进第二、第三产业的增长，进而有助于改善产业结构、促进地区经济的整体增长。

2. 实现了劳动力资源的优化配置

内蒙古自治区地域辽阔，人口密度较小，人口分布极不平衡。其特点为：各盟市、旗县间人口分布非常悬殊；地区人口分布东多西少；农村、牧区人口多于城市；交通便利的地区人口稠密，交通闭塞的地区人口稀疏。通过人口在不同地区及行业间的迁移流动，有利于促进劳动力资源的优化配置，同时加快人力资本的形成，对人力资源的开发和利用有积极意义。

据内蒙古自治区历年统计资料，全区人口总数从2000年的2375.54万人增加到2010年的2470.63万人，年均增长率约为1.53%，人口增长幅度不大。农业人口总数从2000年的1535.4万人逐年递减至2014年的1468.9万人，年均减少1.37%，这也表明全区人口由农村流向城市的趋势。在现代化发展进程中，农业作为第一产业的主要组成部分，占国民经济的比重逐年下降，从事农业的农民数量逐年减少；同时，第二、第三产业占国民经济的比重逐年上升，作为第二、第三产业从业主体的城镇人口随之增加。经济的发展客观上要求劳动力资源在城乡之间进行合理配置，以满足第二、第三产业的发展对劳动力的需求，如城镇交通及基础设施建设、房地产开发，还有环卫、保姆、餐饮、娱乐服务等行业的工作，大部分由外来劳动力承担，从而弥补了城镇经济发展过程中劳动力的不足。

3. 有利于提高劳动力文化素质

通常来讲，经济较发达地区或城镇人口的平均受教育程度普遍高于经济落后地区或农村。内蒙古自治区每年有大量劳动力流入经济比较发达的城市如呼和浩特市、包头市、鄂尔多斯市等,通过参加各种职业培训、实际工作锻炼等方式,增强了自己的工作技能和管理知识,从而提高了自己的文化层次。同时,大规模的劳动力流动必然导致城乡之间、不同地区之间的文化碰撞,其结果必然是先进、开放的文化取代落后、封闭的文化。这些思想观念的更新和变化不仅发生在流动的劳动力身上,外出务工劳动力带回的先进文化理念、生产技能和管理知识,以及务工经商所获得的资金,有利于发展当地的经济,促进家乡经济的发展,这些对于欠发达地区面貌的改变起到重要的推动作用。

4. 促进城乡一体化和城镇化进程

劳动力的流动特别是城乡间劳动力的流动有利于加强城乡间的经济、信息、资本要素等多方面的联系,有利于提高农村劳动力的文化素质,促进城镇的先进科学技术向农村转移,帮助提高农村劳动力资源的利用效率,从而有助于缩小城乡差距,这些都在促进城乡一体化和城镇化进程中起到重要作用。

(二)劳动力流动对社会经济及家庭产生的负面影响

1. 劳动力过度流出导致流出地劳动力短缺和耕地荒废的问题

在内蒙古地区,流动劳动力中20~40岁的人占比很高,中青年构成了流动人口的主力军,导致流出地劳动力的整体劳动能力和文化素质的下降,这必然影响当地的经济发展以及农业产业化的进程,在一定程度上会阻碍当地经济的发展。

2. 流入地基础设施与住房紧张所带来的城市管理问题

劳动力市场秩序不规范和劳动力流动的无序性加大了城市管理的压力,不可避免地增加了能源消耗以及居住、交通、教育、卫生、服务、社会治安等方面的管理压力。流动劳动力在流入城市中没有正式居民身份,吃、住、行、医疗、教育及就业等方面均得不到政府或社会的基本保障,当其失去工作或劳动收入极其微薄时,就会陷入贫困之中,且其贫困程度一般高于城市贫困人口,容易成为最不稳定的社会群体,加大了政府开展各项工作的难度。

3. 对微观家庭造成的不利影响

对微观家庭造成的不利影响具体包括以下三方面:

(1)养老问题突出。目前,国家开始在农村推行农村"新农保"制度,60岁以上的老人每个月都能领到80元的现金补助,这些补助也只能适当解决农村老人的日常开销,但大多数老人都不乏疾病在身,再加上他们丧失劳动力,这些补助还是远远不够的。此外,传统的家庭养老模式正在淡化甚至退出,不少农村子女的养老意识淡薄,尤其是外出务工的许多年轻人。据全国老龄工作委员办公室的统计数据显示,目前我国已经进入人口老龄化快速发展时期,已有老龄人口1.69亿人,占总人口数的12%,有近一半的老人属于城乡空巢家庭或类空巢家庭。虽然近年国家逐渐加大对农村留守儿童和空巢老人的帮扶力度，但对他们而言最大的伤害并不是源于身体的苦痛，而是内心的孤独与期盼。

（2）夫妻关系紧张。由于生活所迫，男方会外出打工赚钱，女方留在家中照顾孩子、操守家务。尤其是年轻夫妻，由于在感情上没有深厚的基础，所以才会出现双方感情淡薄，甚至离婚的问题。近些年，随着第三产业的发展，城市的发展对女性劳动力的需求增加，大量的农村妇女开始离开家乡到城市打工。据调查，夫妻双方一起打工的并不多见，所以才会出现夫妻双方感情不和，家庭矛盾难以缓解，甚至劳燕分飞的情况。

（3）子女教育不足。留守儿童一般是由老人照顾，老人由于身体和文化素质等原因，对孩子仅限于生活照料，对他们的学习、思想、心理等问题无能为力。也有很多跟随父母外出的儿童，也由于生活环境、生活条件的限制，往往得不到好的教育和照料。劳动力流动带来的子女教育问题，逐渐受到社会的广泛关注。

（三）内蒙古自治区流动劳动力自身面临的问题

1. 流动劳动力的素质水平与就业结构不匹配

从上述对内蒙古自治区流动劳动力的受教育程度分析可知，虽然我区劳动力流动的文化程度在不断提高，但平均文化水平还是以初中文化为主，尤其是农村劳动力的文化水平更是偏低。劳动力的较低知识文化水平使其无法接受先进的科学知识和思想意识，大部分流动劳动力都是从事生产、运输设备操作业、建筑业以及服务业等对知识文化水平要求较低的行业，这些工作大部分是体力劳动，并且工作环境比较艰苦、工作报酬低、稳定性较差。虽然城市建设需要这方面的劳动力，但随着经济的发展、城市化进程的加快，尤其是当前一些高科技、信息化等新型产业的兴起，劳动力市场对劳动力素质的需求已经由体力型劳动向专业型、技能型劳动转变，这些新型产业需要更多的是掌握先进信息技术并且有一定文化知识水平的劳动力。由于当前流动劳动力的文化素质普遍偏低尤其是农村劳动力文化水平的落后，因此他们缺乏对新知识和新技术的接受能力以及实际运用能力，即使这些新型产业有巨大的需求缺口，他们也无法满足这些企业对人才的要求，无法胜任这些工作，从而失去更多的就业机会。流动劳动力的素质水平偏低将无法满足伴随着经济发展而兴起的新型产业的用人需求，就业空间会变得更为狭窄，这种劳动力的素质水平与就业结构不匹配的社会现象将会导致劳动力无法进行合理有序的流动。

2. 流动劳动力的合法权益得不到保障

流动劳动力作为迁入地的一分子，由于户籍制度、社会保障制度等政策性障碍的歧视，流动劳动力和当地劳动力的待遇和福利有着明显的区别，尤其是农村劳动力和城镇劳动力之间的待遇相差比较大。由于我国长期存在的城乡二元经济结构，农村剩余劳动力在就业机会、工资待遇、社会保障、教育制度、社会地位、住房补贴、子女教育等方面都受到了不同程度的歧视。农村劳动力大多是从事城市里比较底层的工作，这些工作都是又危险又累的，但他们基本上都不在工伤保险、医疗保险之列，在工作期间患病，很难享受到医保，一遇到需要支付高额医疗费用的疾病就会面临失业的危险。在养老保险方面，由于城乡二元经济结构的存在，农村劳动力和城镇劳动力在建立养老保险体系时侧重点有所不同，城镇养老保险体系比较完善，不仅包括社会基本养老保险，还有企业补充养老保险，而农村养老保险主要是以家庭养老为主，由于农村劳动力的身份是农民，因此流动到城市时也不能享受城镇的养老保险制度。除此之外，由于户籍制度的限制，农村劳动力也无法享受到福利分房、培训、购房补贴等城镇劳动力享有的福利，流动劳动力的子女由于户籍不在迁入地而无法享受同当地人一样的受教育权利，这样就导致了流动劳动力的子女入学率低、超龄现象严重、打工子弟学校教学质量低等现象，从而无法保证流动劳动力的子女接受较好的义务教育。

3. 流动劳动力的社会融合度较低

由于迁出地和迁入地在经济发展、社会环境、资源禀赋、生活习惯、风俗文化等方面存在着差异，尤其是城乡二元体制的存在，大部分流动劳动力缺乏社会认同感和归属感，这正是劳动力社会融合度较低的表现。流动劳动力的社会融合度低会让劳动力无法真正地融入到迁入地的生活，只是纯粹的流动而不是真正迁移的状态，无法成为迁入地的永久居民。劳动力的社会融合度不仅指社会层面的融入，还指经济层面和心理层面的融入。经济层面的融入主要是指流动劳动力的收入状况；社会层面的融入是指劳动力在生活方式、价值观念和社会交往等方面向当地市民的转变；心理层面的融入是最高层次的融入，主要是指劳动力是否被迁入地所认同。由于城乡二元体制的存在，流动劳动力和本地户籍人口在居住、就业、社会保障等方面会形成不同的体系，农村劳动力主要是以亲缘和地缘为主体形成自己的社会关系，并且在生活上比较节俭，业余生活单一，因此很难融入到迁入地的生活圈子，而本地户籍人口本身存在的优越感会让他们对农村劳动力产生排斥心理，因此流动劳动力和本地户籍人口在心理上会存在互不认同，产生隔阂。如果这种现象长期得不到解决，流动劳动力就会越来越缺乏归属感和认同感，流动劳动力和当地居民的社会冲突和矛盾就会进一步加剧，从而引发流动劳动力的犯罪行为，会给社会治安和社会稳定带来一些隐患。

4. 劳动力市场的服务体系滞后

劳动力市场需要建设容量大、真实可靠、传递迅速的劳动力供需信息系统与组织体系。在内蒙古自治区，就业信息网络的建设并不健全，城乡劳动力在获取就业信息的渠道上有较大差异，城镇劳动力主要通过互联网、电视、报纸、多媒体等多种渠道获得及时、快捷、准确的就业信息，而农村劳动力则主要依靠家人、朋友、亲戚来获取就业信息，这就导致了就业信息的不对称、不充分，从而使大部分的农村劳动力都是无计划、无组织、盲目的流动。这种盲目流动不仅会增加流动成本，造成大量人力、物力、财力的浪费和不应有的损失，还会给城市的社会稳定和社会治安造成隐患。

总的来说，劳动力流动在促进经济社会发展的同时也带来了一些社会问题，从而影响了劳动力市场健康、有序的发展，因此必须找出影响劳动力流动的因素，为促进劳动力合理、有序地流动提供建设性的意见。

第二节　内蒙古自治区流动劳动力的影响因素与对策

一、内蒙古自治区劳动力流动的影响因素

劳动力流动是由多种因素影响发展的，根据内蒙古自治区实际情况，可以总结出劳动力流动的途径以及规模大小主要取决于以下几个因素：

（一）个体因素

由于性别、年龄、受教育程度等个体状况不同，劳动力对同一外部环境刺激会产生不同的响应，流动空间决策也就不同。内蒙古自治区流动劳动力男性外出的概率要大于女性，占总流动人口的一半以上，男性流动空间尺度较女性大，这一方面与"男主外，女主内"的文化传统有关，在这种文化影响下，女性劳动力尤其是已做母亲的女性，很难离家或离家太远；另一方面是适合男性的工作机会较多。

年龄对流动劳动力的影响呈倒"U"形，内蒙古自治区流动劳动力按年龄呈正态分布，以20~40岁的中青年为主。年轻人精力旺盛、富有理想，对收入水平期望较高，同时受到家庭羁绊相对较少，跨地区流动频繁。随着年龄增长，劳动力流动性趋于下降。流动意愿降低，一方面是由于传统乡土文化的影响，劳动力可能会追求安稳的生活，不会再频繁地调换工作，减少了劳动力流动的可能性；另一方面也是流动的机会成本在增加。

在影响劳动力流动的因素中，教育是一个比较重要的因素，根据教育经济学的有关理论，教育对流动的影响主要来自两个方面：一方面，较高教育程度的劳动力具有较多的知识和技能，因而其生产力就高，故教育会增加流动的预期收入；另一方面，教育程度又可以作为一个"凭证"，以增加在城镇地区找到工作的概率，现实中的城市工作都有一定的教育程度要求，教育程度低者，往往只能从事简单体力性工作。内蒙古地区流动劳动力整体受教育程度偏低、职业技能和素质水平有所欠缺，因此，他们能够进入的劳动生产领域多为对劳动教育水平、素质能力要求不高的低水平、劳动密集型行业，如建筑行业及餐饮业、批发零售等服务业，而对于对人才技能素质水平有较高要求的高新技术类、金融类等行业

来说，这些外来低素质劳动力很难满足其劳动力的需求。

民族的影响较为特殊。内蒙古自治区统计局的数据显示，内蒙古自治区总人口数 2016 年末达到 2520.1 万人，其中蒙古族人口 462.4 万人，占比 18.3%。相比较汉族而言，蒙古族流动劳动力近年在城镇流动人口中有显著提高。出现这种现象的原因，首先可能是优惠的民族政策所致，相对于汉族外来人口，蒙古族居民在居住地落户时享受较多的"优惠政策"；其次也与蒙古族的户籍地经济状况有关，农牧区生存环境的变化，禁牧政策的实施，使牧区的生产方式遭到冲击，很多父辈以及越来越多的年轻人更加愿意迁出以改变自身命运。

(二) 经济因素

1. 经济势差

经济区域发展的不平衡是劳动力流动的重要因素之一，区域经济发展对劳动力流动的影响分为经济发展水平因素和经济结构因素，经济发展水平越高，劳动力流动越活跃，流入当地的劳动力数量也越多，因此，研究劳动力流动必须考虑区域间经济势差因素。

经济势差包括城乡经济势差和地域经济势差。城乡经济势差是指农村就业与城市就业所获得的经济利益的差距。地域经济势差指的是在不同地域之间从事经济活动所获得的经济利益的差距。发达地区与不发达地区之间、高收入地区与低收入地区之间都存在这种地区经济势差。对于内蒙古自治区而言，经济势差首先表现为城乡收入差距是劳动力从农村向城市流动的主要拉力。城乡收入差距的存在和扩大会对劳动力流动决策产生重大影响。城乡差距越大，农村劳动力就会将较少的劳动投入到农业生产中，而将较多的劳动投入到城市就业。地区发展不平衡是劳动力流动的次要拉力。2016 年内蒙古自治区城镇居民人均可支配收入情况如表 4-5 所示。

表 4-5 2016 年人均收入情况　　　　　　　　　　　　单位：元

地区	城镇居民人均可支配收入	农村人均纯收入
	绝对额	绝对额
全国	33616.2	12363.4
内蒙古自治区	32974.9	11609.0
呼和浩特市	40220	14517
包头市	40955	14692
通辽市	27444	11585
赤峰市	27336	9517
鄂尔多斯市	40221	15480
兴安盟	24279	8533

从全国范围来看，内蒙古自治区经济的发展水平属于中等偏下，经济发展整体相对落后，但从 2010~2015 年人口流动的数据来看，5 年来内蒙古自治区流出人口从 2010 年的 73.04 万人增加到 2015 年的 77.98 万人，呈现出小幅上升的趋势，和其他省市相比，内蒙古自治区人口流动并不是十分活跃。人口流动参与度指标可以进一步验证这个现象，根据 2015 年人口流动数据计算内蒙古自治区的人口流动参与度指标为 14.72%，而同时期全国流动人口参与度指标为 17.9%，这表明内蒙古自治区整体的流动参与度低于全国平均水平，内蒙古自治区人口流动还处于相对滞后的状态。内蒙古自治区流动人口以自治区内流动人口为主，所占百分比高达 79%，主要流向人均工资水平位于前三列的呼和浩特市、鄂尔多斯市和包头市。这三个城市聚集了区内 70% 以上的流动人口，特别是呼和浩特市集中了区内 44.46% 的流动人口，呼和浩特、包头、鄂尔多斯因较高的经济发展水平而带动就业的能力较强，决定了这三个城市是一个劳动力流入型地区。

2016 年，内蒙古自治区城镇居民人均可支配收入最高的城市是包头市，为 40955 元，最低的是兴安盟，为 24279 元。同年，农村人均收入包头为 14692 元，兴安盟为 8533 元。由此可见，无论是省内不同盟市之间，还是同一盟市的城乡之间，居民收入都有相当大的差距，收入上直观的差距成为促使城乡之间、不同地区之间人口流动迁移的直接动因。特别是在贫困地区，这一动机更加明显，也进一步说明了城乡收入差距是劳动力从农村向城市流动的主要拉力。

根据已有经验，人口流动与一个地区经济发展和开放程度有很大的关系，特别对流入地而言，人口流动还深刻影响着该地区的城镇化进程与水平。因此，对内蒙古自治区而言，进一步促进人口有序流动、积极流动，是发展经济、推进新型城市化的有力保障。

2. 流动成本

根据舒尔茨的成本收益理论，将流动作为一种个人投资，既有成本又有收益，只有在投资成本与收益成本相抵后，有净收益时流动才会发生。在劳动力流动与否的问题上，劳动力在做出流动决策之前，要综合考虑流入地的生活成本，比较其净收益大小，然后做出是否发生流动以及流动到哪些城市就业的选择，而且这种利益差异越大，越会促进劳动力的区域之间、城乡之间或者是部门之间的流动，否则劳动力就没有必要付出高额的成本而选择流动到他乡。

成本包括经济成本和非经济成本。经济成本包括显性成本和隐形成本（即机会成本）。显性成本主要包括外出就业形成的交通费、培训费、办证费，维持劳动力再生产所必需的生活费，如用于房租、日用品、饮食、医疗等的费用，还有为其子女在工作地读书所交的教育费用等。机会成本是指劳动力流动出当地、放弃原有的工作，从而失去可能获得的收入和福利，一般包括原有工作的收入以及国家规定的应该享有的保险、分红等。非经济成本主要包括劳动力流动所产生的心理成本和风险成本。内蒙古自治区作为典型的民族地区，少数民族流动人口遇到的问题远比一般流动人口多，因为少数民族人口除了需要面对一般人口城市融入所遇到的问题以外，还需要面对心理适应、文化适应和一些其他的特殊困难。所以，少数民族人口融入城市的过程更为复杂和漫长。风险成本主要包括：劳动力的工作生活环境比较差，对生理机能造成一定的损害；由于个人技能、素质水平有限，可能存在下岗或失业的风险；违约、拖欠工资事件时有发生，使外来人口的人身权益得不到很好的保障。

成本对劳动力流动产生影响主要体现在以下几个方面：首先，成本主要通过提高消费水平降低劳动力流动的净收益。内蒙古自治区整体经济发展水平较低，人均消费水平偏高，尤其是呼和浩特市、包头市和鄂尔多斯市，城镇居民人均消费水平高于全国平均水平，具体如表4-6所示。高消费水平增加了劳动力的生存费用，使劳动力流入的意愿减弱，同时，这也是高技术、高素质、工作经验丰富的劳动力流出呼包鄂的重要原因。其次、内蒙古自治区的地理位置特殊，属于偏远地区，导致流动费用增加，如职业介绍信息费、交通、住宿和交通费等方面的负担增加，也降低了劳动力流动的净收益。

表4-6 2016年人均消费水平情况   单位：元

地区	城镇居民人均消费支出	农村人均生活消费支出
	绝对额	绝对额
全国	23078.9	10129.8
内蒙古自治区	22744.5	11462.6
呼和浩特市	28352	14353
包头市	28632	11014
通辽市	17879	10056
赤峰市	15517	9476
鄂尔多斯市	26486	14571

（三）产业结构因素

地区间劳动力流动是地区间产业差异的必然结果，只要地区间的产业差距存在，劳动力就会选择自主流动。近年来，内蒙古地区产业结构向合理化方向发展，人口流动聚居地呼和浩特市三次产业比重由2010年的25.3∶30.7∶44.0调整为2016年的20.2∶30.4∶49.4，包头市三次产业比重由2010年的14.1∶29.9∶56.0调整为2016年的13.5∶26.3∶60.3，鄂尔多斯市三次产业比重由 2010 年的 27.7∶28.8∶43.4 调整为 2016 年的 26.2∶27.9∶45.9（见图 4－2）。产业结构的变动会引起各个产业吸纳劳动力能力的变化，呼包鄂第二、第三产业转移就业人数远大于第一产业人数，就业人员主要集中于交通运输、仓储管理、住宿餐饮和批发零售等服务性行业。产业结构的优化，注重低碳产业和现代服务业的发展，必将使这些新兴产业吸纳大量的流动劳动力。社会经济发展的实践证明，哪一地区的非农产业发展越快，就越能吸引并容纳较多的劳动力来务工经商，因此，第二、第三产业发展越快，对流动劳动力的拉力就越大。从政府的角度而言，政府的任务就是努力消除阻碍劳动力流动的制度障碍，并采取相应的技术政策、产业发展政策保持其先进产业的绝对优势。总之，内蒙古自治区的产业结构状况与劳动力流动存在着密切的关系，劳动力的数量和质量随着产业结构的调整而变化，不断形成新的劳动力结构，并对未来产业升级形成基础性的支撑和约束作用。

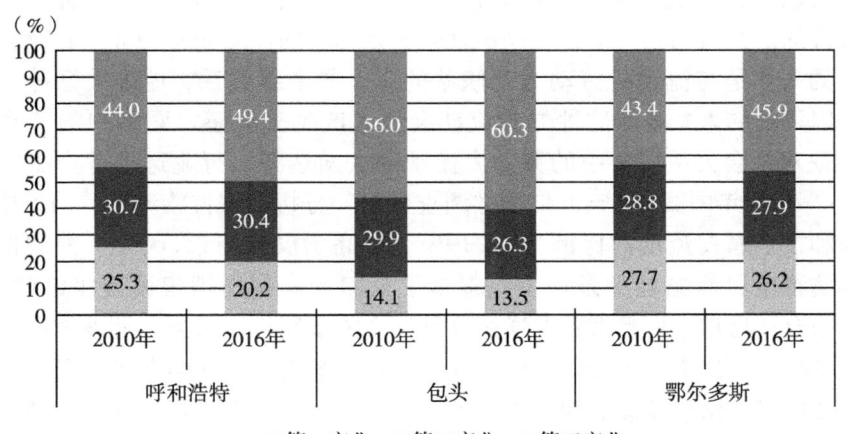

图 4－2　呼包鄂三次产业人口比重

（四）制度政策因素

制度是影响劳动力流动的重要因素，开放、完善的政策制度能够促进劳动力在区域之间合理有序地流动。如果政策制度比较封闭，劳动力的流动就会受到各种各样的限制，劳动力的流动成本也会增加，这种情况下劳动力往往不愿意选择流动，而愿意待在原来的地方。政策制度因素对劳动力流动的影响主要体现在政策制度变迁下劳动力市场的不同完善程度，从而影响劳动力是否进行流动的决策，尤其是户籍制度对劳动力流动的影响尤为明显，户籍制度的存在使低收入地区向高收入地区流动的过程被人为阻碍。由于外来劳动力与本地居民在基本公共服务获得方面存在较大差异，没有当地户籍的流动劳动力难以均等地获得与流入地户籍居民同等的社会保障和教育医疗水平；高考户籍地的限制也使很多流动劳动力随迁子女早早辍学打工，减小了接受高等教育的机会；户籍的限制也造成了外来劳动力在流入地就业机会的不均等。同时，由于政策性因素，长期以来国家实行城市中心战略，对农村的重视程度和财政投入均远落后于城市，致使农村经济发展滞后，教育、医疗卫生等公共资源匮乏，这也直接导致了城乡人口素质差距较大，来自农村的流动劳动力群体难以寻找到合适的工作岗位来提升自身的收入水平和在流入地的社会地位，形成了经济贫困和人口素质低下的恶性循环。

（五）社会关系网络因素

社会关系网络因素在劳动力流动过程中发挥着重要作用。中国的乡土社会特别重视以家庭为纽带的亲缘关系和地缘关系，这种对亲缘、地缘关系的重视，影响着人们的生活方式和社会交往方式，成为一种"习性"，并具有很大的惯性。这种"习性"没有因生活地点从农村到城市的变动或职业由农民到工人的变动而改变。

大量的研究表明，劳动力流动中社会关系网络的作用非常明显，在社会关系网络中的人都是与流动的劳动力有联系的人，如亲缘关系、地缘关系等值得信赖、可以拜托的人，采取这种方式流动会使人产生安全感。网络中的"意见领袖"往往对社会关系网络中的劳动力流动的去向选择、行业选择等产生较多影响。据"2015年内蒙古1%人口抽样调查数据"分析，蒙古族流动劳动力作为随迁家属和投亲靠友流动的比例为26.19%，略高于汉族的25.66%。内蒙古自治区呼和浩特市民族服饰一条街上，聚集了三四十家制作销售民族服饰的门店，80%是来自通辽市，而且多数是通过这种社会关系网络如亲戚、朋友、熟人、同学等获得信息而出来打工或开店的。这种信息是政府、劳动中介机构及大众传媒所无法传递或无法使流动者深信不疑的。对于外出流动者来说，通过亲戚、朋友等途径获得信息更为现实、可靠，因此社会关系网络就成为主要的信息源。

与此形成鲜明对比的是，在学习培训方面，蒙古族流动人口所占比例为10.79%，低于汉族的14.75%，表明蒙古族人口更多地选择了携带家属共同流动或投亲靠友的模式，而我们在经验判断上认为的通过学习培训来提高劳动技能，进而在更大范围内搜寻工作并实现就业的流动方式，在蒙古族人口中却很少选择。也就是说，更多地借助已有的社会资本是蒙古族人口实现流动的主要手段。从长远发展来看，重视学习培训，更多地选择人力资本投资的方式来实现流动，是蒙古族流动人口获取更加长久、稳定职业的必然选择，也是该群体实现职业流动、获得平等就业机会的根本途径。

社会关系网络（人际因素）是劳动力流动的必要前提。劳动力在"离土离乡"的社会流动中，其信息来源、找到工作的方式、进城工作的行为方式以及在城市中的交往方式，都更多地依赖以亲缘、地缘为纽带的社会关系网络，而且这种依赖相对于他们可以利用的社会资源来说，是一种非常理性的行为选择，与他们期望获得更高的收入和更舒适的生活的功利性目标是完全一致的。当然，关系网络作为流动劳动力的社会资本也不可避免地存在负面影响，如同乡之间的恶意竞争，以及由同乡关系聚集而成的犯罪团伙，这也是在许多城市外来人员集中的地区社会治安差的根本因素。

总体来说，劳动力的迁移和流动受个体特征、经济因素、产业结构、政策制度和社会关系网络等因素的综合影响，这些影响因素的综合作用形成了内蒙古自治区劳动力流动的现状，并决定其未来的发展趋势，若以上各种因素综合作用的结果是拉力大于推力，则有利于内蒙古自治区劳动力流动，扩大劳动力市场，优化劳动力结构；反之，不利于劳动力流动。

二、引导劳动力合理流动的政策建议

劳动力的流动是生产力要素在地区和产业之间重新配置的过程，对宏观经济增长和社会将产生巨大的影响。根据国内外先进城市发展的经验，从协调人口与资源环境的角度出发，城市发展到一定阶段以后，一方面需要推动先进技术的研发与应用，提高经济水平和社会保障水平，以吸引相对较高素质的流动人口；另一方面需要通过合理调控流动劳动力的规模，对劳动力流动进行引导，保证劳动力流动向着有利于经济发展的方向进行。基于内蒙古自治区劳动力流动的特点及影响因素分析，应该充分利用劳动力流动的正面效应，以促进内蒙古自治区经济的快速发展。

（一）建立健全劳动力培训机制

劳动者的素质是体现在劳动者身上的，通过人力投资形成的劳动者的知识、技能和体力的综合，是劳动者创造财富的源泉。内蒙古自治区流动劳动力文化程度较低，多数为初中学历，较低的文化素质使他们多数在外从事社会低端体力劳动，社会地位也相对较低，很难融入到当地社会中。因此，应建立健全劳动力培训机制，提高劳动力的素质，优化劳动力结构，从而促进劳动力合理流动。劳动力培训主要从以下两个方面着手进行：

一是对于进入非农行业的流动劳动力来说，技能培训是实现其找到一份能增加收入的工作的基本条件。因此，要根据市场的不同需求，对其进行相关的专业技能培训，使他们能够适应岗位需求。同时，鼓励各类培训机构主动与劳务市场和用工单位签订合同，定向培训。为了充分发挥用工企业培训劳动力的积极性，政府也应在政策和资金上给予一定的支持。尽快建立健全覆盖旗县及农牧区的及时、方便、准确的劳动力供求市场信息专网，制定并完善外出务工人员的信息反馈制度，减少劳动力流动的盲目性。

二是加强对留守劳动力的培训。由于劳动力的大量转移使青壮年劳动力大量流失，给当地的经济发展带来了很大影响。因此，需要政府对留守人员进行多层次、多方位的专业技术培训以及给予相应的帮助，提高留守人员的生产水平并帮助他们处理困难，以解决外出劳动力的后顾之忧。此外，需要通过国家财政、社会集资或其他方式，加强对不发达地区的教育投资，强化对不发达地区留守儿童的"九年制义务"基础教育，以提高当地潜在劳动力的文化素质。

（二）优化户籍制度改革

目前的户籍制度使劳动力由乡村向城市的流动在很大程度上成为"不完全迁移"，大多表现为单身、短期流动。一是因为流动劳动力进入大中城市并享有基本的城市居民权利仍然受到限制；二是因为跨省区的人口迁移仍然受到户籍制度的制约。这一点非常重要，因为大量的农牧民甚至是非农业人口在不同盟市间或者跨自治区流动，但因无法获得居住地户口，很难在迁入地定居下来，故不得不忍受家庭分居、子女教育无法保障、老人得不到照顾等痛苦。不仅如此，在当前的经济环境下，农民工的职业身份决定了他们不能够进入城市的正式就业体系中来，其所从事的往往是非正规部门的工作，享受不到一般正规就业部门享有的社会福利，有的就连基本的劳动标准也难以达到。虽然近年来，随着工作居住证的推广，城乡二元户籍制度对劳动力流动的阻碍力量正在减弱，但影响仍然存在。

内蒙古自治区应进一步全面优化户籍制度改革，特别是优化城乡户籍制度改革，逐步取消农业户口和非农业户口限制，建立城乡统一的户口登记制度。通过对全区总流入人口的受教育水平的分析来看，初中及以下的流入人口占主要部分，这些人口又多为来自农村的务工人员。特别对于经济发展水平与区外省市相比并不占据优势，对区内城乡间经济发展差距较大的内蒙古自治区来说，大规模吸引具有高等教育水平的人口流入并不可能一蹴而就，其短期内的流入人口仍旧以来自农村的务工人员居多。同时，通过对全区流动人口流动时间的分析可以发现，来自区内的流动人口流动时间在 6 年及以上的人口居多，而区外的流入人口则以流动时间在半年至一年的居多。在庞大的区内流入人口中，来自农村的流动人口群体数量庞大。因此，进一步优化户籍制度改革，实现"在哪上班，在哪落户"的和谐局面，全面放开各盟市的落户限制，消除区域间的保护壁垒，消除户籍歧视，保障流动人员的合法权益，赋予其在教育、医疗等方面同当地人一样的地位，使有能力在城镇稳定就业和生活的农村务工人口能够实现市民化，更能适应全区劳动力的流动，适应全区经济发展的需要。

（三）统筹城乡人口发展，进一步完善城乡一体化社会保障制度

劳动力的流动必然伴随着失业，因此，健全的社会保障体系就成为劳动力流动的基本保障。就内蒙古自治区目前的社会保障体系而言，2015 年与 2014 年相

比,无固定期限劳动合同的比例降低了0.86%;从五险一金的缴纳情况来看,养老保险、工伤保险、失业保险、生育保险、住房公积金2015年的缴纳比例较2014年相比都有一定程度的提高(见表4-7)。但内蒙古地区整体的社会保障体系还很脆弱,还存在诸多问题,阻碍了劳动力的进一步流动。我们的现代化最终是城市化,这也是发达国家实践证明了的,人口流动的规模并不足以矫正扭曲的城乡人口分布结构,所以即使其他条件不变,城市人口数量的增加本身就具有积极的调整意义,城市人口增加的同时农村人口就会大量减少,也有利于建设覆盖农村的社会保障及医疗保障等制度。因此,加快城乡一体化的社会保障体系,促进人口在城乡之间、市内外、区县之间流动,发挥社会保障对人口流动的稳定作用,需要统筹城乡人口发展理念及制度的创新,着力解决统筹城乡人口发展的一系列问题。

表4-7　外出农牧民工劳动保障　　　　　　　　　　单位:%

指标	2014年	2015年	增量
外出从业劳动关系			
无固定期限劳动合同	21.5	12.9	-0.86
一年及以上劳动合同	18.5	18.1	-0.3
一年以下劳动合同	5.1	4.7	-0.5
没有劳动合同	50.7	59.8	9.1
五险一金缴纳比例			
养老保险	7.4	9.3	1.9
工伤保险	15.0	20.9	5.8
失业保险	8.6	9.9	1.3
生育保险	6.1	9.0	2.9
住房公积金	8.3	10.8	2.5

(四)建立高层次人才引进机制

流动人口是推动区域经济发展的一项重要资源,合理有序地引导人口流动特别是高层次人才的流动,可以改变地区间的劳动力资源配置,为区域工业化和产业转型提供充足动力。通过对内蒙古自治区总流入人口的特点分析,不难发现存在两个问题:一是流入人口总体受教育程度偏低,但区外流入人口的平均受教育水平仍要高于区内的流入人口;二是来自区外流入人口的流入时间较短,以半年到一年为主,而区内流入人口的流入时间多为六年以上。这对于为自治区经济发展提供更多高层次人才是极其不利的。为解决上述两个问题,建立合理有序的高层次人才引进机制必不可少。一是要依据自治区产业升级、科技创新、学科建设、社会发展等对人才的需求，继续制定并实施诸如"草原英才"等高层次人才引进战略，提升对高层次人才的奖励补贴水平，建立以政府投入为主导、单位投入为主体、社会投入为补充的多元投入机制，鼓励区外流入高层次人口积极落户我区。二是积极鼓励区内外高校毕业生来我区就业，积极为优秀高校毕业生提供就业创业支持。在取消高校毕业生落户限制的基础上，进一步鼓励有能力的高校毕业生来我区自主创业，为选择自主创业的大学生提供小额担保贷款、给予创业项目补贴和技术支持。

（五）加快产业转型升级

无论是列文斯坦的推拉理论还是刘易斯的城乡二元结构论，抑或是托达罗理论，都不约而同地认可了经济因素在人口迁移或流动过程中的重要性。因此，我区要持久地吸引各层次人口的流入，就必须提高全区经济发展水平和发展质量，提高居民人均收入，必须加快产业转型升级，创造更多的就业岗位。特别是在新一轮科技革命和产业革命的背景下，在能源生产和消费革命深入推进的潮流中，随着新型工业化、信息化、城镇化和农业现代化的全面开展，国内对能源原材料的绝对需求仍然较大，我区要抓住这个转型发展的契机，推动煤炭等重化工行业的转型升级，大力发展绿色能源生产，延伸能源化工产品的产业链，创造更多的就业岗位。同时，紧抓国家深入实施"一带一路""京津冀协同发展""中蒙俄经济走廊建设""投资、贸易和生产要素西移北上"等重大战略的契机，提高全区经济的外向度，积极寻找新的经济增长点。特别是对于东部人口净流出盟市，要踏实践行诸如"十个全覆盖""村村通"等惠民工程，鼓励经济落后盟市因地制宜，加强基础设施建设，大力发展县域经济，以此推动地区经济发展，进而实现吸引流出人口回流，实现本地就业。

（六）完善土地流转与承包制度

流动劳动力为我区经济的增长做出了巨大的贡献，而农牧区外出的劳动力已是我区流动人口的主力军。因此，合理引导农牧区劳动力流动，提高农牧区劳动力的边际生产率，对于促进我区经济的协调发展是有帮助的。近些年来，空心村不断出现，随着成年劳动力外出，村里只剩下老人和小孩，大量的农耕用地也随之荒废。这不仅是对土地资源的浪费，也会导致村庄的没落。因此，改变这种状态，推进土地流转与承包制度的改革已显得迫切重要。2016年10月，中共中央办公厅、国务院办公厅印发了《关于完善农村土地所有权承包权经营权分置办法的意见》，减少土地流转与承包的一些政策性限制因素。实现土地流转，可以带来以下几个优势：第一，有利于资本进入农村，促进农业的规模化与机械化，提高农业的生产量，进而也增加了土地的利用率。特别是离城市不远的村落，可以大力发展绿色农业，吸引市民前来观光，建立以农业为主题的旅游业。第二，农民利用土地收取租金，能够增加收入，提高生活水平。第三，承包商的到来，能够给农村带来人气，带来活力，以及完善一些基础设施，有利于缩小与城市之间的差距，实现城乡一体化发展，加快城市化进程。

由于农村宅基地面积较大，可以对村民的住宅进行集体规划，一方面解放剩余的宅基地，并把这部分土地转化为耕地，扩大农业种植面积，产生经济效益；另一方面住宅的集中可以使村中老人更加容易接触，缓解老年人的孤独感，也可使留守儿童更好地相互陪伴成长，降低心理问题的发生率，增加社会性收益。

（七）加强对城乡接合部的建设和管理

城乡接合部不仅是流动人口的聚集地，更是流动儿童的温室，可成为解决流动儿童问题的重点区域。较高的生活成本对儿童外出流动具有较强的抑制作用，因此，流动儿童更可能分布在低生活成本地区。要重点解决这一地区的流动儿童问题，着力发展大城市周边的城镇建设，缩小周边农村与城市的差距，对于疏导大城市人口压力、合理吸纳流动人口、改善包括流动儿童在内的流动人口的生活条件都具有重要意义。

第五章

内蒙古自治区劳动力市场工资差异研究

第五章 内蒙古自治区劳动力市场工资差异研究

第一节 内蒙古自治区劳动力市场工资整体状况

一、职工平均工资长期以来低于全国平均水平

2013年开始,内蒙古自治区经济运行速度放缓,就业压力进一步增加,在岗职工工资增速放缓。据2015年内蒙古自治区统计局网站公布的数据显示,全区城镇非私营单位在岗职工平均工资为57870元(4822元/月),比上年同期增加3410元,名义增长率为6.26%。2013年内蒙古自治区平均工资增长速度位列全国第22位,2014年内蒙古自治区平均工资增长速度位列全国第17位,同比下降5位。2015年内蒙古自治区平均工资增长速度位列全国第30位,下滑8位(见表5-1)。

表5-1 2013~2015年全国部分省份在岗职工平均工资及增速情况
(先后顺序按平均工资排名)　　　　　单位:元/年,%

地区	2013年	增长率	地区	2014年	增长率	地区	2015年	增长率
全国	51483	10.1	全国	56360	9.5	全国	62029	10.10
北京	93997	10.2	北京	103400	10.0	北京	111390	7.7
上海	91477	14.1	上海	100623	10.0	西藏	110980	63.1
天津	68864	10.7	天津	73839	7.2	上海	109279	8.6
西藏	64409	10.4	西藏	68059	5.7	天津	81486	10.4
江苏	57984	13.1	浙江	62460	9.0	浙江	67707	8.4
浙江	57310	12.8	江苏	61783	6.6	江苏	67200	8.8
广东	53611	6.0	广东	59827	11.6	广东	66296	10.8
宁夏	52185	6.6	青海	57804	10.9	贵州	62591	14.5
青海	52105	11.3	重庆	56852	11.4	宁夏	62482	10.0
内蒙古	51388	9.2	宁夏	56811	8.9	重庆	62091	9.2
重庆	51015	12.4	贵州	54685	11.4	青海	61868	7.0
新疆	49843	10.2	内蒙古	54460	6.0	新疆	60914	12.0
福建	49328	9.7	新疆	54407	9.2	四川	60520	12.7
贵州	49087	14.9	福建	54235	9.9	福建	58719	8.3
四川	49019	13.7	四川	53722	9.6	海南	58406	15.5
安徽	48929	6.2	山东	52460	10.1	山东	58197	10.9
陕西	48853	10.2	安徽	52388	7.1	内蒙古	57870	6.3
山东	47652	11.9	陕西	52119	6.7	安徽	56974	8.8

续表

地区	2013年	增长率	地区	2014年	增长率	地区	2015年	增长率
山西	47417	5.5	湖北	50637	13.5	陕西	56896	9.2
辽宁	46310	9.0	海南	50589	11.0	湖北	55237	9.1
海南	45573	13.8	山西	49984	5.4	云南	55025	15.1
湖北	44613	9.1	辽宁	49110	6.0	广西	54983	17.4
云南	44188	13.6	湖南	48525	10.6	甘肃	54454	12.3
甘肃	44109	14.7	甘肃	48470	9.9	湖南	53889	11.1
湖南	43893	9.7	云南	47802	8.2	辽宁	53458	8.9
吉林	43821	12.1	吉林	47683	8.8	山西	52960	6.0
江西	43582	8.7	江西	47299	8.5	吉林	52927	11.0
黑龙江	42744	10.7	广西	46846	9.9	河北	52409	13.3
广西	42637	13.4	河北	46239	8.7	江西	52137	10.2
河北	42532	7.6	黑龙江	46036	7.7	黑龙江	51241	11.3
河南	38804	2.2	河南	42670	10.0	河南	45920	7.6

内蒙古自治区职工平均工资长期以来处于较低的水平，与全国职工平均工资相比存在一定差距。如表5-2所示，两者之间的差距不断缩小，但2013年后两者差距又不断增大，由2014年的相差1900元扩大到2015年的相差4159元。

表5-2　2006～2015年内蒙古自治区与全国平均职工工资及差额　　单位：元

年份	2006	2007	2008	2009	2010	2011	2012	2013	2014	2015
内蒙古	18469	21884	26114	30699	35507	41481	47053	51388	54460	57870
全国	20856	24721	28898	32244	36539	41799	46769	51483	56360	62029
差额	-2387	-2837	-2784	-1545	-1032	-318	284	-95	-1900	-4159

2015年在岗职工平均工资增长率排名全国前九的地区的工资增速均超过全国平均水平10.10%，而内蒙古自治区2015年在岗职工平均工资增速只有6.3%，远远低于全国平均工资的增速水平。2015年在岗职工平均工资增速最快的西藏地区高达63.1%，是内蒙古自治区在岗职工平均工资增速的10倍。在岗职工平均工资增速排名第二的广西壮族自治区也高达17.4%，也是内蒙古自治区在岗职工平均工资增速的2.7倍之多。内蒙古自治区2014年在岗职工平均工资增速为6.0%，2015年在岗职工平均工资增速为6.3%，同比仅增长0.3%（见图5-1）。由此可见，内蒙古自治区不仅平均工资水平的基数低于国家平均工资水平，工资增速也低于全国平均水平，并且增长速度缓慢。

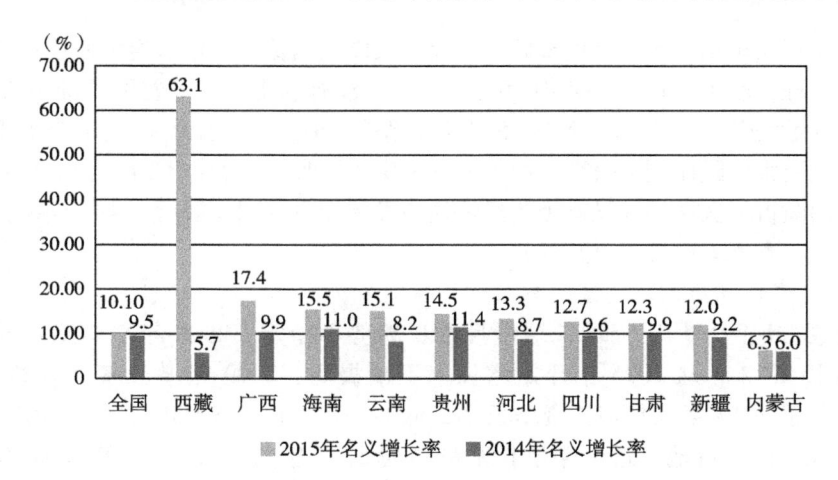

第五章 内蒙古自治区劳动力市场工资差异研究

图 5-1 2015 年在岗职工平均工资增长率排名前九的地区工资增速及同比情况

二、工资增长速度缓慢

(一) 工资总额增长速度缓慢

据相关统计资料汇总的全国与内蒙古自治区职工工资总额占 GDP 比例相关数据,内蒙古自治区职工工资总额占 GDP 比例曲线呈"U"型分布,自 2006 年开始工资总额占比不断下降,2010 年开始反弹,但是反弹趋势不明显且增速较慢,而全国职工工资总额占 GDP 比例曲线呈不断递增趋势,这表明内蒙古自治区与全国之间存在一定差距,且差距越来越大。全国与内蒙古自治区两者间职工工资总额所占 GDP 比例的差距发展态势不断扩大,以 2015 年为例,内蒙古自治区职工工资总额占 GDP 比例为 9.57%,而全国职工工资总额所占比例却高达 16.25%,相差 6.68%(见图 5-2)。

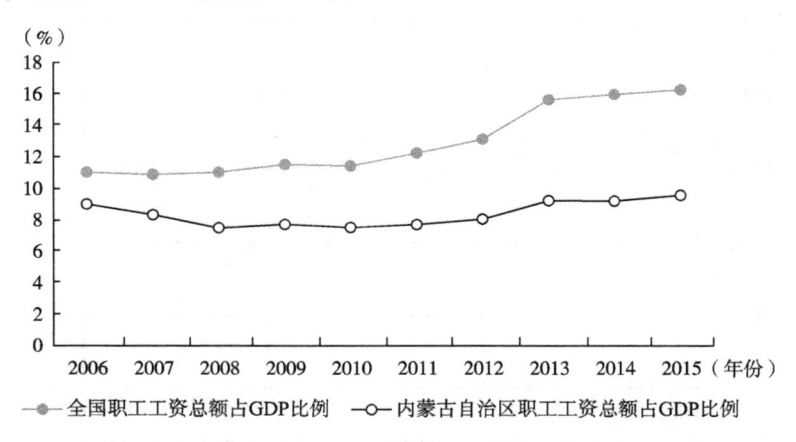

图 5-2 内蒙古自治区和全国职工工资总额占 GDP 比例

这不但反映出两者之间的差距大，而且反映出内蒙古自治区经济发展成果初次分配不合理，职工工资占 GDP 比例过低，职工没有享受到经济发展所带来的福利。同时，21 世纪以来内蒙古自治区经济发展迅速，但是职工工资仍低于全国平均水平，劳动要素分配比例不公平。西方发达国家工资收入一般占 GDP 的 50%~60%，由此，内蒙古地区居民并没有因为经济快速发展而享受到发展所带来的成果。

（二）平均工资增长速度缓慢

1. 内蒙古自治区与全国平均工资增速对比

内蒙古地区平均工资增长缓慢且增长趋势不稳定，2006 年平均工资同比增长率为 15.54%，从 2006 年开始增长率不断提高，2009 年增长率又开始下降，在近十年里 2014 年是平均工资增长率最低的一年，仅有 5.98%，然后 2015 年又缓慢增长。内蒙古地区近十年增长率最高为 2008 年的 19.33%，最低为 2014 年的 5.98%，其差额为 13.35%；全国近十年增长率最高为 2007 年的 18.53%，最低为 2014 年的 9.47%，其差额为 9.06。与全国相比，虽然有个别年份内蒙古平均工资增长率高于全国水平，但是全国近十年平均工资增长率最低水平是 9.47%，而内蒙古地区近十年平均工资增长率的最低水平是 5.98%，从这一层面可以说明，内蒙古自治区平均工资增长率低于全国水平，且工资增长呈现不确定性，增长、下降差额较大，增长速度缓慢，如表 5-3 和图 5-3 所示。

表 5-3　2006~2015 年内蒙古自治区与全国平均工资同比增速对比　　单位：%

年份	2006	2007	2008	2009	2010	2011	2012	2013	2014	2015
内蒙古自治区平均工资增长率	15.54	18.49	19.33	17.56	15.66	16.82	13.43	9.21	5.98	6.26
全国平均工资增长率	14.59	18.53	16.90	11.58	13.32	14.40	11.89	10.08	9.47	10.06

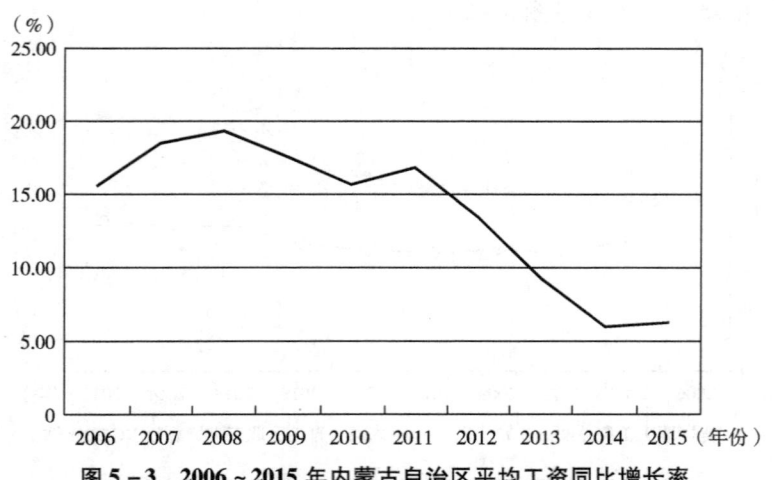

图 5-3　2006~2015 年内蒙古自治区平均工资同比增长率

由图 5-3 可知，内蒙古自治区平均工资同比增长率整体呈现下降趋势，这也就说明了内蒙古地区工资增长幅度不断变小，且在 2008 年以后仅出现过 2011 年一次增长峰值，其他年份均呈下降态势，近 5 年里工资增长率更是呈现出急剧下降的态势，2014 年开始有较小的缓慢上升。

2. 平均工资增速与 GDP 增速对比

进入 21 世纪以来，内蒙古自治区凭借资源优势，吸引投资大力发展经济，工业化进程速度不断提高，内蒙古自治区的经济也得到了前所未有的快速发展。如表 5-4 所示，内蒙古自治区 GDP 增速常年处于快速增长状态，2010 年受金融危机影响且 2011 年内蒙古自治区率先试行 12 年义务教育都使 GDP 增速逐渐放缓。但在过去十年里，内蒙古自治区平均工资增速与 GDP 的增速差额整体在 3% 左右。内蒙古工资增长和 GDP 增长依然存在脱轨现象。

表 5-4　内蒙古自治区 GDP 与平均工资增速对比　　　　单位：%

年份	2006	2007	2008	2009	2010	2011	2012	2013	2014	2015
内蒙古自治区 GDP 增速	26.61	29.91	32.27	14.64	19.83	23.03	10.59	6.52	5.05	0.35
内蒙古自治区平均工资增速	15.54	18.49	19.33	17.56	15.66	16.82	13.43	9.21	5.98	6.26
差额	11.07	11.42	12.94	-2.92	4.17	6.20	-2.84	-2.69	-0.93	-5.92

职工工资增速慢于 GDP 增速主要是由内蒙古地区的经济增长模式决定的。长期以来，内蒙古地区的经济增长主要是投资拉动型的增长。也就是说，在高增长的 GDP 总量或增量中，投资所占的比重很大。特别是近几年来，内蒙古自治区以能源开发、基础设施和生态建设为主的投资增长十分迅速。相较而言，全区的消费率近几年来呈下降趋势，而投资率却增长迅速。

三、行业间工资差距大

2015 年，内蒙古自治区在岗职工最高工资行业是金融业，工资为 80364 元，最低工资行业为农、林、牧、渔业，工资为 36095 元，其差额为 44269 元。由图 5-4 可知，工资在 30000~40000 元的行业分别为农、林、牧、渔业，建筑业，住宿和餐饮业，居民服务、修理和其他服务业，其中大多数为劳动密集型产业；工资大于 70000 元的行业分别为电力、燃气及水的生产和供应业，金融业，教育业。可见，由于行业的不同，工资也产生一定的差距。

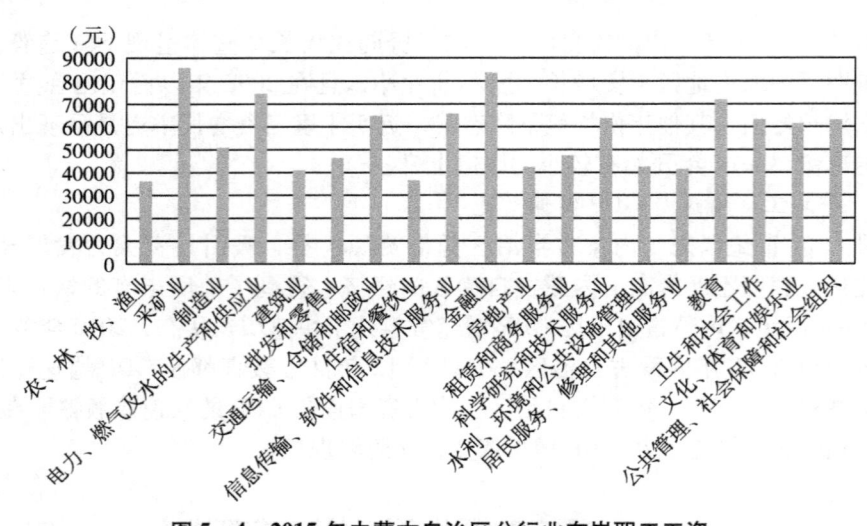

图 5-4　2015 年内蒙古自治区分行业在岗职工工资

图 5-5 是 2015 年内蒙古自治区不同所有制下 19 个行业的职工平均工资情况。其中，国有单位最高工资行业为采矿业，工资可达到 83237 元；城镇集体单位最高工资为金融业，工资可达 88029 元；其他单位中最高工资也是金融业，可达 79724 元。以城镇集体单位工资差距最大，并且以教育和金融行业工资最高，较其他行业工资差距较大，工资最低行业为居民服务、修理和其他服务业，工资仅为 30368 元，其差额可达到 57661 元；国有单位中最低工资行业为农、林、牧、

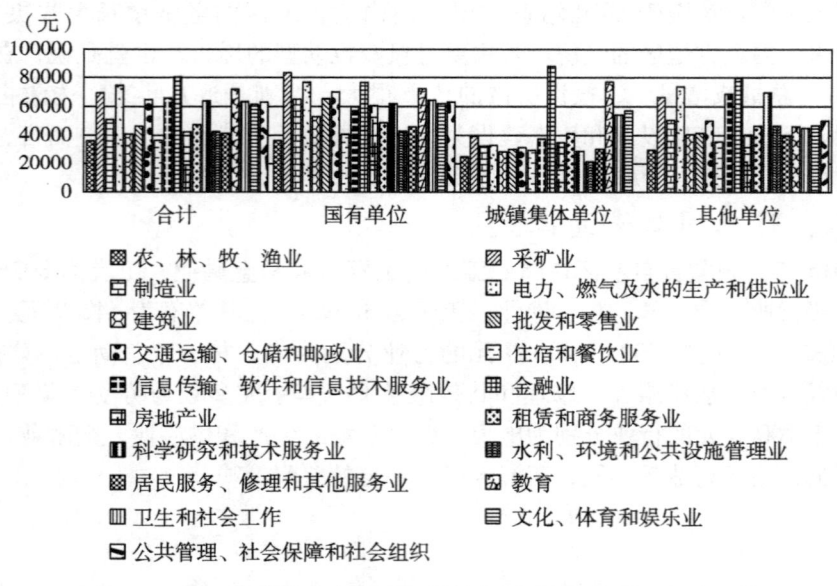

图 5-5　2015 年内蒙古自治区不同所有制不同行业职工平均工资

渔业，工资为36323元，其与最高工资行业采矿业差额为46914元；其他单位中最低工资也为农、林、牧、渔业工资仅为29739元，差额为49985元。三种不同所有制中，不同行业的最高工资与最低工资差距最大的是城镇集体单位的57661元，差距最小的是国有单位的46914元。可见，内蒙古自治区不同所有制不同行业之间的工资差距极大。

根据上文分析，内蒙古自治区劳动力市场工资整体状况呈现如下特点：职工平均工资长期低于全国平均水平、工资增长速度缓慢、行业间工资差距过大。内蒙古自治区经济快速发展的进程中，在一定程度上牺牲了职工的切身利益；内蒙古经济产业结构低下，就业结构的矛盾和劳动力市场不健全，阻碍了内蒙古职工工资的快速增长。内蒙古自治区的经济增长与工资之间的促进机制依然不完善。在今后的经济发展中，依然要考虑经济增长与职工工资的关系，让经济的发展促进职工工资的提高，让广大职工更能直接感受到经济增长带来的直接利益。

第二节 内蒙古自治区劳动力市场工资差异及其对策

一、行业工资差异

(一) 行业工资差异的研究角度

传统的工资决定理论认为，工资是由劳动力的供求双方共同决定的，根据劳动力市场的竞争机制，劳动力的价格会有趋同的趋势，不同行业相同岗位的工资应该是相同的，即使工资有差别也只是反映了不同行业之间劳动条件和劳动熟练程度的差异。如果由人力资本和劳动贡献来决定行业的工资水平，那么持续的行业工资差距是不存在的。但是，从发达国家的实际情况来看，最早对行业工资结构进行研究的Slichter（1950）发现，行业工资差距是存在的，并且在相当长的时间里行业工资结构的改变十分缓慢。

国内外学者对于行业工资差距主要从以下五个角度进行研究：人力资本角度、制度角度、效率工资角度、行业垄断角度、行业劳动生产率角度。王培勤在山西省行业工资差距问题研究中具体阐述了从各个角度对于行业工资差距的研究。

人力资本角度：Becker（1962）和Mincer（1974）认为，劳动力质量之间的差异导致行业工资差距。Krueger（1988）认为，行业工资差异是由劳动力质量差异造成的，没有被测出的那部分劳动力质量差异通过行业间工资差异表现出来，行业人力资本存量的差异造成行业间工资差异。Pedro S. Martins（2004）认为，行业收入不同体现出劳动力质量在不同行业存在区别，一般地，行业收入和行业所占有的高质量劳动力的数量呈正相关关系。马晓军（2004）认为，可以通过对劳动者进行教导等方式提高人力资本的质量，扩大持有的人力资本的数量，从而促进劳动力收入的提高。岳昌君、吴淑姣（2005）运用统计数据和计量模型得出我国人力资本具有溢出效应，即行业中劳动者的学历越高，这种效应越明显。凌继全、毛雁冰（2012）提出了行业工资差距扩大中人力资本因素的门槛效应，行业中高质量劳动力的增多会扩大行业工资差距。陈涛（2014）认为，在影响行业收入差距的因素中，垄断和人力资本是主要因素，人力资本逐步成为最主要的因素。

制度角度：Shaked 和 Sutton（1984）、Lindbeck 和 Snower（1986）在劳动力市场中加入劳资双方的谈判，认为最后的谈判结果会引起工人工资的变化，工会强弱对行业工资高低有影响，工会较弱的行业获得的工资也相对较低。澳大利亚学者 Waddoups、C. Jeffrey（2005）通过研究澳大利亚工会的作用，得出该国工会力量在变弱，企业有无工会对工资几乎没有太大影响，工会力量与工资之间的关系在减弱。王晓英（2000）认为，在改革开放后通过实施利改税，打破了计划经济时期的平均主义分配制度，使国有企业在市场经济中参与市场竞争，优胜劣汰，实现企业自我发展。邢方（2006）提出，应该规范收入分配制度和秩序，使城市和乡村税收制度逐渐实现一致，还要加强对垄断行业收入的调控。魏军（2009）认为，不同的产权制度对收入分配的作用不同，垄断性行业的刚性工资相对较高。徐凤辉、赵忠（2014）分析了户籍制度、企业特征等因素对行业工资差距的影响程度。

效率工资角度：Yellen（1984）、Stiglitz（1984）、Yellen 和 Akerlof（1986）、Katz（1986）认为，垄断行业取得高利润会提高该行业工人的工资。Krueger 和 Summers（1988）研究认为，在维持工人受教育水平等一些特征要素保持不变的情况下，效率工资能够解释行业工资差距。Garino、Gaiaa 和 Martin（2000）通过讨论工资差距中效率工资的作用，构造了一个由工会力量和效率工资共同决定的工资模型。他们得出的结论是，当效率工资作用时，更强垄断力量对工资有更大作用，从而导致工资差距变大。

行业垄断角度：我国垄断行业的特殊性使行业工资差距日益悬殊，对经济效率和社会公平造成很大危害，学者们对这方面的研究也比较多。陈菲（2003）认为，垄断行业的高收入使垄断行业缺少危机意识和发展动力，自身发展受到严重阻碍；其他社会人员在垄断行业低质量的服务状况下受到较差的待遇，影响其劳动积极性；服务行业乃至第三产业的发展，以及经济改革的整体进程也受到严重影响。王军、张蕴萍（2005）认为，企业垄断形成的经济方面的原因是自然垄断，行政性垄断加深了垄断程度，使垄断行业的收入保持较高水平，对社会发展不利。解决的途径是，通过破除存在的行政性垄断，让自然垄断产业处于市场经济环境中，运用再分配方法，可以减小垄断行业的收入。龚超（2013）以基尼系数分解模型为基础，说明行业垄断是造成行业收入差距的原因。张世伟、刘青飞（2014）利用居民收入调查数据和相关工资方程模型分析了行业垄断力量对居民工资不平等的作用。

行业劳动生产率角度：杜健、张大亮等（2006）通过计量回归分析得出，劳动生产率对行业收入有影响。伏帅、龚志民（2008）通过经济计量模型分析了影响行业收入差距的因素，并且认为行业劳动生产率是行业收入差距产生的主要原因。张世银、龙莹（2010）通过建立模型研究认为，行业劳动生产率对行业收入差距有重要影响。杨继东、江艇（2012）通过相关数据得出，企业生产率差距对工资差距具有解释力和决定作用，生产率变小会导致工资差距变小。王宏（2014）利用面板数据进行相关分析得出，劳动生产率对工资增长具有正向作用，争取实现劳动报酬和劳动生产率同步增长。

孙敬水在行业收入差距形成机理最新研究进展中指出，除从上文所述五个角度来研究行业间工资差距，还有个人基本特征差异、行业自身特征因素。其中，多数学者认为，在劳动者个人基本特征如性别、民族、年龄或工龄等方面的差异，对行业收入差距形成机理有重要影响；而对于行业自身特征指出，每个行业都有其自身的特点，不同的行业其工作性质、工作特点、工作要求不同，其劳动强度、劳动环境、职业风险、技术复杂程度等也不同，由此产生的行业收入也有差异性，一般来说，劳动强度越高、职业风险越大、技术复杂程度越高，其劳动报酬也越高。对于以上两个研究不同行业工资差距的角度，也有许多国内外学者进行研究，由于篇幅有限在此不再赘述。

（二）内蒙古自治区行业收入现状

按照《中国统计年鉴》19 大行业的分类标准，分行业包括农林牧渔业、采矿业和制造业等 19 个行业。根据内蒙古自治区统计局官方网站公布的数据，2015 年内蒙古自治区分行业城镇非私营单位就业人员收入分配现状如表 5-5 所示。

表 5-5　2015 年内蒙古自治区分行业城镇非私营单位收入分配现状

行业	人均工资（元）	位次	行业	人均工资（元）	位次
全区平均工资	57870	—	文化、体育和娱乐业	61421	10
金融业	80364	1	制造业	50937	11
电力、燃气及水的生产和供应业	74525	2	租赁和商务服务业	47425	12
教育	71844	3	批发和零售业	46348	13
采矿业	69216	4	水利、环境和公共设施管理业	42551	14
信息传输、软件和信息技术服务业	65850	5	房地产业	42421	15
交通运输、仓储和邮政业	64820	6	居民服务、修理和其他服务业	41405	16
科学研究和技术服务业	63816	7	建筑业	40935	17
卫生和社会工作	63305	8	住宿和餐饮业	36463	18
公共管理、社会保障和社会组织	63075	9	农、林、牧、渔业	36095	19

2015年，内蒙古自治区城镇非私营单位就业人员平均工资为57870元；行业间人均工资水平位于前三位的为金融业，电力、燃气及水的生产和供应业，教育业，人均工资水平分别为80364元、74525元和71844元；行业间人均工资水平位于后三位的为农、林、牧、渔业，住宿和餐饮业，以及建筑业，人均工资水平分别为36095元、36463元和40935元。行业间最高工资是最低工资水平的2.22倍。这种状况主要是由于行业之间工资增长不均衡造成的。据2006～2015年统计数据显示，金融业年平均工资2015年比2006年增长了55475元，而农、林、牧、渔业在此期间仅增长了25944元，其差额为29481元，如图5-6所示。非正常的行业收入差距会阻碍内蒙古自治区经济的进一步发展，挫伤了企业职工者的工作积极性。随着劳动者工作积极性的降低，劳动生产率也将随之下滑，可能会造成全社会劳动生产效率的低下。

从图5-6可知，2006～2015年内蒙古自治区工资不断上涨。内蒙古自治区工资收入最低的行业一直是农、林、牧、渔业，而工资收入最高的行业则是在电力、燃气及水的生产和供应业及金融业等垄断行业，其中工资增长速度最快的是金融业。垄断行业职工平均工资是其他行业职工平均工资的2~3倍。相对于竞争性行业，垄断行业的利润来源更为容易，加上垄断行业不合理的收入分配机制，造成了垄断行业比非垄断行业职工获得更高工资收入的现象。

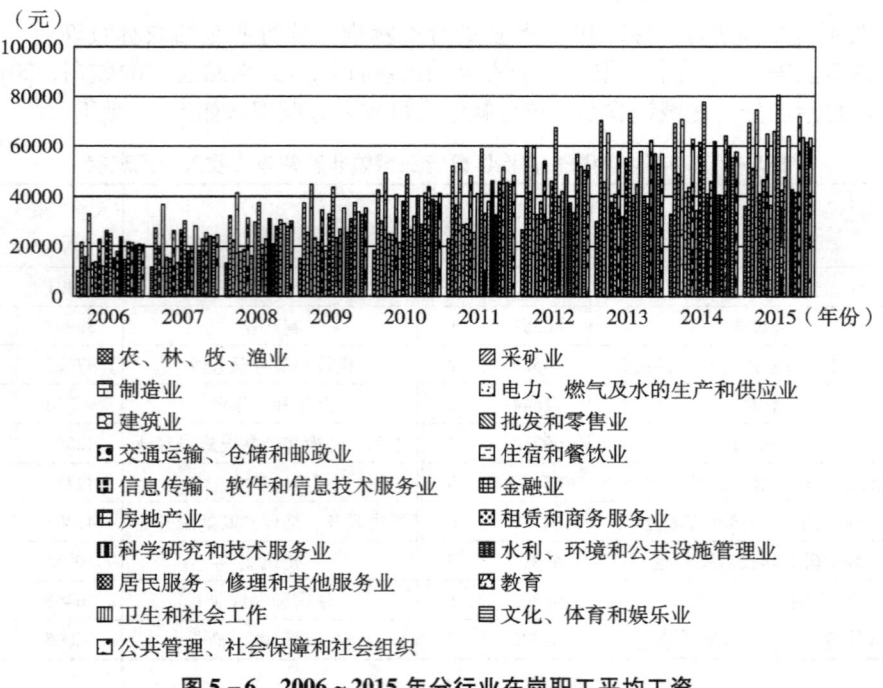

图5-6 2006～2015年分行业在岗职工平均工资

(三) 行业收入差距分析

为了更直观地衡量内蒙古自治区行业的收入差距，分析各行业间收入差距的变化趋势，本章引用几个主要的收入差距衡量指标，对内蒙古自治区行业工资差距的变动进行描述性统计分析，通过实际统计数据来探究差距的变化趋势。

行业收入差距测度指标主要有以下几种：全距、平均差、基尼系数以及泰尔指数等。本文选取极值差、极值比和泰尔指数等指标来描述行业间收入差距。

1. 行业差距极值差分析

极值差主要是比较两个个体或多个个体中，最高和最低两者之间的绝对水平差距，是一个绝对指标，可以比较直观地看出两者差距。行业工资极值差通常用于衡量最高收入行业与最低收入行业的收入差异。

表5-6主要对历年来内蒙古自治区各行业职工工资的变化情况进行了整理，以此来判断极差值的变化趋势。

表5-6 2006~2015年内蒙古自治区各行业职工工资变化情况

年份	最高工资行业	最低工资行业	最高工资行业平均工资（元）	最低工资行业平均工资（元）	极值差（元）
2006	电力、燃气及水的生产和供应业	农、林、牧、渔业	33022	10151	22871
2007	电力、燃气及水的生产和供应业	农、林、牧、渔业	36806	11580	25226
2008	电力、燃气及水的生产和供应业	农、林、牧、渔业	41241	13192	28049
2009	电力、燃气及水的生产和供应业	农、林、牧、渔业	44584	15027	29557
2010	电力、燃气及水的生产和供应业	农、林、牧、渔业	49105	18305	30800
2011	金融业	农、林、牧、渔业	58575	22956	35619
2012	金融业	农、林、牧、渔业	67378	26604	40774
2013	金融业	农、林、牧、渔业	73120	29930	43190
2014	金融业	农、林、牧、渔业	77629	32896	44733
2015	金融业	农、林、牧、渔业	80364	36095	44269

2006~2015年，内蒙古自治区最高工资行业和最低工资行业工资都在逐年增加。2015年，高行业平均工资年均增长3.52%，同时低行业平均工资年均增长9.72%，最高工资行业增长率比最低工资行业增长低率6.2%，但尽管如此，2015年最高行业平均工资比最低行业平均工资仍高出44269元，行业间的工资差距也在逐渐扩大，极值差呈现逐年增大的趋势，由2006年的22871元上升到2015年的44269元，极值比达到1.94，如图5-7所示。

综上所述，内蒙古自治区最高工资行业和最低工资行业排名主要表现为以下两个特征：一是最低工资行业是农、林、牧、渔业，持续多年未有变化；二是职

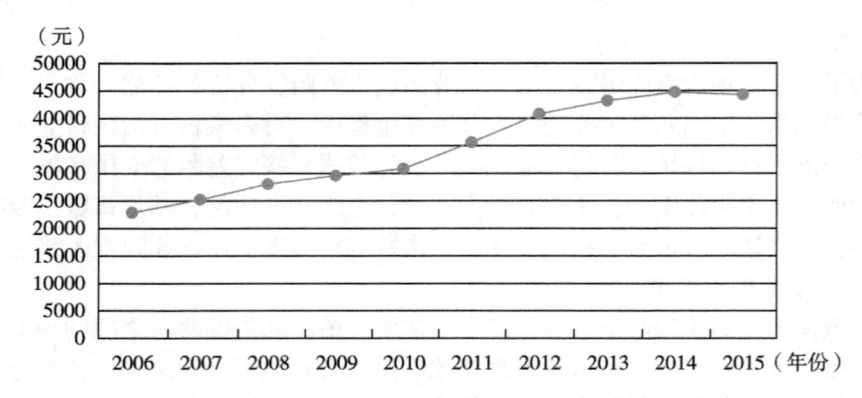

图 5-7　2006~2015 年内蒙古自治区行业平均工资极值差

工工资最高的行业主要集中在那些具有较高人力资本和具有较高垄断水平的行业，如金融业，电力、燃气及水的生产和供应业。

2. 行业差距极值比分析

采用极值差反映行业收入差距问题时，没有考虑到不同行业收入间在基础上的差异。极值比的计算与极值差采用相同的数据源，都是对行业间人均工资最高水平与行业间人均工资最低水平两者之间的对比分析，其计算方法可以具体表示为行业间人均工资最高水平与行业间人均工资最低水平二者之间的比值。通过内蒙古自治区行业间收入水平极值比的计算可知，2006 年行业间收入差距极值比达到峰值为 3.25，2009 年开始降至 3 以下并以不断下降的态势发展，但需要指出的是，极值比下降缓慢，2009~2015 年 6 年下降值并未突破 1 个点（见图 5-8）。这种现象是由于行业工资基数不断增大，高行业工资涨到一定峰值，每年工资增长额度不大，但是工资低行业每年工资涨幅相对较高所致。

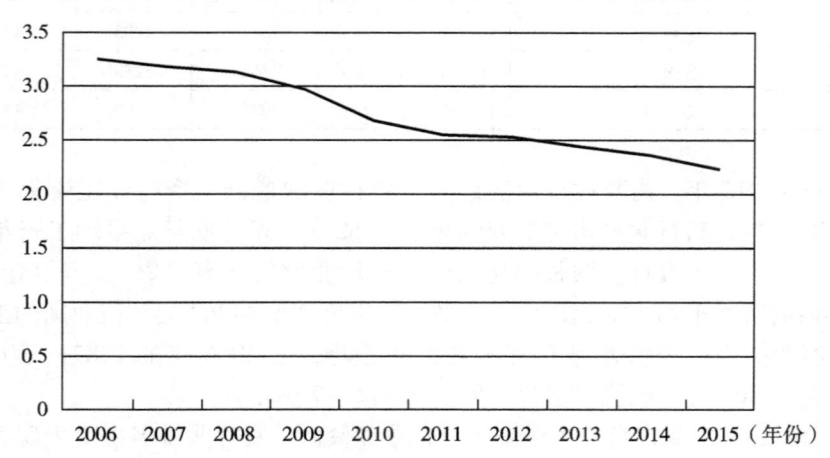

图 5-8　2006~2015 年内蒙古自治区行业收入差距极值比计算结果

在采用极值差和极值比衡量行业收入差距问题时，反映了极值的变化情况，但是却不能说明其他时间段的收入差距情况。

3. 行业工资差距泰尔指数分析

作为衡量收入差距的指标，泰尔指数经常被使用。泰尔指数是由泰尔（Theil，1967）利用信息理论中的熵概念来计算收入不平等而得名。泰尔指数的计算公式为：

$$T = \frac{1}{n} \sum_{i=1}^{n} \frac{y_i}{\bar{y}} \log\left(\frac{y_i}{\bar{y}}\right)$$

其中，T 表示泰尔指数，n 表示行业的个数，y_i 表示第 i 个行业的平均收入，$\bar{y}$ 表示 y_i 的平均值。泰尔指数越大，表明收入差距越大；泰尔指数越小，表明收入差距越小。

根据上述公式计算出的内蒙古自治区各行业收入的泰尔指数结果如图 5-9 所示，可以看出，泰尔指数值从 2006 年到 2012 年呈现缓慢下降的趋势，但波幅较小，从 2012 年到 2013 年则出现上升的趋势，2013 年之后又呈现下降趋势，这与内蒙古自治区行业收入差距变化趋势相似，2014~2015 年泰尔指数趋于平稳。2006~2012 年，内蒙古自治区行业收入泰尔指数从 0.017 下降至 0.013，说明这期间各行业的工资收入差距一直在缓慢缩小，但是缩小的幅度不大；这种发展势态的形成，主要是受 2008 年世界金融危机的影响，全区经济发展速度放缓。2012 年开始指数变大主要因为是金融危机影响效果逐渐下降，又随着市场经济的不断发展，金融业、电力行业等垄断行业的竞争力优势明显，发展的速度超过了一般的行业，并因此获得了高额的垄断利润，行业间的收入差距也在扩大。从 2006~2015 年的数据来看，2012 年泰尔指数达到极低值 0.013 之后缓慢回升，但是回升幅度有限。2014 年开始指数走势呈小幅度上升态势，这说明内蒙古自治区的工资差距还有进一步被扩大的趋势。

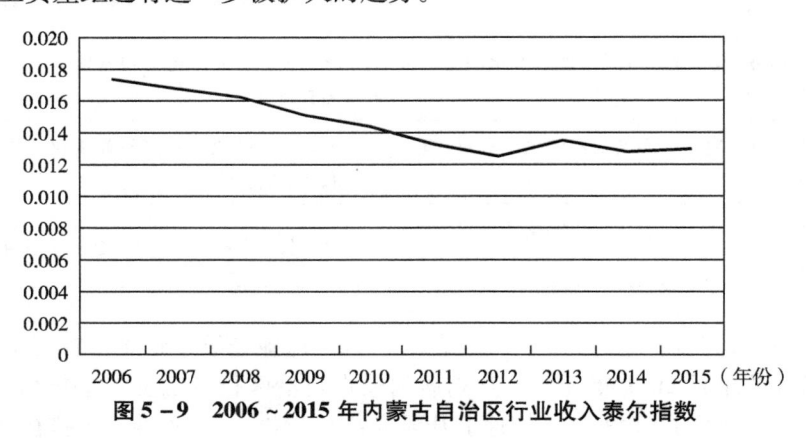

图 5-9　2006~2015 年内蒙古自治区行业收入泰尔指数

(四) 内蒙古自治区行业收入差距高低工资行业分布情况

2006~2015年,内蒙古自治区行业人均工资水平最高行业和最低行业分布情况基本稳定,没有很大变化。这十年位居内蒙古自治区行业人均工资水平前三位的有电力、燃气及水的生产和供应业,金融业,采矿业,教育等。电力、燃气及水的生产和供应业以及金融业持续保持在最高收入行业前三位。最低人均工资水平行业分布更为固定,十年来,人均工资水平最低的行业依次为农、林、牧、渔业,建筑业,住宿和餐饮业,2007年、2009年、2010年批发和零售业也出现在内蒙古自治区人均工资水平后三位(见表5-7)。

表5-7 内蒙古自治区人均工资水平前三位和后三位行业分布情况

年份	工资水平前三位	工资水平后三位
2006	电力、燃气及水的生产和供应业;信息传输、软件和信息技术服务业;金融业	农、林、牧、渔业;住宿和餐饮业;建筑业
2007	电力、燃气及水的生产和供应业;金融业;科学研究和技术服务业	农、林、牧、渔业;住宿和餐饮业;批发和零售业
2008	电力、燃气及水的生产和供应业;金融业;采矿业	农、林、牧、渔业;住宿和餐饮业;建筑业
2009	电力、燃气及水的生产和供应业;金融业;教育	农、林、牧、渔业;住宿和餐饮业;批发和零售业
2010	电力、燃气及水的生产和供应业;金融业;教育	农、林、牧、渔业;住宿和餐饮业;批发和零售业
2011	金融业;电力、燃气及水的生产和供应业;采矿业	农、林、牧、渔业;住宿和餐饮业;建筑业
2012	金融业;采矿业;电力、燃气及水的生产和供应业	农、林、牧、渔业;住宿和餐饮业;建筑业
2013	金融业;采矿业;电力、燃气及水的生产和供应业	农、林、牧、渔业;住宿和餐饮业;居民服务、修理和其他服务业
2014	金融业;电力、燃气及水的生产和供应业;采矿业	农、林、牧、渔业;住宿和餐饮业;居民服务、修理和其他服务业
2015	金融业;电力、燃气及水的生产和供应业;教育	农、林、牧、渔业;住宿和餐饮业;建筑业

从表5-8可知,电力、燃气及水的生产和供应业连续十年维持在工资排名前三位,而金融业从2011年开始一直高居内蒙古自治区行业工资水平排名的榜首,同时从2009年开始教育业工资快速上升至排名第3位,之后的6年内排在第3、第

4位。十年里，19个行业中平均工资排在最后两位的是住宿和餐饮业以及农、林、牧、渔业。由此，处于内蒙古自治区平均工资排名前列的多为较高垄断水平的行业和较高人力资本的行业，处于排名末端的行业多为劳动密集型行业。

表5-8 2006~2015年内蒙古自治区分行业平均工资排名

行业	2006年	2007年	2008年	2009年	2010年	2011年	2012年	2013年	2014年	2015年
电力、燃气及水的生产和供应业	1	1	1	1	1	2	3	3	2	2
信息传输、软件和信息技术服务业	2	5	8	9	11	11	10	9	7	5
金融业	3	2	2	2	2	1	1	1	1	1
科学研究和技术服务业	4	3	5	6	8	7	9	5	6	7
交通运输、仓储和邮政业	5	6	4	7	7	6	5	6	5	6
居民服务、修理和其他服务业	6	11	10	11	5	8	16	17	17	16
采矿业	7	4	3	4	4	3	2	2	3	4
教育	8	7	6	3	3	4	4	4	4	3
文化、体育和娱乐业	9	10	11	10	10	10	8	10	10	10
公共管理、社会保障和社会组织	10	8	7	8	6	5	6	8	9	9
卫生和社会工作	11	9	9	8	9	9	7	7	8	8
租赁和商务服务业	12	12	12	12	12	12	11	12	12	12
制造业	13	13	13	13	13	13	12	11	11	11
房地产业	14	15	15	15	15	14	13	14	15	15
水利、环境和公共设施管理业	15	14	14	14	14	15	15	15	16	14
批发和零售业	16	17	16	17	17	16	17	16	15	13
建筑业	17	16	17	16	16	17	17	16	14	17
住宿和餐饮业	18	18	18	18	18	18	18	18	18	18
农、林、牧、渔业	19	19	19	19	19	19	19	19	19	19

二、区域工资差异

改革开放以来，在国家区域型发展自主机制的影响下，内蒙古自治区区域经济发展的差距出现并进一步拉大。区域工资水平出现差异是一个很正常的现象，但内蒙古自治区的区域工资水平还是有很大差距的，这种情况的出现是多种因素共同作用的结果，本部分对内蒙古自治区区域工资的差异进行深入研究。

（一）内蒙古自治区区域工资水平基本情况

工资水平可以衡量一个地区居民的收入水平，也反映了各个地区居民的消费能力，是一个重要的指标。根据地理因素标准划分地区，将内蒙古自治区划分为三个区域：东部地区为呼伦贝尔市、兴安盟、通辽市、赤峰市；中部地区为锡林郭勒盟、乌兰察布市、呼和浩特市三个盟市；西部地区为鄂尔多斯市、包头市、巴彦淖尔市、乌海市、阿拉善盟五个盟市。2006~2015年三个区域和全区的平均工资情况如表5-9所示。

表5-9　2006~2015年内蒙古自治区分区域平均工资　　单位：元

年份	2006	2007	2008	2009	2010	2011	2012	2013	2014	2015
东部平均工资	14492.25	17375.50	21154.75	24691.25	29018.00	35733.25	41691.25	45785.25	49913.25	54525.75
中部平均工资	19030.00	22709.67	27179.00	31135.00	34659.67	39664.33	44478.67	50398.33	52882.67	57478.33
西部平均工资	20910.20	24464.60	29040.00	35270.60	41400.00	46954.20	51970.60	54941.60	56784.00	59490.80
全区平均工资	18469.00	21884.00	26114.00	30699.00	35507.00	41481.00	47053.00	51388.00	54460.00	57870.00

注：分区域标准按照地理因素划分，东部包括呼伦贝尔市、赤峰市、兴安盟、通辽市四盟市，中部包括呼和浩特市、乌兰察布市、锡林郭勒盟三盟市，西部包括鄂尔多斯市、包头市、巴彦淖尔市、乌海市、阿拉善盟五盟市。

由表5-9可以看出，内蒙古自治区的工资水平区域差异现象十分明显，中、西部地区平均工资明显高于东部地区。中、西部地区工资较高主要有两方面的原因：一是中、西部地区包含7个盟市，其中呼、包、鄂三地依靠资源优势积极参与国际、国内的产业分工调整，经济发展迅速，实力较强，成为内蒙古自治区的经济核心地带，基础设施比较完善，所以工资水平较高。二是在阿拉善等偏远地区，自然条件十分恶劣，经济发展程度较低，需要较高的工资水平才能吸引劳动力的流入，以及留住本地的劳动力；东部地区的赤峰市、通辽市为农业生产基地，呼伦贝尔市、锡林郭勒盟处于我国北部生态保护区域，工业经济发展缓慢，区域整体发展水平低于西部地区，因此，工资水平较低。同时，各地区资源禀赋和开发水平不同。内蒙古自治区西部地区能源矿产丰富，鄂尔多斯和包头地区有储量丰富的煤、天然气、稀土及铁矿石等资源，而且开发利用较早，这为西部地区工业发展提供了有利的物质支持。呼和浩特是自治区首府，自治区党政机关和各类科研院所多集中在这里，因此具有政治资源和人力资源上的优势。东部地区几个盟市探明的能源储量虽然可观，但开发上远不及西部地区；呼伦贝尔市、锡林郭勒盟和兴安盟虽然草原、森林资源丰富，但其开发潜力也是非常有限的。各地区宏观政策不同。长期以来，国家及自治区政府在宏观政策上向中、西部地区倾斜，重点进行西部能源开发和呼和浩特、包头两个中心城市建设。事实上，这与资源禀赋是有关的，只是在积极地发挥资源优势的过程中拉大了地区差距。按迈克尔·波特的竞争优势理论，要素条件是决定一个国家或地区产业竞争力的一个重要因素，而要素条件又包括物质资源、人力资源、资本资源和知识资源。不难发现，内蒙古西部地区在以上几种资源上都具有优势，再加上政策上的引导，所以内蒙古自治区地区发展差异出现并不断扩大，这也就直接导致了区域性的工资差距。

（二）区域工资差距分析

1. 区域工资泰尔指数分析

上文中我们已经介绍过泰尔指数的使用方法及运算公式。实际上，地区间和地区内的泰尔指数形式完全相同，唯一的区别是计算地区间差距时，将内蒙古自治区看成一个整体，东、中、西作为里面的三个区域；而在计算地区内差距时，东、中、西三大区域分别被单独看成一个整体，每个区域内包含的盟市作为内部的组。

泰尔指数的最大优点在于它具有可分解性，可以按加法分解测定收入差距程度。这样，通过它不仅可以测度总体收入差距，还可以方便地应用于分组研究，显示出各组内部以及各组间的收入差距，进而对它们对总体差距的影响分别做出判断与评价，便于人们寻找形成收入差距的主要原因。缺点是计算起来比较麻烦，对使用者的数学水平要求较高，同时它所表示的收入差距受样本大小的影响很大。

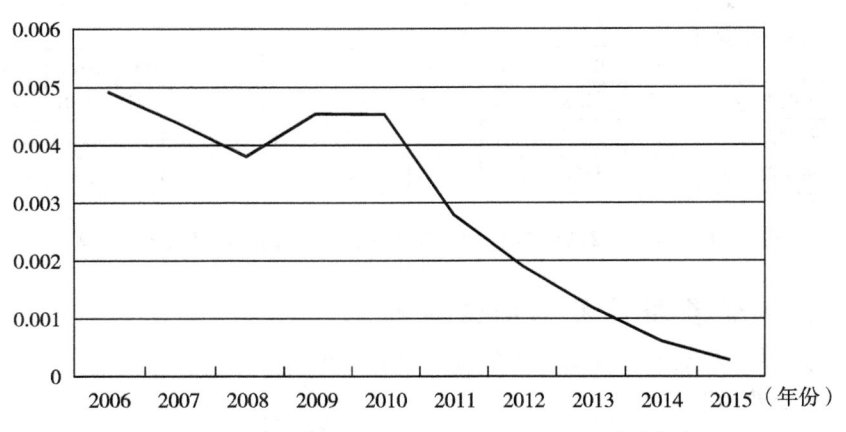

表5-10和图5-9是2006~2015年内蒙古自治区分区域工资泰尔指数，从中可以看出，这十年内蒙古自治区分区域工资泰尔指数整体呈现出下降趋势。

表5-10 2006~2015年内蒙古自治区分区域工资泰尔指数

年份	2006	2007	2008	2009	2010	2011	2012	2013	2014	2015
泰尔指数	0.00492	0.00439	0.00380	0.00454	0.00453	0.00279	0.00190	0.00120	0.00061	0.00028

图5-9 2006~2015年内蒙古自治区分区域工资泰尔指数

根据图5-9，2006~2015年内蒙古自治区区域间工资水平泰尔指数的变化趋势可以大致细分为下面三个阶段：2006~2008年指数下降，2006年泰尔指数为峰值，主要是因为内蒙古自治区在21世纪开始阶段大力促进各个行业的发展，但三区域的资源及政策不同使资源集中区域、政策照顾区域发展迅速，同时垄断性的矿产业等行业迅速崛起，从而造成区域性工资差距拉大。2008~2010年指数上升，2008年泰尔指数突然回升，至2010年达到峰值，这表明内蒙古自治区区域工资差距并没有呈现稳定态势。从2010年至今，泰尔指数不断下降，但这并不能表示内蒙古自治区区域性工资差距消失，工资水平反映了劳动力的价值，同时劳动力作为一种生产要素，价格的高低在一定程度上也反映了劳动力在该地的供求水平，在某种程度上，工资水平的差异可能会有助于劳动力的自由流动，而自由流动的结果就是工资水平的均等化。

2. 区域工资极值差分析

根据整理的数据得出2006~2015年内蒙古自治区东、中、西三区域工资极值差变化趋势图如图5-10所示，可以明显看出，2006~2010年三区域工资极值差普遍呈现出不断升高的趋势；2010年以后，中、西部差距不断缩小，东、西部差距缓慢下降，自2013年开始下降趋势明显，中、东部地区工资差距呈现出持续下降的趋势，并且工资差距一直维持在5000元以内。

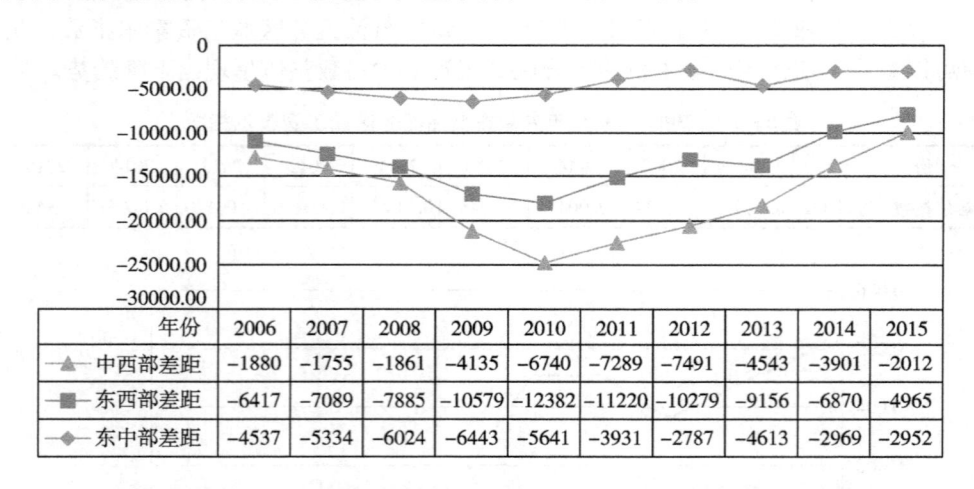

年份	2006	2007	2008	2009	2010	2011	2012	2013	2014	2015
中西部差距	-1880	-1755	-1861	-4135	-6740	-7289	-7491	-4543	-3901	-2012
东西部差距	-6417	-7089	-7885	-10579	-12382	-11220	-10279	-9156	-6870	-4965
东中部差距	-4537	-5334	-6024	-6443	-5641	-3931	-2787	-4613	-2969	-2952

图5-10 2006~2015年内蒙古自治区东、中、西三区域工资极值差

三、工资差距的影响因素及对策

（一）影响内蒙古自治区行业收入差距的原因

1. 行业劳动生产率

行业的发展和科技投入水平密切相关，科学技术是第一生产力，随着科技的

发展和技术的进步，劳动生产率不断提高，行业工资差距不断扩大。科技投入较多的行业，劳动生产率会不断提高，从而导致此行业的工资水平不断提高；而科技投入较少的行业，劳动生产率低下，因而行业平均工资水平低。由此就形成恶性循环，导致劳动生产率不断提高的因素中，除了合理的因素外还存在不合理的因素。劳动生产率的高低和企业的资本投入密切相关，其中，资本投入包括人力资本投入、机器设备等固定资本投入以及原材料投入等。不同行业由于政府扶持力度不同，资本投入存在不合理差距，从而造成不同行业的劳动生产率存在非市场力量的作用，越是劳动生产率高的行业产出越高，那么科技投入的成本也就会增加以提升更高的劳动生产率、获得更大的利润，而科技投入少的行业科技投入就会越来越少，导致其存在不合理的地方，进一步影响行业工资差距使其存在不合理的成分。

2. 行业垄断

结合前述分析，位于内蒙古自治区行业平均工资水平前三位的为电力、热力、燃气及水生产和供应业，金融业，采矿业。这些行业都具有垄断的性质。在垄断行业中，竞争机制缺失，企业规模较大，在实现规模经济的同时，还可以凭借对资源的控制或政府的特许获得垄断地位，从而获取高额的垄断利润，也为行业职工带来了较高的工资收入。拥有高工资收入的同时，这些行业的职工同时还拥有高福利待遇。隐形的高福利进一步提高了行业的收入水平，更加剧了行业间的收入差距。对比发现，处于行业工资水平末三位的农、林、牧、渔业，住宿和餐饮业，居民服务、修理和其他服务业等行业的经营主体多为分散的个体经营者，行业竞争激烈，且不具备任何资源、生产要素等方面的优势。

3. 人力资本

在科学技术高速发展的时代，人才是国家和地区之间的又一核心竞争因素，人力资源的重要性不断凸显出来。从人力资本水平的角度来考察内蒙古自治区行业工资收入分配情况，发现人力资本水平与工资收入呈现出正相关的特征，人力资本投入越多，行业工资差距扩大。位于内蒙古自治区人均工资水平前列的行业中，职工整体受教育年限较长，职工学历水平较高，而对于农、林、牧、渔业和批发零售业等收入居于末位的行业来讲，职工普遍接受教育的年限较短，其知识储备较少。农业等弱势行业，劳动生产率较低，工资水平较低，因此对具有高素质的人力资本吸附能力很弱，吸引不了也留不住所需要的人才，人才的缺少与流失又进一步加大了行业间劳动生产率的差距，从而形成了恶性循环。

通过上文对于内蒙古自治区工资差距的分析，我们认为，导致目前内蒙古自治区工资差距的主要因素有行业劳动生产率、行业垄断和人力资本。在这三种因素中，行业垄断作用最大，其次是人力资本，最后是劳动生产率。但是，还有其他影响工资水平的因素，如税收制度、社会保障体系、工资支付体系等，这些因素都会通过对行业的相关影响来影响行业间的工资差距。

（二）缩小内蒙古自治区收入差距的对策及建议

1. 提高劳动生产率，消除行业间劳动生产率不合理差距

不同行业的生产性质、竞争程度、市场需求等条件也不同，不同的因素会导致行业间的劳动生产率也存在一定的差距。企业效率最主要的判定因素就是劳动生产率，劳动生产率的差异会直接导致企业间或者不同行业间经济效益的差异，进一步导致不同行业的利润水平也存在差异，从而在一定程度上决定着行业收入的差距。所以，在市场经济的环境下，要主动调节行业间的发展水平，培育和健全要素市场，实现劳动力、资本、资源等生产要素的自由、合理流动，逐渐消除各行业劳动生产率的不合理差距。当市场不能合理地调节行业间的收入差距时，政府还要采取干预政策，但是政府对于经济发展的规划会存在不同行业测量不同的情况，政策扶持的力度要恰当，否则会加大不同行业间的差距，进一步扩大贫富差距，对经济社会造成不利的影响。应当调整层次水平偏低行业的配置结构，促进层次水平偏低行业向前发展，实现层次水平偏高行业和层次水平偏低行业协调性发展。同时，随着经济的不断发展、各种新兴行业不断涌现，在新行业发展初期，政府可以适当扶持新行业，但要把握好力度，不能过于偏重，使本来较弱的一些行业处于更劣势的地位，甚至使经济发展出现一定程度的扭曲。因此，要合理调整产业结构，促进各个行业全面协调可持续发展，改善目前工资差距大的现状。

2. 加强对垄断的管制

内蒙古自治区的垄断行业包括矿产、煤炭等自然垄断行业和电力等行政垄断行业，无论是自然垄断行业还是行政垄断行业，都和政府部门存在联系。政府部门对垄断行业存在不同程度的保护，使垄断行业有着政策扶持和垄断优势，从而造成垄断行业工资普遍较高。市场经济条件下，要建立公平、公正的竞争环境，降低行业的准入门槛，积极引导非国有经济主体参与到垄断行业的运行中来，允许并鼓励资源的合理流动，尽可能地减少人为干预，使供求机制充分发挥作用。对于一些自然垄断的行业或者关系国计民生的行业，要针对垄断企业建立强硬的监督与监管机制，对垄断行业的财务实行定时公开的原则，执行严格的价格听证制度，防止出现垄断行业工资过高的现象，建立起合理的工资运行制度。同时，应该弱化垄断行业中政府力量的作用，逐步消除政府对经济的直接参与，让政府回归到市场经济监督者和调节者的位置，加强政府的监管力度，完善政府的监管机制。

3. 合理配置各行业人力资本，普遍提高劳动力素质水平

合理配置各行业的人力资本。人力资本不仅包括人的健康和体力，而且包括

人的经验和能力。人力资本是通过后天教育培训养成的，一般人的学历越高，人力资本的质量越高，高素质、高质量的人才是稀缺资源，这样的人力资本对于企业发展具有重要作用。人力资本是影响行业工资差距的主要因素，所以人力资本配置不合理会导致行业工资差距不合理。通过各种措施帮助弱势行业留住高级人才，从而形成老带新、师傅带徒弟的技术传承；通过和高等院校或科研院所合作，积极开展各种职业培训，提高劳动者的素质水平；通过创办村级文化室、各类业务竞赛等形式，鼓励劳动者不断学习，提升自身劳动技能和文化素质。

4. 缩小区域间差异，加强盟市之间的联系

增进盟市之间的贸易联系性，增强盟市间和盟市内部的市场需求联系，提升经济发展速度。内蒙古自治区由于地广人稀，在地域内部贸易联系相对较小，市场分割比较严重，贸易联系弱。同时，由于部分政策的影响，盟市间人口、资本等要素流动受到了户籍、住房等因素的影响。我们应当设法增加内蒙古自治区各盟市的贸易联系，着力推动区域经济一体化的进程，让各区域经济相互推动发展，形成良性的循环。政府应当发挥带头作用，加强城市间的交流合作，开发新的贸易联系，实现区域合作性的经济联系。联系的加强使盟市间的经济发展趋向于一体化，区域间的工资差异也会开始缩小。

5. 建立社会保障制度

建立健全社会保障体系是解决行业收入差距过大的有效手段。要缩小收入差距，就必须做好各级各项社会保障工作，扩大社会保障的范围，逐步提高社会保障的资金标准，积极发挥商业保险的补充作用。积极推进廉租房建设，实施住房保障制度，健全和完善养老保险、失业保险等各项机制，加大政府社会保障支出力度，逐步建立完善的社会保障体系。

第六章

内蒙古自治区劳动力市场最低工资研究

第六章 内蒙古自治区劳动力市场最低工资研究

第一节 最低工资制度的演变

一、最低工资制度概念界定

最低工资是指国家法律规定的企业向员工支付的最低工资率。员工在正常劳动时间里完成正常劳动义务后，企业支付给员工的劳动报酬不得少于这一标准。从这个角度来讲，最低工资是国家制定的最低工资标准，是由国家强制力保证实施的。在改革开放以前，最低工资通常是最不熟练劳动工人所取得的报酬。在实行等级工资制的时期，最低工资指的是最低等级工资，如八级工资制中的一级工资。最低工资标准可以是通过集体协商谈判确定，即资方和员工代表协商制定该企业的最低工资标准，并写入集体工资合同，当集体工资合同为法律所承认时，最低工资标准也就对个体工资合同具有了法律约束力。在挪威、丹麦等一些市场经济比较发达的国家，最低工资标准大量地存在于集体协商谈判的合同中。采用集体谈判协商的最低工资一般都高于法定的最低工资。本文所论述最低工资的概念等同最低工资标准，包括政府部门发布的最低工资标准，也包括集体谈判协商约定的最低工资标准。

最低工资制度是指员工在法定工作时间内提供了正常的劳动，国家以法律方式保障员工应该获得的能够至少维持其生存和必要的供养家属所需要的最低费用制度。最低工资制度被认为是国家干预劳动关系的手段。在某些情况下，劳动者虽然供给了正常劳动，却获得较少的报酬。最低工资制度就能从最大程度上避免这种情况的产生。由此，我们也可以得出最低工资制度的本质，它是政府部门为了改善低收入者的收入现状而通过立法强制提高低收入者工资，以实现社会公平而对劳动力市场进行干预的一种手段。

在中国经济发展的现阶段，"血泪工厂"的确存在，也由此引起了一系列的争议。为消灭"血泪工厂""血泪工资"，最低工资制度就是政府部门的一个有力武器。它以公正原则为起点，为最广大的低收入劳动者和弱势群体提供了基本生活保障，也是各国政府部门控制薪资、干预收入分配的一种重要经济手段。

二、国内外最低工资制度的起源和发展

经济学这一学科一直都十分重视对工资的研究。19世纪三四十年代，许多经济学家就意识到了市场交换的重大意义，他们对收入分配的关注甚至超出了生产方面，从而开始对工资这一课题进行探索和研究，也由此产生了一系列相关的工资理论和学说，如威廉·配第提出的生活费最低工资学说，杜尔阁提出的生存工资学说，穆勒提出的工资基金学说，马克思提出的按劳分配学说，此后还有克拉克提出的边际生产力学说，马歇尔提出的均衡工资学说，约翰·希克斯提出的

谈判工资理论。

（一）古典最低工资理论

18世纪上半叶，古典经济学家威廉·配第提出了关于商品的交换价值是由劳动所决定的思想，并且从这一思想出发，叙述了相关分配理论。威廉·配第认为，为了生存、为了劳动以及为了传宗接代，工人所要吃的东西应该作为工资标准的主要依据。如果工资定得太低，工人将无法生存，社会化大生产也将无法进行。威廉·配第的这一分配理论也被认为是最低工资理论的起源。

18世纪中期，亚当·斯密曾经论述过工资标准。亚当·斯密认为，"劳动工资有一定的标准，在相当长的期间内，即使最低级劳动者的普通工资，也不能减到这一标准之下"，"劳动的货币价格，必然受两种情况的支配，其一是对劳动的需求，其二是生活必需品和便利品的价格"。斯密主张的最低工资标准是要稍微高于维持工人生活的基本所需，而且斯密看到了工人阶级生活状况的改善会对整个社会产生影响，因此主张给予劳动者充足的劳动报酬，因为"充足的劳动报酬，既是财富增加的结果，又是人口增加的原因"。

法国经济学家杜尔阁是工人生存工资学说的代表人物。他认为，在工业社会里，员工的薪酬必须略高于工人维持生计所必需的费用，否则会导致社会人口减少以及劳动供给数量的下降，因此又使社会工资上升。杜尔阁的工资学说明确指出并论证了工人薪酬不能低于维持生存所必需的水平，否则将对劳动就业市场以至于整个社会经济的运行造成严重的负面影响。

法国经济学家萨伊在其研究生产要素分配学说中指出，工资是劳动这一生产要素在其提供了正常服务之后所得到的报酬。工人通过劳动所得到的报酬，应略高于维持生计所需购买的物品费用以及抚养子女的费用。

综上所述，古典经济学家所研究的工资理论都认为，无论在劳动就业市场中劳动的供给与需求关系如何，职工的工资水平都不能低于某一标准。这一标准我们可以理解为现在的最低工资标准。这一标准也因各国情况不同而有所差异。

（二）马克思的最低工资理论

卡尔·马克思的最低工资理论是在批判地继承古典政治经济学的基础上建立起来的。马克思曾经对什么是最低工资作过精辟的论述，他指出，"要维持工人使他能勉强养活自己并在某种程度上延续自己的子嗣，就需要一些物品，生产这些工人生活必需品时的最低限度的支出恰好就是最低工资"，"简单劳动的生产费用就是维持工人生存和延续工人后代的费用。这种维持生存和延续后代的费用的价格就是工资。这样决定的工资叫作最低工资"，"花在工人身上的费用，几乎只限于维持工人生活和延续工人后代所必需的生活资料，雇佣劳动的平均价格最低限度的工资，即工人为维持其生活所必需的生活资料的数额"。

马克思在《资本论》中明确地论述了劳动者在劳动过程中劳动力的消耗必须得到补偿。此外，劳动者需要新的劳动技能，需要支付教育培训等相关费用。在此阶段，马克思使用的是"最低工资的限度"这种表达方式，而不是"最低工资"这一目前通行的术语。

（三）绩效工资理论

绩效工资是企业为了提高工人的生产率而支付的高于均衡工资的工资。企业成本的很大一部分是工人工资。在一般情况下，追逐利润最大化的企业往往会将包括工资在内的成本压到尽可能低。20世纪70年代末80年代初，新凯恩斯学派提出绩效工资这一新学说，在80年代后期影响力也越来越大，为广大学者和企业家所接受。

美国经济学家乔治·阿科洛夫指出，期望利润最大化的雇主为提高企业的工作效率进而降低成本，因此雇主愿意支付高工资，即使比市场平均工资还高一些，这一高于平均水平的报酬就是绩效工资。在现实生活中，由于信息是不对称的，所以我们需要激励机制，这也说明了绩效工资存在的意义。阿科洛夫进一步指出，由于企业主和就业者之间存在的信息不对称，企业主为了使员工更加勤奋、努力地工作与付出，聪明的企业主就会增加工资，因为他们懂得工资越高，企业效率就会越高，企业主所得到的利益也就越多。

诺贝尔经济学奖获得者罗伯特·索洛曾经提出了著名的最佳工资条件，当工资处于最有效率水平时，工人的努力程度与工资的变动成正比，也就是说，当员工工资提高时，员工的努力程度也会随之提高，这也从另一个角度论证了绩效工资的合理性。

美国经济学家夏皮罗的工作转换模型旨在阐述员工"跳槽"会给厂商所带来的损失。员工辞职以后企业需要补充新员工，在招聘过程中，企业需要新的招聘费用以及培训费用，这些都是企业成本，所以企业有必要采取相应的措施挽留老员工，控制其"跳槽"的频率。在所有的措施中，提高员工待遇和工资是一种理想的方法。当员工从本企业获得的薪酬比任何其他企业更高一些时，他们将不会辞职，由此我们可以通过绩效工资的方式，支付较高的绩效工资，降低工人跳槽的频率，提高企业生产效率。

三、常用的最低工资标准测算方法

最低工资制度的核心是确定最低工资标准，也是该制度执行实施的关键所在。目前，我国对最低工资标准的测算方法主要有以下四种：比重法、恩格尔系数法、国际收入比例法与马丁法。

（一）比重法

比重法是当前我国各省、自治区、直辖市确定最低工资标准时使用最多的方法。比重法的具体运算过程如下：首先，依据本区域内抽样统计资料，找出人均收入最低的一部分劳动者作为贫困家庭样本，并计算贫困家庭的基本消费水平，将之作为城镇工人家庭的最低生活标准；其次，我们再考虑职工的赡养人数，即用最低生活费乘以赡养系数；最后，在依据员工受教育程度与培训时发生的费用，总计得出最低工资标准。确立标准之后，再综合考虑相关的社会保障、社会平均工资、失业保障及社会救济，作出适当的调整，得出最终的最低工资标准。

（二）恩格尔系数法

恩格尔系数指的是在所有的消费支出中，食品支出所占的比例。我们可以依据这一系数来测定最低工资标准。其具体做法如下：首先，通过相关资料得到满足员工正常生活所需的最低营养标准，并由此确立员工所需购买的主要食品及其数量；其次，通过调查该区域内主要食品的物价，就可以得到职工得以温饱所必需的饮食费用；再次，用饮食费用除以恩格尔系数，得出劳动者的最低生活费；最后，用最低生活费乘以赡养系数并像比例法一样作出适当调整，即得出本地最低工资标准。

（三）国际收入比例法

此种方法是通过计算某一个国家或者地区贫困线的角度，来测定该区域的最低工资。根据国际惯例，一个国家或地区社会平均收入的40%～60%作为贫困线标准，也就是最低生活保障线。由此，我们可以通过统计调查的方式得出该区域家庭的平均收入，乘以40%～60%的系数，确立最终的最低工资标准。

（四）马丁法

20世纪末，世界银行高级经济学家马丁提出通过测定贫困线计算最低工资的新方法。在马丁法中，贫困线有高低之分。在计算贫困线时，我们先用恩格尔系数中的食品支出来推算贫困家庭的食品支出。低贫困线的测算方法是先利用我们得到的食物贫困线，根据线性回归模型，将位于食物贫困线的家庭的非食品支出确定，然后再仿照恩格尔系数法进行调整得到最后的最低工资标准。高贫困线指的是食品支出超过食物贫困线的家庭的基本生活费用支出。这同样需要我们选择合适的线性回归模型。

四、各种测算方法的比较

对于最低工资标准的各种测算方法，它们各自的优点与缺点也都比较明显。

比重法资料好收集，计算也比较简单，但是它也有着明显的缺点。比重法需要确定一定比例的最低收入家庭，然后用低收入群体家庭生活支出作为确定最低工资主要的参考标准，但是以多大的比例来确定低收入群体，比重法并未明确规定。特别是针对现实中存在的低收入者的最低生活费，不一定能完全满足职工以及其赡养人口最低生活的需要，尤其是不能满足劳动者本人及下一代教育与培训需要。

恩格尔系数法优点与比重法相似，即资料容易收集、计算简单，并且其借助于营养科学成果来确定维持个人生计的适量饮食费用，增强了这种测算的科学性。但是它也存在着与比重法类似的不足，即调整数在计算方法方面也不明确。

国际收入比例法用的是一个区间作为测算系数，具有较高的灵活性。但这也使具体系数的选择成为一个难点。我们只有在保障生产需要的基础上，结合当地的就业情况与企业支付能力来选择具体的比例系数，才能实现最低工资标准制定的初衷。

马丁法通过使用计量经济学的相关方法较好地解决了非食物支出的计算问题，计算过程也比较客观科学，并且所需的数据容易获得，具有较强的可操作性与实用性。但是使用马丁法所计算的贫困线有高低两条，我们到底采用哪一条来测算最低工资标准也容易引起争议。此外，马丁法也是从测定居民维持生计所需的基本支出费用入手，显然，它并未考虑到社会就业与企业的支付能力等相关因素。

第二节 实施最低工资标准的必要性解析

一、扩大消费需求

1992年，邓小平同志曾表示，允许一部分人富起来，但是改革开放以来，我国居民收入分配差距一直在扩大，而这一现状影响了社会和谐稳定。在内蒙古自治区，随着人民生活状况的改善和消费观念的转变，人们既有消费的欲望，又有消费的能力，符合刺激消费、拉动内需的条件，而进一步刺激消费的方式就是提高最低工资标准，保障所有劳动者的消费能力和水平。经济增加也要与产业结构的调整相适应，因此居民扩大消费需求将会促进产业结构调整，而其中居民的工资水平起到了决定性作用。

产业结构伴随着人们的需求变化而变化，在这其中，居民的工资作用明显。由于居民工资存在分配上的不同以及各类商品的收入弹性也各异，因此呈现给我们的是居民需求结构和层次的多样性，从而导致产业结构升级。恩格斯提出，消费结构分为生存消费、发展消费和享受消费，随着居民生活水平的提高，人们对农产品的需求减小，对其他产品的需求增加，也就反映了为什么在人类社会的发展过程中，第一产业的比例不断减小，第二和第三产业的比例不断增加。改革开放后，在内蒙古自治区经济快速发展的同时，城乡之间、地区之间居民的收入差距不断扩大，形成了高收入群、中等收入群与低收入群等不同层次的收费群体。根据西方经济学的边际消费倾向递减定律，低收入者的消费倾向大于高收入者的边际消费倾向，因此，将收入从高收入者手中转移到低收入者手中，将增加社会总消费。

二、促进产业结构升级

产业结构是国民经济各部门及其内部各行业及企业间的构成和相互制约的连接关系，产业结构调整就是改变这种构成和连接关系以适应经济环境的变化，满足新的需求结构，从而提高经济效益，保证经济持续健康的发展。内蒙古自治区的劳动供给现状是供大于求，因此，内蒙古地区的企业和政府都选择劳动密集型产业作为发展的主要结构，以此来解决劳动力就业率和员工工资的问题，但同时，劳动密集型产业也阻碍了产业升级，依靠丰富的人力资源来代替技术等其他资源，不利于内蒙古地区产业结构的转型和发展。内蒙古某些地区的低工资发展战略，利用廉价劳动力承接其他地区的产业转移，这种依靠简单的生产、加工的制造业，优势只有劳动力廉价，无法在市场中形成优势，更不利于在设备、技术、创新开发等方面快速发展，严重的产业结构失衡已经阻碍了内蒙古自治区经济的发展，只靠低工资已经不能实现其经济的可持续发展，如果不改变这种发展模式，情况将不容乐观。通过最低工资标准可以在一定程度上遏制廉价劳动力的情况，使企业从劳动力素质、高科技水平、前沿生产技术设备上投入更大的精力和财力，促进内蒙古自治区产业结构合理升级。

三、保障劳动者权益

中华人民共和国公民拥有劳动的权利，这是宪法赋予每一个公民的合法权利，最低工资标准就是保障低技能劳动者和弱势群体权益的有力武器。从1993年《企业最低工资规定》颁布以来，我国经济体制改革逐步深入，社会保险制度、住房制度改革进一步深化完善。根据1995年劳动部发布的《劳动法》第四十八条，最低工资是指劳动者在法定工作时间内履行了正常劳动义务的前提下，由单位支付的最低劳动报酬。最低工资不包括延长工作时间的工资报酬，以货币形式支付的住房和用人单位支付的伙食补贴，中班、夜班、高温、低温、井下、有毒有害等特殊工作环境和劳动条件下的津贴，国家法律、法规、规章规定的社会保险福利待遇。最低工资标准的制定意图在于维护弱势就业群体的报酬权益，保障弱势群体的最低生活水准。

四、缩小收入差距

经济学家和社会学家一直都追求居民收入的分配公平性，但由于居民受到社会制度、文化和阶层的影响，不同时期、不同地区人们的价值判断标准也是不同的，但公认的是公平分配对社会进步和社会发展都有积极的影响。公平分配就意味着和谐的分配方式，而差距适中的居民收入分配是最和谐的状态。如果居民分配完全平均会失去薪酬的激励机制，容易出现大批浑水摸鱼的人；如果收入差距悬殊，会产生很多社会问题，造成社会的不稳定。因此，保持收入差距的适中，是社会长期健康发展的必要条件。实现共同富裕是社会主义的本质要求，是社会主义的目标，也是社会主义的根本原则。目前内蒙古自治区并没有达到共同富裕的要求，制定最低工资标准提高了低工资劳动者的收入水平，可以缩小贫富差距，维持社会稳定。在一定程度上提高最低工资标准，能够让所有的社会人员分享经济飞速发展带来的胜利果实，有效缓解收入差距扩大的情况。

五、提升个人人力资本的投资资本

人力资本是通过投资提升劳动者获得收入的能力，现阶段居民在进行相关投资活动时，大部分都是由个人或是其家庭成员共同分担的，也有少数职员的培训来源是所在企业。当劳动者进入就业市场时，多数情况下企业的招聘薪酬与劳动者的专业技能呈正相关，但高水平的专业技能需要较高的人力资本的积累，但如果个人或家庭没有足够的经济实力支持，就无法达到需求的积累，因此，支付能力是制约教育投入的重要因素。

教育需求是人们对获取更高水平的教育的希望，也需要对费用支付能力达到一定的要求。对于个人教育，经济实力是个人能否获得教育的制约因素，而个人的工资收入是影响支付能力的重要因素。个人收入增加时，恩格尔定律表示个体在食物支出所占的比例会逐渐降低，相应的非食品支出所占比例会提高，因此，居民收入提高，教育支出所占比重也会提升，尤其是居民解决了吃穿住行的问题后，就会去追求更多的需求。收入水平提升就会增加人们的教育需求，居民的收入水平与受教育程度是成正比的。此外，资金的流动性也影响人们对教育水平的需求。在内蒙古地区，一个普通的农民家庭需要付出很多努力才能培养出一个大学生，只靠耕地作为教育投资的唯一来源，很难在提供高等教育的同时维持生计，因此很多农民选择到城市找工作。农民工由于普遍教育水平比较低，只能从事体力活，积累资金速度慢、成本高，提高最低工资标准有利于低技能劳动者获取教育资本，实现脱贫。

此外，疾病也能够影响低收入群体进行人力资本投资，对低收入群体来说，他们没有医疗保障，因病致贫、因病返贫的例子比比皆是。收入升高的同时医疗支出占消费支出的比例相应提高。通过提高最低工资标准的方式来提高低收入家庭的医疗保健支出能力，也能保障社会的稳定。

六、助力社会和谐发展

一直以来，国家都十分重视低收入劳动人民的生活温饱问题，国家经济发展的最终目的就是提高广大人民的生活水平，促进社会的进步与发展，建设一个民主友爱、公平公正的和谐社会，这也正是党和国家一直追求的。温总理指出，和谐社会就是要使人们的聪明才智和创造力得到充分发挥，使改革和发展所创造的社会财富为全体人民所共享。

很多国家发展的经验都表明,当 GDP 持续、快速增长时,将会激化出严重的社会矛盾,很大程度上是因为伴随着经济飞速发展,各种矛盾并没有很好地得到平衡,甚至有可能会导致社会动荡。中国正处于这样的一个关键时期,应该以其他国家的发展经历为借鉴,利用好这段时期,抓住发展机遇,造福全民,让所有中国人享受改革开放带来的成果,促进社会和谐发展。随着中国社会主义市场经济体制逐渐完善,生产要素的数量与质量将参与由市场机制主导的收入分配,但有部分劳动者和弱势群体通过初次分配所得的收入不足以维持生计时,最低工资标准就能保障这些群体的利益,这也是众多发达国家针对社会低技能群体的收入保障机制。为了促进社会主义社会和谐发展,我们在建立完善最低工资制度的过程中,国家财政应该不断调整其支出结构,增加对社会保障的支持。近几年国家先后采取了一系列的措施,加大扶持力度,维护社会公平,为更多的社会成员造福,抓住发展机遇,促进社会和谐发展。经济增长并不等于经济发展,而是要改善穷人的生活,维护社会环境,让人人都有机会获得成功,人人受教育,使社会全体成员共同享受经济发展的成果。

第三节 内蒙古自治区最低工资标准现状及改善对策

一、内蒙古自治区 2017 年最低工资标准

2017 年 7 月 31 日,根据内蒙古地区经济发展和职工工资水平的增长情况,经人力资源和社会保障部核准,自治区人民政府决定调整自治区最低工资标准和非全日制工作小时最低工资标准,内蒙古自治区召开党政联席会议讨论并通过了自治区职工最低工资标准调整方案,新标准于 2017 年 8 月 1 日起执行。其具体方案如下:

一类地区:呼和浩特市新城区等 15 个区、二连浩特市等 2 个计划单列市和阿拉善左旗等 10 个旗,最低工资标准为 1760 元/月,非全日制工作小时最低工资标准为 18.6 元/小时。

二类地区:呼伦贝尔市海拉尔区等 6 个区、托克托县等 5 个县、锡林浩特市等 3 个县级市和阿荣旗等 9 个旗,最低工资标准为 1660 元/月,非全日制工作小时最低工资标准为 17.6 元/小时。

三类地区:巴彦淖尔市临河区、开鲁县等 4 个县、乌兰浩特市等 3 个县级市和巴林右旗等 16 个旗,最低工资标准为 1560 元/月,非全日制工作小时最低工资标准为 16.5 元/小时。

四类地区:卓资县等 8 个县、阿尔山市等 3 个县级市和库伦旗等 17 个旗,最低工资标准为 1460 元/月,非全日制工作小时最低工资标准为 15.5 元/小时。

最低工资标准中包含下列内容:基本养老保险金、医疗保险金、失业保险金

和住房公积金的个人缴纳部分。最低工资标准中不包含下列内容：延长工作时间工资；中班、夜班、高温、低温、井下、有毒有害等特殊条件下的津贴；法规和国家规定的劳动者福利待遇等。

此外，对于非全日制就业的劳动者，用人单位支付的货币工资不能低于小时最低工资标准；单位依法缴纳的社会保险费和住房公积金，用人单位应按规定另行支付。凡实行最低工资标准的用人单位，应及时在劳动用工网上备案系统填报。

二、内蒙古自治区最低工资标准的横向与纵向分析

表 6-1 为自最低工资标准施行以来，截至 2017 年内蒙古自治区最低工资标准的变化情况。表 6-2 为自 2010 年以来其他省份的最低工资参照标准，本文分别从北京和沿海经济强省、中部崛起地区、东北老工业基地省份和西部大开发省份中挑选了 2~4 个省份作为参照。

表 6-1 内蒙古自治区最低工资标准（1995~2017 年） 单位：元/月

地区	1995~1996年	1997~1998年	1999~2001年	2002~2003年	2004~2005年	2006年	2007~2009年	2010年	2011年	2012年	2013年	2014年	2015年	2016年	2017年
一类地区	180	210	270	330	420	560	680	900	1050	1200	1350	1500	1640	1760	1760
二类地区	160	190	250	310	400	520	620	820	980	1100	1250	1400	1540	1660	1660
三类地区	140	170	230	290	380	460	560	750	900	1000	1150	1300	1440	1560	1560
四类地区	—	—	—	—	400	500	680	820	900	1050	1200	1340	1460	1460	

表 6-2 参照省份最低工资标准（2010~2017 年、第一档） 单位：元/月

年份		2010	2011	2012	2013	2014	2015	2016	2017
北京及沿海经济强省	北京	800	960	1160	1260	1400	1560	1720	1890
		960	1160	1260	1400	1560	1720	1890	2000
	上海	960	1120	1280	1450	1620	1820	2020	2190
		1120	1280	1450	1620	1820	2020	2190	2300
	广东	1030	1300	1300	1550	1895	1895	1895	
中部崛起地区	湖北	900	900	1100	1300	1300	1300	1550	1550
			1100				1550		1750
	湖南	850	850	1020	1160	1265	1390	1390	1390
			1020	1160	1265	1390			1580
	河南	650	800	1080	1240	1240	1400	1600	1600
		800	1080			1400	1600		1720

续表

年份		2010	2011	2012	2013	2014	2015	2016	2017
东北老工业基地	黑龙江	880	880	880	1160	1160	1160	1480	1480
				1160			1480		1680
	吉林	650	820	960	1150	1320	1320	1320	1480
		820	960	1150	1320			1480	1780
	辽宁	700	900	1100	1100	1100	1300	1300	1530
		900	1100			1300		1530	
西部大开发地区	四川	650	850	1050	1050	1200	1400	1500	1500
		850			1200	1400	1500		
	广西	670	820	820	1000	1200	1400	1400	1400
		820		1000	1200				
	新疆	800	800	1160	1340	1520	1520	1670	1670
			1160	1340	1520		1670		
	内蒙古	680	900	1050	1200	1350	1500	1640	1640
		900	1050	1200	1350	1500	1640		1760

一般来说最低工资既可以采用小时最低工资标准，也可以采用月最低工资标准。我国颁布的最低工资标准都是按月计算的。但是《最低工资规定》颁布以后，许多省份同时也颁布了小时最低工资标准。小时最低工资标准和月最低工资标准可通过公式换算。本书研究中所采用的均为月最低工资标准。

从表6-1和表6-2中可以看出，2010年，内蒙古自治区和北京的最低工资差距为60元，而2017年两者的差距增大到240元，差距逐渐增大，随着经济的发展，地域之间不平衡逐渐加剧，最低工资标准应该相应地进行调整，以缩小各地区之间的贫富差距。随着时间的推移，最低工资标准持续增长，内蒙古自治区的最低工资标准在全国标准排名中保持在平均水平左右，随着内蒙古自治区经济的快速增长，相应的最低工资标准也不断上升，但在最低工资标准实施前期，内蒙古自治区和其他最低工资水平比较低的省份一样，最低工资调整不够及时。最低工资应随城镇居民最低生活费用、城镇居民消费价格指数等因素及时调整，只有这样才能起到其应有的作用。从2002年开始，内蒙古自治区按照中央部署，及时调整跟进，随着内蒙古自治区经济的快速发展，最低工资标准与其他沿海发达城市逐渐接近。

三、最低工资标准与平均工资

在制定最低工资标准时应该重点参考的因素是职工平均工资，根据职工平均工资和最低工资标准的差距就可以判断标准制定的高低。为了对最低工资标准与职工月平均工资进行比较，选取2010~2015年的数据进行分析（见表6-3）。

表6-3 内蒙古自治区最低工资标准与平均工资的比率 单位：元/月，%

年份	2010	2011	2012	2013	2014	2015
最低工资	900	1050	1200	1350	1500	1640
平均工资	2959	3457	3921	4282	4538	4823
最低工资与平均工资的比率	30.4	30.4	30.6	31.5	33.1	34.0

从表6-3中可以得出结论，随着内蒙古自治区经济的飞速发展，职工的平均工资也随之增长，内蒙古自治区最低工资标准与职工平均工资的比率一直上涨，以2010年为基准，2015年内蒙古自治区最低工资的比率上升了3.6个百分点，为34.0%。目前多数的最低工资制度都制定在月平均工资的50%左右，仅有少数国家和地区的最低工资与平均工资的比值在40%之下，而内蒙古地区的最低工资与平均工资的比值虽然持续上升，但上升速度缓慢而且始终处于40%以下，在这种情况下不利于地区经济的长期发展，因此，提高最低工资标准是内蒙古地区最低工资标准的制定方向和目标。

四、最低工资标准与城镇居民消费性支出

城镇居民家庭人均消费支出是影响最低工资标准制定的另一个重要考虑因素，选取2010~2014年内蒙古自治区最低工资标准与城镇居民家庭人均消费支出的数据进行分析（见表6-4）。

表6-4 内蒙古自治区最低工资标准与城镇居民家庭人均消费支出

年份	最低工资（元/月）	人均消费支出（元）	最低工资年均增长率（%）	人均消费年均增长率（%）
2010	900	13995	—	
2011	1050	15878	16.7	13.5
2012	1200	17717	14.3	11.6
2013	1350	19249	12.5	8.6
2014	1500	20885	11.1	8.5

从表6-4中可以看出，通过对最低工资标准与城镇居民家庭平均每人每月消费支出的年均增长率进行比较，2010~2014年内蒙古自治区最低工资标准的年均增长率均高于城镇居民家庭平均每人每月消费支出的年均增长率；对比内蒙

古自治区最低工资与城镇居民家庭平均每人每月消费支出，2010~2014年，最低工资远低于城镇居民家庭平均每人每月消费支出。从中我们可以得出结论，在最低工资标准本就很低的情况下，虽然最低工资年均增长率高于人均消费支出，但两者之间的实际差距还是很大，因此按照最低工资标准领取劳动报酬的劳动者相对于其他居民来说仍然过着贫困的生活。

五、完善内蒙古自治区最低工资制度的对策

（一）改进制定方案

正如前文所述，内蒙古地区的最低工资标准一直偏低，由于最低工资标准是由内蒙古自治区政府颁布的，因此最低工资标准的制定方案应该加以改进，将最低工资标准计算公式结合实际情况合理化，同时根据内蒙古地区的经济发展状况和城镇居民家庭人均消费支出，深刻认识最低工资制度存在的意义，更好发挥最低工资制度在保障民生、维护社会稳定、调整市场经济方面的作用。

在制定最低工资标准时应该多方面考虑，首先要考虑的就是基本因素，包括就业率、基本生活费用、CPI、社会平均工资、住房公积金、失业保险金，还要考虑测算的可操作性，太过复杂的计算步骤会占用大量的人力物力。在最低工资标准的测算公式中，劳动者及其赡养的家庭人员的相关生活费用等是比较容易计算的部分，因此确定调整数才是计算公式中的关键。在《最低工资规定》中，调整数主要考虑的因素应该包括个人缴纳的养老、医疗、住房公积金等费用，不然地方政府和企业就会利用规定中的模糊地区，而且政府应该深刻地认识到最低工资不仅要保障和维持劳动者自己和供养家庭亲属的生活，还应该充分考虑低技能劳动者自己和家庭在学习、医疗、生活、工作等方面的需求。此外，还应该制定出符合国际惯例的标准，将最低工资标准与职工平均工资相互比较，最低工资如果在平均工资的40%~60%，就把公式算得的作为最低工资标准，如果低于40%那么就取职工平均工资的40%，如果大于60%就取平均工资的60%，充分参考职工平均工资的影响。在内蒙古地区的内部，各区域的经济发展状况各不相同，因此各区域应该划分成不同的档，划分档次后最低工资标准就可以根据不同的实际情况加以调整。

（二）正确认识工资标准的制定意义

内蒙古自治区的最低工资标准持续偏低，这一现状深深影响着区域的低技能劳动者的工资待遇和生活水平，政府一直密切关心着低技能劳动者的生活，持续提高最低工资标准，但也有很多业内人士也提出反对的声音，如部分政府工作人员和经济学者认为，提高最低工资会影响整个经济环境的发展，导致失业率升高，影响官员政绩。

企业用工荒在内蒙古自治区经济发达地区成为企业雇主的发展障碍，而民

工荒的产生就是源于低技能劳动者的工资过低，只靠他们自己的工资不能保障和维持他们自己和家庭的基本生活，大量民工因此只能从城镇再返回农村，加剧了用工荒的情况。虽然农民工在企业内任职可以降低企业生产的成本，但相应的一系列令人担忧的问题也应运而生，如机器停产、民工流失、半成品积压等。从企业的角度来看，如果长期对弱势群体加以不公平的待遇，就会受到市场的报复。

（三）掌握调整标准的频率

最低工资标准调整的频率高低应该在高和低之间选择一个合适的中间方案来执行，这样一方面可以节省企业的管理成本，减少不必要的资源支出，另一方面可以减小居民消费价格指数快速上升的压力。无可争议的是，较短周期的最低工资标准调整是合理的，因为调整的频率越高，标准的制定就越接近最好的水准，就越切合实际的情况，减小不利影响，而且用连续性的微调来代替一次次大幅度的调整，企业的管理者也比较容易接受改变。大多数国家通常采取一年一次的调整方法，内蒙古自治区也做到了多数国家的最低工资调整的频率。现在，我国《最低工资法》规定，最低工资标准每两年至少调整一次，这种频率在一定程度上保障了低技能劳动者的生活保障。为使社会发展成果分享给全体居民，在经济稳步发展的客观情况下，内蒙古自治区的政府已经积极采用国际通行的做法，最低工资标准一年调整一次，但还应该结合实际情况，如果有需要频率应该小于一年一次。从理论上来讲，最低工资标准可以下调，但是在内蒙古自治区经济快速发展的前提下，以及员工刚性工资的心理作用，最低工资基本上没有下调的可能性。

（四）掌握调整的时间

最低工资制度的调整应该掌握一个合理的调整时间，方便企业和劳动者及时准确地了解相关的法律法规，也为政府充分准备相关资料提供固定的时间表。例如，法国从1950年开始，很多年间制度调整的时间都是7月1日，内蒙古自治区政府也可以参照法国的方案。

（五）宣传、提高相关法律意识

最低工资制度只有加大宣传力度，严肃执法力度，才能深入人心，对于部分通过各种违法行为想方设法逃避最低工资制度的商户，内蒙古自治区各级政府必须加大处罚力度，增大企业管理者违法的机会成本。与此同时，各级政府还应该在企业中加大最低工资制度的宣传力度，讲明道理、说明情况，让企业主真正了解到最低工资制度存在的意义和好处，通过专门培训班、交流讲座会、经验分享会等形式增强企业管理者的法律意识，使企业管理者充分明白提高最低工资标准对企业也是有利的，可以通过绩效工资理论对此进行分析说明。企业是市场的主体，企业管理者也应该有社会责任感，热心公益事业，回馈社会，但对于屡教不改的个别企业，也可以通过新闻媒体曝光以加强监督力度。

最低工资制度保护的对象主要是低技能劳动者和一些弱势群体，如农民工和底层劳动人民，他们处于社会的边缘地带，这部分人文化水平不高，流动率高，对各种信息的获取能力都十分有限，主动获取信息的愿望和能力也没有那么强，法制观念薄弱，在与企业管理者发生劳动纠纷时，很少通过法律途径解决问题，通常选择私了的方法，在这种情况下加大最低工资制度的宣传力度就显得尤为重要。中国自1994年开始颁布、执行了《最低工资法》，可是该法保护的人群却对其了解不多，即使有所了解也对这部法律的具体内容不了解，更不能判断自己所在企业是否存在违法现象，更不用说充分利用起来维护自己的个人权益。当然，在人力市场供过于求的情况下，劳动者工作不好找，工资低于最低工资的工作也能自愿接受，更不愿意和政府的劳动保障部门投诉，这些现象的出现都和对企业宣传不到位有关系。针对这种状况，政府相关部门更应该注重宣传的重要性，尤其是应该鼓励媒体曝光违反最低工资法的行为，用几个典型的案例让社会群体和企业了解《最低工资法》，促使他们用法律维护自己的合法权益。

（六）促进企业工会的建设

在国外企业中工会的影响力非常大，工会作为企业员工的代表，积极协调劳资关系，这也是为什么国外的最低工资标准能到达平均工资的40%~60%。一个两个员工的力量可以被企业管理者忽略，但当员工百木成林时力量就会聚起来了，巨大的影响力是不容忽视的，企业管理者就必须加以重视。但在中国，工会的作用还没有充分发挥出来，既是因为中国的政治体制影响，也是因为工会还没有真正能够代表劳动者的利益。因此，政府要适时转变观念，保障工会的建设与权益，维护工会的利益和广大劳动者的利益。

工会组织的目的是调节劳资之间的关系，保障社会治安，成为政府、企业和劳动者之间的沟通渠道。工会要敢于说话、善于说话，把维护企业员工的利益作为一切工作的目的，企业工会的作用如果能充分发挥，那么每个企业都会有工会作为监督机制，从根本上监督最低工资制度落实情况。因此，政府要鼓励企业促进工会的建立和发展，采用例如基层联合会和行业协会的形式，充分发挥工会的作用，更好地协调劳资关系，为避免企业管理者违反最低工资制度提供有力保障。

（七）健全监管机制

现在内蒙古自治区仍有不少的企业游走在法律的灰色地带，通过延长工作时间和加大工作强度等方法变相违反制度，内蒙古自治区的劳动监察行政及相关部门的检查重点都放在拖欠工资问题上，对于支付工资低于最低工资制度的情况没有严格按照标准督查，最低工资制度并没有落到实处，还需要政府加大检查力度和检查频率，把管理工作日常化、专业化和系统化。各地区政府应合理配置资源，在管辖范围内抓重点、重效果，对偏远地区和中小私营企业也要做到管辖到位，确保检查工作处处落实。

对违反最低工资标准的企业应该加大处罚力度，提升罚款数额，但处罚力度对违规企业的震慑力度究竟有多大，是否能够规范企业的用工行为，还要看工商行政管理部门的执法力度和落实程度。最低工资制度要确保低技能劳动者的合法权益，强制企业保障劳动者的最低工资待遇，对于屡教不改的违规企业还要树典型、重点抓，树立反面典型有助于其他企业引以为戒，除了从经济方面和名誉方面有所惩罚，对于个别企业还可以采取停业整顿等方法；针对由于拖欠工人巨额工资而造成严重社会影响的企业，还可以对该违规企业法人代表、相关领导提起刑事诉讼，予以制裁。劳动和社会保障部门要定期评估最低工资标准的合理性和适用性，以及时地对最低工资标准调整提出合理而有效的指导意见。

第七章

内蒙古自治区创业环境研究

第七章 内蒙古自治区创业环境研究

第一节 创业环境

创业环境概念复杂而宽泛，既可以是自然环境因素，又可以是社会环境因素，还可以从经济、管理的角度去认知。对创业环境构成要素的界定和划分，是解析创业环境的重要环节。构成创业环境的要素，应当包括来自创业主体的主观要素和创业主体之外的客观要素两个范畴。主观要素主要指主体的能力和竞争力；客观要素则指主体之外活动的外部支撑条件。所谓环境的营造，通常是针对客观要素而言，因此本章的研究重点在于客观要素。

一、创业环境界定

在关于创业环境的界定中，嘉特纳从个体、组织、过程和环境四个维度描述了企业创业框架，认为创业环境由资源的可获得性、周边的大学及科研机构、政府的干预及人们创业态度等因素组成，即创业环境指在创业者创立企业的整个过程中，对其产生影响的一系列外部因素及其所组成的有机整体。

全球创业观察（GEM）是由美国百森商学院和英国伦敦商学院共同发起的一项大型研究项目，其主要目的在于研究全球创业活动的发展趋势。GEM 模型是关于一个国家经济增长的概念模型，它认为一个国家和区域经济增长不仅取决于现有的大型工业体系，也取决于大批富有竞争力和活力的中小型企业。与此同时，GEM 模型认为创业活动是在一系列环境条件的背景下进行的，对创业机会的开发和利用，以及追逐机会的企业家的创业技能和创业意愿间的交互作用，驱动了新创企业的生成。模型中包含两套经济增长机制，一套是一般环境条件下，现有公司和已成立的中小企业对国家 GDP 增长的贡献以及新增的工作机会；另一套主要是创业环境的改变催生更多的创业机会，提高创业者的创业能力，通过创业活动的合成促进经济增长。GEM 将各经济体的创业环境分为九个维度：金融支持、政府政策、政府项目、教育培训、研究开发转移、商业环境、国内市场开放程度、基础设施、文化及社会规范。

二、创业环境要素的内涵

（一）政府是创业环境中创业政策的主要营造者

以我国为例，2015 年发布的《国务院关于大力推进大众创业万众创新若干政策措施的意见》中明确，要更好发挥政府作用，加大简政放权力度，放宽政策、放开市场、放活主体，形成有利于创业创新的良好氛围；要不断完善体制机制、健全普惠性政策措施，加强统筹协调，构建有利于大众创业、万众创新蓬勃发展的政策环境、制度环境和公共服务体系；要坚持政策协同，实现创新创业落地生根。以政府支持引导、市场主导的形式来激发社会创新潜能和创业活力。2016 年，"中国城市创新创业环境——政策环境"排名前 10 强城市情况如表 7-1 所示。

表 7-1 2016 年中国城市创新创业环境中"政策环境"排名前 10 强城市

城市	省份	2016 年得分	2016 年排名
芜湖市	安徽省	100.00	1
广州市	广东省	79.42	2
苏州市	江苏省	76.32	3
武汉市	湖北省	74.15	4
南京市	江苏省	73.35	5
北京市	直辖市	72.53	6
深圳市	广东省	72.22	7
珠海市	广东省	71.97	8
杭州市	浙江省	71.31	9
天津市	直辖市	69.84	10

资料来源：清华大学启迪创新研究院. 2017 中国城市创新创业环境评价研究报告，2017（11）.

（二）产业是创新创业环境的直接参与者

区域经济竞争力主要体现在企业和产业竞争力上，特定产业的竞争力依靠处于技术领先的龙头企业，这些企业是创新创业的主要实践者。企业竞争力的影响因素众多，其中最直接的就是所在区域的环境因素。优越的创新创业环境可大大提高高技术企业创新成功率，激励创业者的创业热情。从实践来看，高技术企业栖息地和创业富集区都具备优越的创新创业环境。与此同时，高技术对传统产业的带动作用也有目共睹。表 7-2 为 2016 年"中国城市创新创业环境——产业环境"排名前 10 强城市情况。

表 7-2 2016 年中国城市创新创业环境中"产业环境"排名前 10 强城市

城市	省份	2016 年得分	2016 年排名
深圳市	广东省	100.00	1
上海市	直辖市	92.15	2
北京市	直辖市	84.74	3
重庆市	直辖市	83.13	4
广州市	广东省	73.70	5
湘潭市	湖南省	71.21	6
贵阳市	贵州省	70.13	7

第七章 内蒙古自治区创业环境研究

续表

城市	省份	2016年得分	2016年排名
天津市	直辖市	69.79	8
湖州市	浙江省	68.04	9
苏州市	江苏省	67.74	10

资料来源：根据 2017 中国城市创新创业环境评价研究报告整理。

（三）人才与研发环境

人才是创新创业环境的重要主体。当今世界是科技的竞争，归根结底也是人才的竞争。创新创业人才是增强自主创新能力、推动经济从投资驱动型向创新驱动型发展的重要支撑，是引领和推动新兴产业发展、创造社会财富的重要力量，也是转方式、调结构的重要人群。随着科学技术和新兴行业的发展，创新创业人才在加速科技成果向现实生产力转化、提高我国在知识和科技创新方面的核心竞争力等方面发挥着重要作用。

大学是培育创新创业人才的摇篮，不仅是基础知识生产、加工和传播的动力源，也是某些产业技术获取的直接源泉，在创新型经济中担当着十分重要的角色。在国家创新体系和区域创新体系中，大学的作用越来越重要。自 20 世纪 90 年代以来，中国很多研究型大学都建立了自己的国家大学科技园，标志着我国产学互动迈入新的发展阶段。大学及其科技园的存在，为区域创新创业环境改善创造了有利条件。

2016 年"中国城市创新创业环境——人才环境"排名前 10 强城市依次为北京市、武汉市、广州市、上海市、南京市、西安市、成都市、郑州市、杭州市、合肥市。2016 年"中国城市创新创业环境——研发环境"排名前 10 强城市依次为北京市、深圳市、西安市、宁波市、上海市、苏州市、中山市、杭州市、南京市、嘉兴市。

（四）金融机构是创新创业的资本来源

金融是现代经济的核心，是社会资源配置的枢纽，也是推动科技创新的重要杠杆。世界经济史上，几乎每一项科技进步都依靠金融创新获得资金支持，每一次经济起飞都与金融创新息息相关。科技创新和产业化同样离不开金融的支持。金融的功能不仅在于解决科技成果产业化过程中所面临的资金难题，还可以形成促进高新技术产业化一套较为完备的制度功能体系。可以看出，金融对创新创业的支持是区域创新创业环境的重要组成部分。

（五）中介机构是创新创业的桥梁

中介机构是连接产业与技术的桥梁，在促进科技成果产业化、社会化过程中发挥着至关重要的作用。良好的创新创业环境中，中介机构能充分利用双方面资源,发挥自身独特优势。中介服务业发展状况是区域创新创业环境的重要表现之一,其中会计评估类、工商税务代理类、专利商标代理类、商贸信息资讯类、金融保险和证券服务类、企业管理和工程管理服务类、科技中介类等中介组织是区域创新创业环境的有机组成部分,任何一方面的"短板"都会影响到区域创新创业的效率提升。

(六) 商贸市场环境是创新创业的润滑剂

良好的商贸市场环境能有效地吸引创新要素聚集,加快创新进程,使创新成果快速推广,最终提高创新的效率。以吸引创新要素为例,创新型人才往往有高品质的消费需求,对区域商务环境和市场环境要求较高;在商务往来方面,商贸环境代表城市发展的品位,富含地域文化,高规格的商务活动必然给城市创新带来更多的机会。

三、创业环境特征

创业环境的鲜明特征集中体现在以下几方面:

(一) 整体性

创业环境不可能只受一个因素的影响或只受一个力量的推动,创业环境各要素间必然是相互联系、相互影响的。只有通过要素间的制约和支持,合理地影响创业环境,才能使创业活动顺利进行。

(二) 参与性

创业环境营造离不开社会要素的积极参与。正是社会资源直接或间接的参与,使得创业氛围越来越浓。从创新创业平台看,在我国,除了各级政府主导的开发区、高新区外,由民间机构组织的各类科技园、孵化器、众创空间等已经成为重要的创新创业平台。在一项对我国97家众创空间开展的抽样调查中显示,民营企业占71.1%,国有企业占14.4%,事业单位占8.2%,社团组织占1.0%,民办非企业单位占5.2%,市场化机构已经成为建设众创空间的主力军。

(三) 可变性

区域自然环境的可塑性往往是很小的,但区域创业环境具有很强的可塑性。完全市场经济体制下,企业集群化发展就能自发形成有利于创业的发展氛围,而在非完全市场经济中,政府的作用更加关键。随着经济结构、政治制度、市场需求、消费水平等因素的不断变化,创业环境也处于不断变化的过程中,并且逐步趋于完善,要用动态发展的眼光来看待和研究创业环境。

四、创业环境的作用

创业环境系统的主要功能有以下三点:

(一) 鼓励创业,塑造创业型社会

良好的创业环境可以形成鼓励创业的环境导向。例如,通过教育鼓励创业,

使社会大众接受创业教育内容，强化创业意识，激发创业的活力与热情。又如，通过宣传鼓励创业，形成创业光荣的社会共识。

(二) 支持和保护创业，为创业提供机会

创业环境要在许多领域支持创业，如通过人才支持创业，吸收并重点扶持优秀人才创业；通过资金支持创业，为创业者解决资金困难；通过技术支持创业，实现创业成果顺利转化。创业环境还要在许多领域保护创业，如通过法律保护创业，加强知识产权保护和创业者的维权权利；通过退出机制保护创业，使不诚信、不遵守规则者退出创业市场。

(三) 服务创业，降低创业门槛

创业环境通过降低准入门槛可以更好地为创业者服务。例如，通过创业绿色服务通道、创业一站式服务等方式，简化创业环节。再如，通过完善创业者协会等第三方服务机构，实现创业者自主管理、自主服务。

第二节 内蒙古自治区创业环境评价

创业环境的优劣会严重影响到创业活跃度，而创业活跃度反映了一个地区的经济繁荣程度，因此，创业环境会在很大程度上影响一个地区的经济发展水平。创业环境评价是按照一定的评价标准和方法对一定区域范围内的创业环境现状进行客观的定性和定量调查分析、评价，包括创业环境影响因素的分析、评价标准的确定、评价方法及模型的选择。国内学者主要是借鉴GEM框架建立创业环境评价指标体系。目前，国内学者所建立的创业环境指标体系大都对东南沿海地区的创业环境进行了研究，而针对西北地区城市创业环境的研究很少，尤其是对内蒙古地区还鲜有学者进行研究。

据清华大学启迪创新研究院发布的《2017中国城市创新创业环境评价研究报告》显示，内蒙古自治区还是属于创业相对不活跃的地区，从入选城市数量来看，因地区GDP未过千亿、人均GDP排名靠后，与2016年相比有所递减；从城市排名情况来看，入选盟市的各项指标在全国排名也不理想（见表7-3）。内蒙古地区东西跨度较大，经济社会发展非常不平衡，导致整个地区创业水平较低。其中，呼和浩特、包头、鄂尔多斯，即呼包鄂地区，分别以首府、重工业、资源等优势成为内蒙古自治区最具活力的城市经济圈，被誉为内蒙古自治区的"金三角"地区，表现出强劲的经济实力，为创业活动的发生与发展提供了良好的环境，而其他盟市创业环境水平都不如呼包鄂地区。因此，应该从整体上改善内蒙古地区的创业环境，吸引更多创业者参与创业活动，提升创业活跃度，进而提升各盟市的创业水平，推动各盟市的经济发展。

表7-3　2016年度中国100城市创新创业环境总排名

排名	城市名称	所在省份	2016年得分
1	北京市	直辖市	100
2	上海市	直辖市	83.31
3	深圳市	广东省	73.09
4	广州市	广东省	65.38
22	贵阳市	贵州省	48.00
49	石家庄市	河北省	41.28
56	乌鲁木齐市	新疆维吾尔自治区	39.44
62	呼和浩特市	内蒙古自治区	38.64
66	包头市	内蒙古自治区	38.14
67	南宁市	广西壮族自治区	37.86
83	鄂尔多斯市	内蒙古自治区	35.87
100	松原市	吉林省	30.65

资料来源：清华大学启迪创新研究院.2017中国城市创新创业环境评价研究报告，2017（11）.

赵英、王文丽2015年发表的《基于综合指数法的创业环境评价研究——以内蒙古12盟市为例》一文指出，在内蒙古自治区12个盟市中，呼和浩特市创业环境水平最好，该市在政府支持和科教环境方面明显高于其他盟市。相对而言，呼和浩特市的经济环境、基础设施、人文环境指数不高，制约了其创业环境水平的进一步提高。

鄂尔多斯和包头的创业环境与呼和浩特相比还有一定差距。鄂尔多斯的一级指标经济环境和基础设施指数较高，居全区第一。相对而言，鄂尔多斯的政府支持、科教环境、人文环境指数不高，制约了其创业环境水平的进一步提高。包头的人文环境指数较高，居全区第一。相对而言，包头的政府支持、经济环境、科教环境、基础设施指数不高，制约了其创业环境水平的进一步提高。

内蒙古自治区其他9盟市的各指标发展水平都不高。蒙东包括呼伦贝尔、兴安盟、通辽、赤峰、锡林郭勒盟，位于内蒙古自治区东北部，因其与东北三省毗邻，可抓住振兴东北等老工业基地战略的机遇，加上蒙东地区拥有富集的矿产资源、绿色农畜产品加工基地、独特的旅游资源，创业活动呈现出良好的发展态势，但科教环境、人文环境和基础设施建设方面较为落后，创业活动受到限制。蒙西包括呼包鄂和阿拉善盟、乌海、巴彦淖尔、乌兰察布，除呼包鄂"金三角"以外，其他4个盟市的创业环境指标发展水平均较低，主要表现在政府扶持力度、教育环境、交通基础设施和文化建设等方面。4个盟市因环境条件和依托资源不同，限制创业活动的条件也不尽相同。阿拉善以发展畜牧业为主，但人口较少，购买力不足，交通也不发达；乌海依煤而建，是重要的焦煤产地，但也面临工业经济层次低、机构不合理的局面;巴彦淖尔拥有丰富的农畜产品资源和矿产资源,但工业化起步较晚,产业结构单一,产业链短;乌兰察布由于经济基础薄弱,资源禀赋较差,多数指标水平较差,经济较为落后。可见,蒙西地区由于基础设施建设缓慢、招商引资力度不足、资源开发和利用水平低,限制了创业活动的开展。

第三节 创业政策梳理与完善建议

一、国家部委层面出台与创业拉动就业相关政策梳理

2007年8月30日第十届全国人民代表大会常务委员会第二十九次会议通过的《中华人民共和国就业促进法》是指导我国就业促进工作的纲领性法律,是就业促进工作法制化的标志,同时也是进一步建立和健全就业促进相关法律法规体系的基础和依据。随后,2008年9月国务院办公厅转发了人力资源和社会保障部等部门《关于促进以创业带动就业工作指导意见的通知》,这标志着各部委联合推进以创业拉动就业的扩大化就业政策切实地进入到实践运行阶段。2012年1月国务院同意人力资源和社会保障部、发展改革委、教育部、工业和信息化部、财政部、农业部、商务部制定了《促进就业规划(2011~2015年)》,并将该规划推广到各省、自治区、直辖市人民政府,国务院各部委、各直属机构予以实施。在该规划中同样将促进以创业带动就业作为就业促进工作的主要任务,并提出了一系列的实施措施以保证该项工作的有序进行。通过梳理2008~2015年就业促进的相关法律政策文本我们可以发现(见表7-4),国家将创业作为拉动就业的重要战略工具。

表7-4 2008~2015年就业促进的相关法律政策梳理

政策名称	政策文号
国务院关于做好促进就业工作的通知	国发〔2008〕5号
国务院办公厅转发人力资源和社会保障部等关于促进以创业带动就业工作指导意见的通知	国办发〔2008〕111号
关于推动建立以创业带动就业的创业型城市的通知	人社部发〔2008〕87号
共青团中央、国家开发银行关于深化实施"中国青年创业小额贷款项目"的通知	中青联发〔2009〕8号
关于开展全国女大学生创业导师行动的通知	2009年3月18日
中共中央组织部、人力资源和社会保障部、教育部、财政部、农业部、卫生部、国务院扶贫开发领导小组办公室、共青团中央关于做好2009年高校毕业生"三支一扶"计划实施工作的通知 关于加强创业项目库建设有关问题的通知	人社部发〔2009〕39号 人社厅发〔2009〕110号

续表

政策名称	政策文号
国务院关于进一步促进中小企业发展的若干意见	国发〔2009〕36号
关于印发实施中国留学人员回国创业启动支持计划意见的通知	人社部发〔2009〕112号
教育部关于做好2010年普通高等学校毕业生就业工作的通知	教学〔2009〕15号
关于完善小额担保贷款财政贴息政策推动妇女创业就业工作的通知	财金〔2009〕72号
关于实施2010年高校毕业生就业推进行动大力促进高校毕业生就业的通知	人社部发〔2010〕25号
人力资源和社会保障部关于实施大学生创业引领计划的通知	人社部发〔2010〕31号
国务院关于加强职业培训促进就业的意见	国发〔2010〕36号
关于实施"女大学生创业扶持行动"的通知	2010年11月5日
教育部关于做好2012年全国普通高等学校毕业生就业工作的通知	教学〔2011〕12号
关于加强高校毕业生职业培训促进就业的通知	人社部发〔2012〕20号
关于推进创业孵化基地建设进一步落实创业帮扶政策的通知	人社部函〔2012〕108号
人力资源和社会保障部关于做好2013年全国高校毕业生就业工作的通知	人社部函〔2013〕1号
人力资源和社会保障部关于做好2014年全国高校毕业生就业工作的通知	人社部函〔2014〕24号
国务院办公厅关于做好2014年全国普通高等学校毕业生就业创业工作的通知	国办发〔2014〕22号
人力资源和社会保障部等九部门关于实施大学生创业引领计划的通知	人社部发〔2014〕38号
国家税务总局 财政部 人力资源和社会保障部 教育部 民政部关于支持和促进重点群体创业就业有关税收政策具体实施问题的公告	国家税务总局公告2014年第34号
人力资源和社会保障部办公厅关于进一步加强高校毕业生就业创业政策宣传工作的通知	人社厅函〔2014〕312号
财政部 国家税务总局 人力资源 社会保障部关于继续实施支持和促进重点群体创业就业有关税收政策的通知	财税〔2014〕39号
教育部关于做好2015年全国普通高等学校毕业生就业创业工作的通知	教学〔2014〕15号
人力资源 社会保障部关于做好2015年全国高校毕业生就业创业工作的通知	人社部函〔2015〕21号
关于支持和促进重点群体创业就业税收政策有关问题的补充通知	财税〔2015〕18号
国务院办公厅关于发展众创空间推进大众创新创业的指导意见	国办发〔2015〕9号
国务院关于进一步做好新形势下就业创业工作的意见	国发〔2015〕23号
国务院关于大力推进大众创业万众创新若干政策措施的意见	国发〔2015〕32号

资料来源:根据国务院办公厅、人力资源和社会保障部、教育部等部委网站收集的政策文件整理。

二、创业政策分类与作用

白彬、张再生 2016 年发表的《基于政策工具视角的以创业拉动就业政策分析》一文指出:创业拉动就业政策内容中多涉及供给型政策工具和环境型政策工具,需求型政策工具缺失(见图 7-1)。

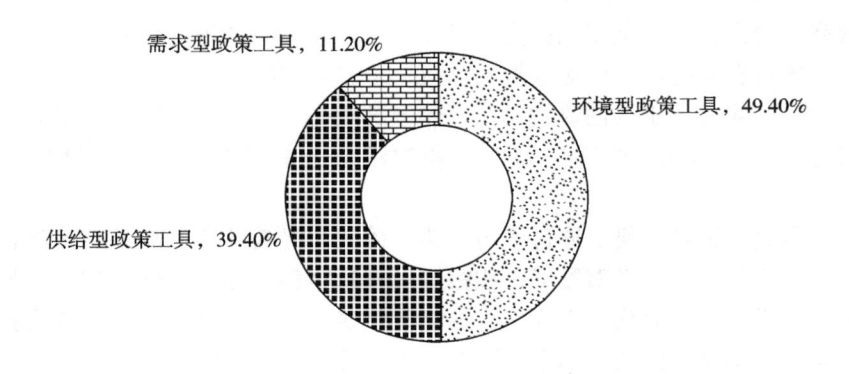

图 7-1 基本政策工具类型比例示意图

(需求型政策工具,11.20%;环境型政策工具,49.40%;供给型政策工具,39.40%)

供给型政策工具是指政府通过提供创业活动所需的相关要素,如资金、信息、技术等,直接推动创业主体实施创业。根据创业活动所需要素的不同,供给型政策工具可具体分为创业教育、创业人员技能培训、创业资金支持、创业技术支持及完善创业基础设施这 5 个基本政策工具。环境型政策工具则是通过优化创业环境从而间接地推进创业拉动就业的战略部署。其具体可分为目标规划、金融支持、税收优惠、公共服务支持、策略性措施。

目前我国的就业压力较大,以创业带动就业已经成为缓解我国就业压力的一项重要举措,因此,加快推进创新创业成为了我国实施扩大发展战略的首要路径选择。在这样的政策背景下,我国自 2008 年以来相继出台了诸多供给型的政策工具,实际上是旨在推动创新创业的健康有序进行。加强创业教育、强化创业人员技能培训、增加创业资金投入比例、扩大创业技术支持、不断完善创业基础设施建设成为了政府主动推进创业拉动就业战略的主要措施。但是,从有关统计数据来看,相对于其他供给型政策工具而言,政府在创业技术支持力度方面还比较薄弱。创业主体如若缺乏持续稳定的技术支持,不仅很难实现技术创新上的突破,而且直接会影响到创业的成功,因此,相关各级政府应加强创业技术支持的力度,确保创业成功率的提升,以带动就业的增长。

除了运用供给型政策工具以外,营造良好的创业环境从而带动就业增长也是政策关注的重点,但是在环境型政策工具中,缺乏以创业拉动就业战略实施的中长期目标规划,这也就解释了为什么策略性措施在环境型政策工具中运用较多。虽然我国目前出台了《中华人民共和国就业促进法》和《促进就业规划(2011~2015年)》以作为就业促进的纲领性文件,在一定程度上可以引导以创业拉动就业战略的实施,但是实施以创业拉动就业战略的具体目标规划缺失,势必会造成该项工作难以系统化、分阶段、分步骤地逐步推进和有效实施。

策略性的措施大多是短期行为,是相关制度缺失的体现,虽然这些策略性措施也可以体现出政府推进创业发展的动机,但是短期行为很难保证该项工作持续稳定地运行,同时由于以创业拉动就业制度的缺失,创业者也很难享受到制度红利带来的收益。据此,抓紧出台以创业拉动就业的目标规划和制度体系意义重大。

需求型政策工具主要是通过政府采购、外包、经营壁垒和海外交流等措施来减少市场的不稳定性。毋庸置疑,积极开发并稳定创新创业主体的市场,推动创业企业创新成果的产业化、市场化、国际化,对于创业主体发展会产生直接的效应。然而,在促进创业的政策工具中,需求型政策工具严重缺失,仅仅只有11.2%的政策工具关注到了该方面(见图7-1)。因此,加强需求型政策的制定应该成为未来政府出台相关政策的侧重点。同时,现有的需求型政策工具中大部分适合减少经营性壁垒相关的政策,政府采购、外包和海外交流的政策工具几乎空白。据此,在未来政策制定和优化的过程中,应重点在这些政策空间方面给予关注并逐步调整完善。

三、内蒙古自治区创业就业政策实施

近几年来,为加快构建有利于大众创业、万众创新蓬勃发展的政策环境、制度环境和公共服务体系,内蒙古自治区政府出台了《关于大力推进大众创业万众创新若干政策措施的实施意见》(以下简称《意见》),这是推动大众创业、万众创新的系统性、普惠性政策。

(一)在商事制度改革方面

1. 完善公平竞争市场环境

深化行政审批制度改革,在全区全面开展权力清单、责任清单编制公布工作。推进投资项目审批制度改革,落实企业投资项目网上并联核准制度,加快建设投资项目在线审批监管平台。清理规范涉企收费项目,再取消和降低一批行政事业性收费及标准,制定公布涉企收费目录清单,做到清单之外无收费。加快自治区公共信用信息平台建设,加强企业信用信息公示系统、金融业征信平台等信用信息平台与公共信用信息平台的资源整合和信息共享。建立完善"红、黑名单"制度,规范企业信用信息发布制度,把创业主体信用与市场准入、享受优惠政策挂钩,完善以信用管理为基础的创业创新监管模式。按照国家实行市场准入负面清单制度的统一要求，研究制定落实国家负面清单制度的具体措施，确保各类市场主体依法平等进入清单之外领域。

2. 加快推进商事制度改革

实施营业执照、组织机构代码证、税务登记证"三证合一""一照一码"，进一步完善"一个窗口"制度和"先照后证"制度。积极推动企业设立、变更、注销等登记业务全程电子化，逐步实现"三证合一"网上办理。

3. 加强知识产权运用与保护

加强专利执法、商标执法和版权执法，集中查处一批侵犯知识产权的案件。推进知识产权交易与运营，加快建立全区知识产权运营公共服务平台，推动基于互联网的研究开发、技术转移、检测认证、知识产权与标准、科技咨询等服务平台建设，培育一批知识产权运营机构。在创新企业中贯彻落实《企业知识产权管理规范》，引导企业建立知识产权管理体系，促进品牌、技术创新，提升企业核心竞争力。

（二）在财税支持方面

1. 加大财政资金支持和统筹力度

《意见》明确各级财政要根据创业创新需要，统筹安排各类支持小微企业和创业创新的资金，加大对创业创新的支持力度。支持有条件的盟市、开发区、孵化器和产业园区设立创业创新基金，扶持创业创新发展。鼓励各地区对创业基地、众创空间等孵化机构在办公用房、用水、用能、网络等软硬件设施给予优惠或补贴，减轻创业者负担。发挥政府采购支持作用，通过预留采购预算制度、给予评审优惠和信用担保贷款等方式，积极促进中小微企业发展，把政府采购与支持创业发展紧密结合起来。来自内蒙古自治区人民政府网2018年1月的数据显示，2017年内蒙古自治区共发放创业担保贷款18.2亿元，扶持3.7万人成功创业，创业带动就业12.2万人。

2. 加快完善普惠性税收措施

认真研究中关村国家自主创新示范区税收试点政策，抓紧落实企业转增股本分期缴纳个人所得税、股权奖励分期缴纳个人所得税等已推广至全国的试点政策。对国家和自治区出台的扶持小微企业、科技企业孵化器、大学科技园、众创空间、创业投资企业以及促进高校毕业生、残疾人、退役军人、登记失业人员创业就业等税收优惠政策进行全面系统梳理，制定公布国家和自治区创业创新税收优惠政策目录，确保各项优惠政策落到实处。

（三）在教育和培训方面

创新创业，人才是关键。把留住人才放在创业创新人才队伍建设的优先位置，完善人才激励机制，鼓励高校、科研院所和国有企业强化对科技、管理人才的激励,将自治区高校和科研院所成果转化所获收益用于奖励科研负责人、骨干技术人员等重要贡献人员和团队的比例提高到不低于70%。深入实施大学生创业引领计划,自治区各高校要设置合理的创业创新学分,探索将学生开展创新实验、发表论文、获得专利和自主创业等情况折算为学分,建立创业创新档案和成绩单。实施弹性学制,放宽学生修业年限,允许在校大学生调整学业进程,保留学籍休学创业。鼓励高校设立创业创新奖学金,表彰优秀创业创新大学生。扩大高校毕业生创业发展资金规模,逐步提高高校毕业生创业补助标准。在国外接受高等教育的留学回国人员,凭教育部国外学历学位认证,比照国内高校毕业生享受就业创业优惠政策。

四、创业就业相关政策完善建议

(一)完善以创业拉动就业相关法律制度的建设

事实上,以创业拉动就业制度的构建离不开法治的引导和规范。政策法规的制定是以创业拉动就业政策制度的顶层设计,同时也为创业带动就业工作的有序推进和实施提供了法律依据和政策保障,是依法治国的治国理念在创业和就业领域的重要体现。抓紧完善相关法律法规,就是要加强以创业拉动就业相关法律法规的建设。同时,现有的政策出台主体各自为政,致使现有政策碎片化现象严重,各政策之间有机协作性差。创业拉动就业过程中面临着机制障碍和制度缺失,这会造成该项工作在推进时缺乏统一的运行机制和有效的保障机制。因此,加强创业拉动就业协同性机制以及制度的建设和创新是推动该项工作科学化、专业化、高效化进行的基础和保障。

(二)全面运用综合性的政策工具

创业拉动就业协同化机制和制度的构建需要全面运用综合性的政策工具。然而,目前我国创业拉动就业政策体系中供给型和环境型的政策工具使用较多,需求型的政策工具严重缺失,且在供给型政策工具中,创业教育、创业人员技能培训、创业资金投入、完善创业基础设施建设成为了政府主动推进创业拉动就业战略的主要措施,创业主体的技术支持相对较少。另外,现有的技术支持多倾向于技术发明和技术创新,而较少关注如何将这些技术发明和技术创新的成果转化为产业企业发展的原动力。因此,未来政府应加强对创业主体技术上的支持,增加技术发明和技术创新成果产业化的扶持政策在整个创业拉动就业政策体系中的比重。

除此之外,还应抓紧出台创业拉动就业工作的目标规划,形成创业拉动就业的具体实施,以确保该项工作可以分阶段、分步骤地有序实施。与此同时,政府应重视需求型的政策工具对创业拉动就业工作的带动作用,特别应加强政府采购、外包和海外交流等需求型政策工具的使用,以便于真正发挥需求型政策工具对创业拉动就业工作的带动和激励作用。综上所述，全面运用政策工具，构建创业拉动就业的综合性政策工具包对于消除政策的碎片化以及改变部门各自为政的局面大有裨益，也迫在眉睫。

（三）构建创业拉动就业的动态性公共政策支持体系

创业的经济结构塑造功能非常重要，如果没有成长性的创业型企业，那么国家在就业和财富创造方面的目标依旧不可能实现。在任何一个国家中，成长性的企业提供了大部分的新增岗位。创业企业的成长性和持续发展能力非常重要。然而，创业活动本质上是一个充满不确定性的动态发展过程，创业主体从创业早期阶段发展成为成熟型创业企业会面临许多资源和制度的制约。因此，创业主体在创业的不同发展阶段的政策需求是不同的，这就需要政府与创业主体之间建立一个长效沟通机制来重点关注创业主体在不同的发展阶段所需的政策帮扶要求，并根据创业主体政策需求和创业企业的成长规律建立一个支持创业主体快速、持续成长的动态政策支持体系，以保障政策的适用性、连贯性和系统性。

第八章

创业带动就业的效应研究

党的十九大报告明确提出,就业是最大的民生。要坚持就业优先战略和积极就业政策,实现更高质量和更充分就业。大规模开展职业技能培训,注重解决结构性就业矛盾,鼓励创业带动就业。提供全方位公共就业服务,促进高校毕业生等青年群体、农民工多渠道就业创业。

第八章　创业带动就业的效应研究

第一节　创业与就业的关系

通过"创业带动就业"不仅是增加就业的一项手段，也是我国就业工作的一大亮点。大量新创企业的出现将改变过去以现存企业作为吸纳就业主体的格局，但新创企业与就业之间的关系并非简单的"带动"关系。已有的研究证明，创业对就业的影响存在岗位创造效应、挤出效应与供给方效应。更多新创企业可能增加就业总量，也可能降低就业总量，取决于市场结构、企业创新程度和经济社会背景等诸多外在环境因素。了解现有研究中创业对就业的影响机制和实证研究结果，可以帮助政策制定者更好地制定创业支持政策，提高创业对经济发展的作用。

一、新企业创建对就业的直接效应

传统研究认为，新企业成功进入市场并实现增长时就会直接创造新的就业。这种观点随着研究的深入逐渐被纠正。学者发现，新企业的净工作创造可能并不为正。首先，大多数企业创办伊始规模都较小，在这些新创办企业中仅一小部分产生了实质数量的工作，新企业所贡献的工作仅仅是经济中工作存量的一小部分。Storey 发现，1989 年英国的工作存量仅有 5.5% 来自于那些两年内创建的公司。其次，与市场现存企业相比，新企业失败的可能性更大。许多新企业在开办一段时间后被迫离开市场，因而它们对工作供给的贡献是暂时的。新企业的存活率非常低，成功的新企业要达到现存企业的平均规模也需要多于 10 年的时间。最后，成功的新企业可能对现存企业存在挤出效应（也称为市场选择效应），即新企业挤占现存企业市场份额或迫使现存企业完全退出市场，进而导致工作存量的降低。如果新企业进入使现存企业退出市场，或者新企业是由于现存企业将特定的业务或工作分配给新企业而产生的，那么新企业的工作供给就相对有限。

二、新企业创建对就业的供给方效应

以上所论述的几个方面，无论是新企业直接创造岗位还是挤出现存企业的岗位，都是新企业创建对就业的直接效应。已有的研究也开始考虑新企业创建可能产生的间接效应——供给方效应（也称为溢出效应）。供给方效应来源于新企业创建后对整个市场产生的影响，这样的影响表现在以下四个方面：

第一，新企业进入市场后会提高市场整体效率。新企业进入增强了竞争，为现存企业带来了改进效率的强烈动机。不仅实际的新进入者，还有那些潜在的新进入者，都能促使现存企业的经营更具效率。新企业对现存公司构成了真正的或想象中的竞争威胁，增加了区域性竞争，进而鼓励现存公司改进自身绩效，创造新的工作岗位。

第二，新企业进入后会加速市场结构改变。结构的改变可以通过不同经济单位的转换完成，如新企业进入及现存企业退出。这种情况下，现存企业并不必然经历内部的变化，而是被新进入者取代了，熊彼特提出的"创造性毁灭"概念和马歇尔的比喻——"森林里老树木为了让位给新树木而必须倒下"指的就是这种情况。此外，新企业进入带来的高人员流动率加速了新技术采用和产业的组织创新，从而帮助提高了整个市场的生产力。

第三，新企业进入可以帮助扩张创新。新企业更有可能引入影响整个经济的重大创新，更有可能创造新的市场。在引进创新的过程中，新企业之所以能充当这一显著角色，可能是因为相比寻找创新机会，现有的厂商对提升已有产品的利润更感兴趣。另外，创建新企业似乎是知识商业化唯一可能的机会，或者说是最有希望的机会。Audretsch 和 Thurik 认为，随着规模经济重要性的减弱、世界经济不确定程度的增加，新企业在技术发展中的角色得到加强，进而为创新的引进创造更大的空间。

第四，新企业进入带来了革新。新企业可能会带来更多类型的产品和解决问题的办法。如果新进入企业的产品、项目不同于现存企业，或引进了流程创新，那么新企业将带来更丰富的产品系和更新的解决方案。新企业引进重要产品或流程创新，意味着可能出现更能匹配消费者偏好的产品，进而增加了社会整体福利。从长远看，新企业带来的产品种类和问题解决办法可能会强化劳动力分工，刺激创新，进而对整个经济发展产生显著的推动作用。

三、中国市场环境中"创业带动就业"的实证研究

对中国市场环境中"创业带动就业"的实证研究目前还非常缺乏。已有的部分研究证明，中国市场环境中创业对就业有正向的带动作用。董志强（2012）等运用广东省的面板数据研究了创业活动对失业率的影响，证明自雇创业率可以有效降低失业率。董志强等的研究也发现，自雇创业率对降低失业率有滞后的影响。创业对失业率的影响既有正向的，也有负向的，但总体上降低了失业率。

卢亮、邓汉慧（2014）的研究证明了创业对就业存在正向作用，并且在企业建立后的不同时期，对就业的影响有差异。他们的研究将创业对就业的影响分为创业初期、创业中期和创业末期。其中，创业初期和创业末期可以带动就业，而在创业中期，创业会摧毁就业岗位。张成刚等的研究发现，中国市场环境中创业对就业的带动与 OECD 国家有相似的模式。在新企业创立后的短期（1~2年）、中期（3~8年）和长期（8~10年）三个不同阶段：短期内新建企业对就业的岗位创造效应为正；中期内新建企业产生的挤出效应为负；到新企业建立10年左右，新企业对就业的正向供给方效应就体现出来。也有少数研究认为中国市场环境中创业对带动就业的作用不大。付宏（2010）的结论与上述两个研究相反，

认为创业与就业的"难民效应"明显,而"企业家效应"不明显,即创业降低失业的效果并不明显。

北京师范大学劳动力市场中心在第五届劳动力市场论坛上发布的《2015劳动力市场研究报告》显示,创业带动就业作用日趋明显,而且促进了就业结构优化。报告指出,随着我国经济新常态来临,经济增速的下滑并未削减就业扩大的动力。根据统计局发布的数据,2014年全国城镇新增就业1322万人,同比多增12万人,超额完成1000万人的就业目标,同时城镇登记失业率控制在4.1%的低水平上。2015年上半年城镇新增就业718万人,完成全面目标的71.8%。调查失业率在5.1%左右,就业形势总体稳定。"就业形势总体稳定离不开创业环境的改善。2015年以来,我国每天新增的企业数量将近1万家。众多的创业新型企业为广大劳动者提供了大量的就业岗位。"报告主持人北京师范大学劳动力市场研究中心主任表示。报告认为,创业还促进了就业结构优化。目前,创业活动集中于第三产业,也成为拉动第三产业快速发展的重要动力。特别是随着创新驱动型的创业活动日益活跃,大大加快了我国就业结构转型升级的步伐,围绕着互联网、现代物流、新技术、新业态的劳动力队伍越来越庞大。我国互联网创业就业的总人数已经超过了千万,而物流业作为一个较为典型的劳动密集型产业,据测算,物流业每增加1个百分点,大概增加的就业人数应该在10万人以上。

四、内蒙古自治区创业平台发展带动创业就业分析

(一)孵化平台和众创空间

孵化平台和众创空间是大众创业、万众创新的公共服务平台,是专门支持成果转化和产业化、扶持中小微企业成长的服务机构。建设和发展孵化平台、对于提高自主创新能力、加快培育新兴产业和新的经济增长点、推动内蒙古自治区经济快速发展具有非常重要的意义。

截至目前,内蒙古自治区众创空间总面积超过68万平方米,为创新创业者提供了1.6万多个免费办公席位。众创空间运营服务人员达1800多人,拥有兼职创业导师1900多位,累计服务创业团队和初创企业8200多个。众创空间常驻企业和团队拥有的有效知识产权数量达948个,吸纳就业人员3.3万人,其中吸纳应届大学毕业生7000多人,举办创新创业活动2000多场次。

呼和浩特市的颐高万创、I创筹、聚咖啡、创客星空办得各具特色,展现出较强的活力和吸引力,创客星空和聚咖啡已成功被评选为国家级众创空间。包头市通过政府引导、市场化主导,依托高新区、科研院所、高等院校和企业,培育出了数十家各具特色的众创空间。稀土高新区创业中心众创空间建筑面积2000平方米,创业席位将近百余个,可容纳近40家创业企业。目前,该空间已入驻30家企业,累计带动社会及大学生就业创业1000多人。2016年,鄂尔多斯市伊

金霍洛旗天骄众创园通过"一园八点"、周期化管理等运营模式，已吸纳包括电子商务、文化旅游、无人机研发、3D打印等企业100多家，入驻创客200多人。

（二）"四众"创业市场

"四众"创业市场是内蒙古自治区人力资源和社会保障厅贯彻落实自治区第十次党代会提出的推进大众创业、万众创新，完善创业扶持政策和激励机制，支持创业园区、创新工厂、创客空间等孵化平台建设的重要举措。2017年，内蒙古自治区首家"四众"创业市场在呼和浩特市金桥电子商务产业园揭牌。市场依托呼和浩特市金桥电子商务产业园，以政府为引导、以企业为主导，整合运用众创、众包、众扶、众筹平台，集聚人才、聚项目、聚平台、聚资本、聚企业等集聚效应于一体，为创业者提供全要素市场、全生命周期、全产业链条综合服务，使创业有场所、买卖有平台、运作有项目、整合有机制、管理有规范。

"四众"是指"众创、众包、众扶、众筹"平台，而内蒙古"四众"创业市场就是从满足创业者需求出发，为创业提供全方位服务的平台和载体。通俗地说，一个有创业意愿的创业者，只要带上创业志向和拼搏精神走进这个市场，就可以从这里起步、开启创业之旅。目前，自治区"四众"创业市场有现场支撑的助创实体13个、对接国内路演平台261个，入驻企业242家，引进创业领军人才294人、创业团队146个，直接带动就业2346人，拉动周边地区就业1.2万多人。

（三）创业平台发展中存在的问题

虽然内蒙古自治区各类孵化平台数量不断增加，规模不断扩大，孵化能力不断增强，但在发展和建设的过程中依然存在诸多问题，如融资困难、商业运营模式不成熟、市场机制不健全，人才理念和区外相比差距较大等问题。

目前，许多孵化平台普遍存在着投融资困难和渠道少的问题。大部分在孵的中小微企业和创业项目均处于初创阶段，创业资金大部分来源于创业者的自有资金和渠道，固定资产少，融资渠道困难和欠缺，这从根本上限制了在孵中小微企业培育和发展的速度。

内蒙古自治区孵化平台对企业的服务主要仍局限于场地出租、项目申报、物业管理、培训服务等内容，不能满足为企业提供更深层次服务的需求。虽然孵化平台为中小微初创企业提供了项目资源对接、孵化环境、路演平台、投融资等服务，然而在为企业提供增值服务方面的能力稍弱，对进驻企业在新兴产业培育方面，如专业与产业链对接、技术与市场对接等引导不够，服务于企业的方式、方法单一，主要体现就是产出的优秀毕业企业和优质项目数量少、质量低、高端创客缺乏，主要以"互联网+"电商服务项目为主，领域相对单一。

总之，创业平台发展中存在的问题，充分说明孵化平台工作的重点应该从量的扩张转移到质的提高上，实现由粗放型增长向内涵型增长的转型，而真正实现创业项目从量变到质变，从粗放向内涵型的转变，仅仅依靠双创孵化平台的建设是不够的，需要全社会对创业带动就业达成共识，形成思想和政策上的合力，从依托内蒙古自治区特色产业、龙头企业，提高生产性服务业发展水平，加强人才培养和引进等方面入手，真正实现创业带动就业的良好局面。

第二节 内蒙古自治区创业带动就业的建议

习近平同志说过：就业是民生之本，解决就业问题根本要靠发展，要切实做好以高校毕业生为重点的青年就业工作，加强城镇困难人员、退伍军人、农村转移劳动力就业工作，搞好职业技能培训，完善就业服务体系，缓解结构性失业问题。内蒙古自治区可以结合自身特点，做好创业带动就业工作。

一、注重特色，健全完善创业就业的产业发展机制

（一）拓宽农牧业就业渠道

依托建设绿色农畜产品生产加工输出基地，扶持农畜产品精深加工企业做大做强，不断增强吸纳就业能力。着力推进农牧业产业化经营，积极扶持专业合作经济组织发展，在加快农牧业产业化进程中扩大就业。开展农业技术推广服务特岗计划试点，选拔一批高校毕业生到乡镇担任特岗人员。

（二）以"五大基地"项目为龙头拉动就业

重点围绕清洁能源输出基地、现代煤化工生产示范基地、有色金属生产加工和现代装备制造基地建设及相关产业发展，在实施重大项目时统筹考虑扩大就业问题，积极吸纳当地劳动者就业。制定政策措施，督促项目建设主体履行重大建设项目带动就业的社会责任。在项目可行性论证环节，把吸纳就业作为主要论证内容；在项目实施方案中，有吸纳就业的具体安排；在项目开工建设时，明确吸纳就业的岗位和人数，并做好用工招聘、职业培训等工作；在企业生产运营时，督促企业及时兑现就业承诺并签订劳动合同。

（三）特色服务业促进就业

按照把自治区建成体现草原文化、独具北疆特色的旅游观光、休闲度假基地的要求，着力推出一批精品旅游项目，在景区建设、特色民族餐饮、旅游商品营销等环节扩大就业。

二、突出重点，健全完善不同层次群体创业就业帮扶机制

（一）促进高校毕业生就业

认真落实有关文件精神，积极拓宽就业领域，鼓励各类企业和科研单位吸纳高校毕业生就业。引导国有企业履行社会责任，积极吸纳更多高校毕业生就业。

允许高校毕业生在求职地进行求职登记和失业登记，申领《就业失业登记证》，并纳入当地免费公共就业服务和就业扶持政策范围。建立高校毕业生就业信息服务平台。强化对贫困家庭和就业困难高校毕业生的就业援助。鼓励大中专毕业生到基层和中小企业就业，鼓励自主创业。

（二）推动农牧民转移就业

进一步完善职业培训、就业服务、劳动维权"三位一体"的工作机制，全面落实农牧民工在城镇就业、落户、子女就学、社会保障、权益维护等方面的政策措施，推动农牧民工享受"同城同工同酬"待遇。加强区内外劳务协作，积极开辟劳务市场，提高劳务输出组织化程度。充分发挥旗县、苏木乡镇、嘎查村三级转移就业示范点的作用，着力打造一批特色劳务输出品牌，扩大农村牧区富余劳动力转移就业。

（三）推进就业困难人员就业

规范城镇失业人员、残疾人、失地农牧民等就业困难人员认定程序，建立健全社区就业困难人员和零就业家庭成员重点帮扶、失业人员动态管理、就业回访、岗位储备等制度，及时提供职业介绍、职业培训、职业指导等多样化服务。适度开发公共服务、社会管理等公益性岗位，妥善安置就业困难人员。

（四）做好退役士兵安置就业工作

鼓励退役士兵参加职业教育和技能培训，提高创业就业能力。拓宽退役士兵就业渠道，自谋职业、自主创业的退役士兵，按照有关规定享受税费减免、贷款、户籍管理和创业扶持等优惠政策。政府投资建设项目的管理、维护岗位和扶持建设项目的临时性、辅助性、替代性岗位，优先招录退役士兵。退役大学生士兵参加公务员考录和事业单位公开招聘，享受高校毕业生服务基层人员同等优惠政策。

三、优化服务，健全完善创业就业的公共服务保障机制

（一）加强服务平台建设

自治区出台了关于加强人力资源、社会保障公共服务平台建设的政策文件，明确规定公共服务平台的机构、人员、经费和建设标准。加强苏木乡镇（街道）和嘎查村（社区）公共就业服务平台建设，构建自治区、盟市、旗县（市、区）、苏木乡镇（街道）、嘎查村（社区）五级公共就业服务体系。设立就业和社会保障服务设施建设专项资金，继续推进就业和社会保障服务设施项目建设。整合人才市场和劳动力市场，健全政府提供公共服务、市场主体公平竞争、中介组织规范服务的市场运行机制。

（二）优化就业服务

各级公共就业服务机构针对城乡劳动者求职就业需要，及时收集、发布岗位

信息，提供免费的职业介绍、职业指导、信息交流、能力测评、政策咨询、就业失业登记等服务。组织开展高校毕业生就业服务系列活动、就业援助系列活动、"春风行动"等公共就业服务专项活动，为各类群体提供及时有效的就业服务。

（三）加大资金投入力度

自治区重点实施扶持创业园和创业孵化基地、家庭服务业信息公益性服务平台、职业技能实训基地、基层公共就业服务平台等项目建设，设立实施"创业就业工程"专项奖励补贴资金，建立健全以绩效评价结果为导向的资金分配模式。各地区优化财政支出结构，根据当地就业状况和就业目标，加大创业就业资金投入力度，确保各项资金落实到位。

（四）构建和谐劳动制度

健全完善劳务派遣制度、劳动用工备案制度。健全政府、工会、企业协调劳动关系三方机制，深入开展和谐劳动关系创建活动。加强劳动保障专项执法监察和专项整治，维护劳动者合法权益。加快仲裁机构实体化建设，健全仲裁机构与司法机关的联动机制，加大劳动人事争议案件调处力度。

四、提升能力，健全完善创业就业主体的职业培训机制

（一）优化人才培养模式

大中专院校积极适应自治区产业结构调整对各类高素质专门人才的需求，跟踪分析毕业生就业供求趋势，积极构建"招生—培养—就业"的人才培养模式。推进校企交流，推动产教结合与校企一体办学，专业与工作岗位对接，不断提高人才培养的针对性和适应性。

（二）完善职业培训机制

加大教育培训资源整合力度，鼓励引导社会力量开展职业培训，构建以职业院校、技工学校为主体的多元化职业技能培训体系。整合人力资源和社会保障、教育、民政、农牧业、扶贫等部门以及工会、共青团、妇联、残联等社会团体的职业技能培训专项资金，统筹安排使用，以提高资金使用效率。强化职业技能培训，针对市场用工需求，以"订单式""定向式"和岗前培训为重点，组织开展农畜产品生产、加工、销售技能培训，清洁能源、煤化工、有色金属加工、现代装备制造技能培训。

（三）打造创业培训平台

旗县级以上普遍建立创业实训基地，为创业者提供创业实训平台。加强创业培训师资队伍建设，规范培训行为，提高培训质量。强化创业培训与小额担保贷款、税费减免等扶持政策及创业咨询、创业孵化等服务手段的衔接，提高创业成功率。

第九章

内蒙古自治区劳动力市场发展的重点领域和推进路径

第九章　内蒙古自治区劳动力市场发展的重点领域和推进路径

第一节　内蒙古自治区劳动力市场发展的环境与挑战

一、经济发展

70年来，特别是改革开放以来，内蒙古自治区经济社会发生了翻天覆地的变化，全区综合经济实力、产业结构规模、基础设施建设、对外开放合作和人民生活水平实现了历史性跨越。

（一）综合经济实力实现历史性跨越

70年来，全区生产总值由1947年的仅5.37亿元增加到2016年的18633亿元，居全国第16位，70年增长了642.2倍，年均增速接近两位数，达到了9.8%。全区人均生产总值由1947年的96元增加到2016年的74069元（折合1.12万美元），增长了145倍，年均增长7.5%。全区一般公共预算收入从1947年的9万元增加到2016年的2016.43亿元，增长了224万倍，年均增长23.6%。特别是进入21世纪以来，内蒙古自治区经济实现了"腾飞"，其中2002～2009年全区生产总值增速连续八年"蝉联"全国各省（区、市）第一，被理论界称为"内蒙古现象"。在总量位次上连续超越多个省（区、市），从2000年居全国第24位前移到当前的第16位。

（二）产业结构规模实现历史性跨越

从某种意义上说，一个地区的经济发展过程，实质上是经济结构的演变过程。从自治区成立至改革开放以后的相当长一段时期，内蒙古自治区都是一个落后的农牧业地区。农牧业比重大但生产落后，生产方式主要以靠天吃饭为主，生产水平极其低下，一度粮食不能自给。工业基础弱、总量小、层次低、支柱少，以生产原材料和初级产品为主。大量人口主要居住在农村牧区，第三产业发展滞后，城镇化水平低。70年来，特别是改革开放以来，内蒙古自治区在经济规模迅速扩大的同时，产业结构也在不断优化升级。

三次产业比例由1947年的76.7∶7.1∶16.2演进为2016年的8.8∶48.7∶42.5，产业结构完成了从自治区成立初期的农牧业独大向工业主导型的历史性跨越，三次产业结构由"一三二"的落后状态过渡到了"二三一"的工业化时代状态，呈现出第一产业比重大幅下降、第二产业比重大幅上升、第三产业比重明显提升的发展格局。

与此同时，三次产业规模都迅速壮大，实力不断提升。第一产业增加值由1947年的4.12亿元增加到2015年的1628.65亿元，增长了49.7倍，年均增长5.9%。粮食产量从1947年的仅184.5万吨增加到2016年的2780.25万吨，增长了14.1倍。近年来全区粮食产量屡创新高，已连续4年稳定在550亿斤以上，在西部地区居第二位，在全国各省区中排第十位，已经从粮食的纯调入区成为目前全国13个粮食主产区和6个净调出区之一。全区牲畜存栏连续12年超过1亿头（只），牛奶、羊肉、羊绒产量稳居全国首位，成为全国的绿色农畜产品输出基地。第二产业增加值由1947年的0.38亿元提高到了2016年的9078.87亿元，增长了6818.2倍，年均增速达到了13.6%。其中，工业增加值由1947年的0.37亿元提高到了2016年的7758.24亿元，增长了6148.2倍，年均增速达到了13.5%。形成了以能源、冶金、建材、化工、装备制造、农畜产品加工和高新技术为主的七大优势产业，增加值占规模以上工业增加值比重达到95%以上。全区工业实现了从小到大、从弱到强、从工业化初期阶段向工业化中后期加速推进的历史性跨越，成为拉动全区经济快速发展的主导力量。煤炭产量从1947年的35万吨增加到2016年的84558.88万吨，增长了2415倍，位居全国第一位。发电量从1947年的0.13亿千瓦小时增加到2016年的3949.81千瓦小时，增长了30382.1倍，位居全国第四位，火电装机、风电装机和外送电量均居全国第一。现代煤化工从无到有，煤转油、煤制天然气、煤制乙二醇等产量也都排在全国第一位，成为全国名副其实的能源化工基地。近年来，新兴产业加快发展，稀土产业总产值占全国30%以上；大数据服务器装机能力达到90多万台，居全国第一。第三产业增加值由1947年的0.87亿元提高到了2016年的7925.05亿元，增长了1854.9倍，年均增速达到了11.5%，在吸纳就业人员、方便人民的生产生活、优化产业结构、促进城乡发展方面发挥越来越重要的作用。

2016年，内蒙古自治区城镇化率已达61.2%，高于全国平均水平3.8个百分点，实现了人口结构从农村牧区人口为主向城镇人口为主的历史性转变。

2017年是实实在在的"推动落实年"，无论是自治区十次党代会报告还是自治区"十三五"规划，以及国家的一系列政策部署，都需要在这一年撸起袖子加油干，齐心协力把宏伟蓝图变为美好现实。全区生产总值增长7.5%左右，固定资产投资增长12%左右，社会消费品零售总额增长10%左右，城乡居民收入分别增长8.5%左右和8%左右。具体从外部环境及区内的条件要素分析。

首先，从外部发展环境看，2017年全区面临着不少新的良好机遇。一是从技术支撑看，当前全国"智能"制造发展迅速，一些制造业取得了技术上的重大突破，为我区的节能降耗、信息产业发展等提供了新的机遇。在"中国制造2025"强国战略的引领下，我国的制造业特别是"智能"制造业已经成为全球制造业新的竞争焦点，如新能源客车、光缆光纤、芯片材料等技术和产业均取得了重大突破，这些也为我区的节能降耗、信息产业发展等提供了新的机遇和条件。二是从改革成果看，供给侧结构性改革正进一步深化并初见成效。在国家层

第九章 内蒙古自治区劳动力市场发展的重点领域和推进路径

面,经过一年的持续推进,全国供给侧结构性改革已初见成效,如煤炭、钢铁等去产能任务顺利推进;交通物流搭乘着智能化的快车,更为便捷,成本不断降低;补短板各项工作也在有序进行,这些都为全区将供给侧结构性改革推向深化创造了良好的外部环境。

其次,从区内的条件和要素分析,也有不少积极的支撑因素。一是一些重要事件及新的经济发展思路将为我区发展营造出良好的发展环境和提供新的遵循。2017年我区迎来一些重要事件,如召开党的十九大、自治区成立70周年,同时还是自治区全面贯彻落实第十次党代会精神的开局之年等,这些重要事件给全区发展营造出积极良好的环境和条件。从新的经济发展思路看,2017年是推进供给侧结构性改革的深化之年,也是将稳中求进工作总基调确立为治国理政重要原则的一年,这些新的发展思路也为全区经济实现新一轮改革发展提供新的指导和遵循。二是工业化、信息化、新型城镇化、农业现代化和绿色化"五化"的相互推进,是经济2017年平稳发展的坚实基础。随着产业结构调整和消费结构升级进一步加快,为全面提升产业分工、优化经济结构带来了机遇。"一带一路"倡议为发展壮大特色优势产业创造了良好的政策环境。三是政策环境的改善将有利于促进投资稳定增长。2017年,自治区抓住国家支持基础设施建设、大数据综合实验区建设的重大机遇,积极争取国家的支持。例如,京新高速临白段全线贯通为我区西部相关盟市发展带来新的机遇。2016年9月底,全长930公里,位于内蒙古自治区西部的京新高速临白段全线贯通。京新高速公路的建成,将成为北京连接内蒙古自治区西北部、甘肃省北部和新疆维吾尔自治区最为便捷的公路通道。京新高速贯通后,将对"一带一路"倡议和"西部大开发"战略的深入实施,推进内蒙古自治区及新疆维吾尔自治区的跨越发展,促进中蒙经济文化往来,巩固边防、维护民族团结和社会稳定具有极其重要的意义。同时,京新高速临白段的全线贯通也将从根本上改变阿拉善长期处于国家干线公路网"死角"和"末梢"的局面,成为阿拉善融入"一带一路"倡议和"向北开放"战略的重要保障,为这片土地带来开放发展的新机遇。

二、政治制度和政策

政策是公共行政活动基本内容和方向的体现,同时也是公共行政本质的反映。在培育与规范内蒙古自治区劳动力市场方面,内蒙古自治区政府相继出台了各项政策。

(一)人力资本投资方面

2017年,为加快推进全区教育现代化,依据《国家中长期教育改革和发展规划纲要(2010~2020年)》《国家教育事业发展第十三个五年规划》和

《内蒙古自治区国民经济和社会发展第十三个五年规划纲要》《内蒙古自治区中长期教育改革和发展规划纲要（2010~2020年）》，制定了《内蒙古自治区"十三五"教育事业发展规划》。

内蒙古自治区政府按照《国家教育改革和发展规划纲要》提出的"优先发展、育人为本、改革创新、促进公平、提高质量"20字方针，编制了《自治区教育改革和发展规划纲要》（以下简称《纲要》），内容包括8个方面的发展任务、5个方面的改革任务和6个方面的保障措施。《纲要》着眼于教育改革发展全局和人民群众关心的突出问题，以加强薄弱环节和关键领域为重点，提出了9项重大改革项目和8项重大发展工程，提出了内蒙古自治区"到2020年基本实现教育现代化，各级各类教育协调发展，教育水平和教育质量明显提高，进入人力资源强省区市行列"的战略目标。要继续巩固基础教育，在3年内实现12年免费教育；切实加强职业教育，培养各类职业技术人才，满足自治区经济社会发展的需求；稳定高等教育规模，更加注重提高教育教学质量；结合内蒙古自治区实际稳步推进学前教育，促进教育全面可持续发展；要加强高校学生思想政治工作，加强高校基层组织建设，保证高校的稳定发展。

（二）大学生就业方面

为了解决大学生就业难的问题，内蒙古自治区出台了相关的政策，包括基础性政策、鼓励性政策和就业服务政策。

首先，自治区主动适应经济发展新常态，会同有关部门结合产业转型升级、创新驱动发展，大力发展新兴产业、现代服务业、小微企业特别是创新型企业，推动小微企业创造更多岗位吸纳高校毕业生就业。例如，2013年内蒙古自治区人民政府制定了《内蒙古自治区鼓励和支持非公有制经济加快发展若干规定（试行）》，从放宽准入条件、强化金融服务、加大财政支持、实行税收优惠、完善价格收费政策、加强土地矿产要素保障、优化政务服务环境七个方面鼓励和支持非公有制经济加快发展。

其次，为鼓励更多的中小企业和非公有制企业吸纳大学毕业生，自治区有关部门提供了许多便利条件和对应服务，如对于接纳已登记大学毕业生的劳动密集型小企业，只要吸纳人数达到政策规定的比例，便可以按规定享受最高额度为200万元的小额担保贷款；企业每录用一名毕业两年以内的自治区籍高校毕业生，并与之签订1年以上劳动合同且按规定缴纳社会保险费的，由企业所在旗县（市、区）人民政府一次性给予上岗培训补贴2000元。同时，为了减少毕业生到这两类企业就业的制度障碍，自治区政府还专门为毕业生提供人事代理、档案管理、职称评定、社会保险办理等就业服务。2015年，自治区为探索建立储备与就业相互联系贯通的中小企业吸收就业模式，还启动并实施了

"高校毕业生中小企业万人储备行动"。另外，为了鼓励高校毕业生到基层就业，自治区实施了六项服务基层项目，如"三支一扶"计划、大学生村官计划、志愿服务西部计划、特岗教师计划、社区民生工作志愿服务计划和中小企业人才储备计划。2009年以来，自治区已有7万多名高校毕业生投身服务基层项目。

最后，自治区政府不断完善就业服务政策，为大学生就业提供各种帮扶。例如，采取多种方式，为高校毕业生提供各种就业信息和就业指导服务，为毕业生办理人事档案和户口提供便利政策；为鼓励大学生自主创业，提供市场准入条件和放宽经营场所、减免税费并提供小额担保贷款；在创业服务方面，自主创业的高校毕业生可以免费享受由公共就业人才服务机构提供的政策咨询、信息服务、项目开发、风险评估、开业指导、融资服务、跟踪服务等"一条龙"创业服务。

（三）就业困难群体方面

内蒙古自治区政府先后修订了《内蒙古自治区实施〈中华人民共和国残疾人保障法〉办法》《内蒙古自治区按比例安排残疾人就业办法》《内蒙古自治区无障碍建设管理办法》，自治区残联与自治区高级人民法院印发了《关于做好残疾人法律救助服务工作切实维护残疾人合法权益的意见》，为维护残疾人合法权益提供了政策和法律保障。筹备开通自治区"12385残疾人服务热线"，全区建成各级残疾人法律救助工作协调机构41个、盟市级法律救助站12个、旗县级法律援助工作站89个，残疾人法律救助工作明显增强。内蒙古自治区政府出台了《内蒙古自治区贫困残疾人家庭无障碍改造实施办法》，全面实施残疾人家庭无障碍改造项目，积极推进公共场所无障碍建设，残疾人合法权益得到基本保障。

三、区域发展状况

（一）内蒙古经济区域的划分

内蒙古自治区位于中国的北部边疆，由东北向西南斜伸，呈狭长形。全区总面积118.3万平方公里，占中国土地面积的12.3%，是仅次于新疆维吾尔自治区、西藏自治区的中国第三大省区。跨越我国的东北、华北、西北地区，北部同蒙古国和俄罗斯联邦接壤。内蒙古自治区首府呼和浩特市，现辖9个地级市和3个盟：呼和浩特市、包头市、鄂尔多斯市、乌兰察布市、乌海市、巴彦淖尔市、呼伦贝尔市、通辽市、赤峰市、锡林郭勒盟、兴安盟、阿拉善盟，其下又辖12个县级市、17县、49旗、3自治旗。

关于内蒙古自治区经济区域的划分目前没有统一的分法，在西部大开发之前内蒙古自治区主要表现出东西差异，东西分法较多；随着西部大开发和振兴东北老工业基地的推进、中部地区的崛起,把内蒙古分为东、中、西三区域的较多(王芳、宋玉祥等,2012;常逸,2014;布仁门德,2016)。本书参考前人的分法,结合内蒙古自治区空间地理位置把内蒙古自治区划分为东、中、西三个经济区域,其中蒙东地区包括呼伦贝尔市、兴安盟、通辽市、锡林郭勒盟、赤峰市,蒙中地区包括呼和浩特市、包头市、鄂尔多斯市、乌兰察布市,蒙西地区包括巴彦淖尔市、乌海市、阿拉善盟。

西部大开发以来,内蒙古自治区经济进入了快速增长期,经济发展取得了显著的成绩。据内蒙古统计年报公布,2016年全区实现地区生产总值18632.6亿元,按可比价格计算,比上年增长7.2%。其中,第一产业增加值为1628.7亿元,增长3.0%;第二产业增加值为9078.9亿元,增长6.9%;第三产业增加值为7925.1亿元,增长8.3%;三次产业比例为8.8∶48.7∶42.5。第一、第二、第三产业对生产总值增长的贡献率分别为3.8%、49.0%和47.2%。人均生产总值达到74069元,比上年增长6.9%,按年均汇率计算折合为11151美元。

(二)内蒙古自治区区域发展状况

1. 区域经济差异明显

由图9-1、图9-2可知,2016年内蒙古自治区各盟市GDP总量排名依次为鄂尔多斯市、包头市、呼和浩特市、通辽市、赤峰市、呼伦贝尔市、锡林郭勒盟、乌兰察布市、巴彦淖尔市、乌海市、兴安盟、阿拉善盟,其中中部地区盟市比较靠前,最高为鄂尔多斯市的4417.93亿元,西部地区盟市排名比较靠后,最低为阿拉善盟的342.32亿元,鄂尔多斯GDP是阿拉善盟的12.91倍。人均GDP总体上还是中部处于较高水平,除乌兰察布市外,中部地区地市处于较高水平;西部地区阿拉善盟和乌海市人均GDP也处于10万元之下;东部地区除锡林郭勒盟较高之外,其他盟市都较低,其中兴安盟最低,为32649元。

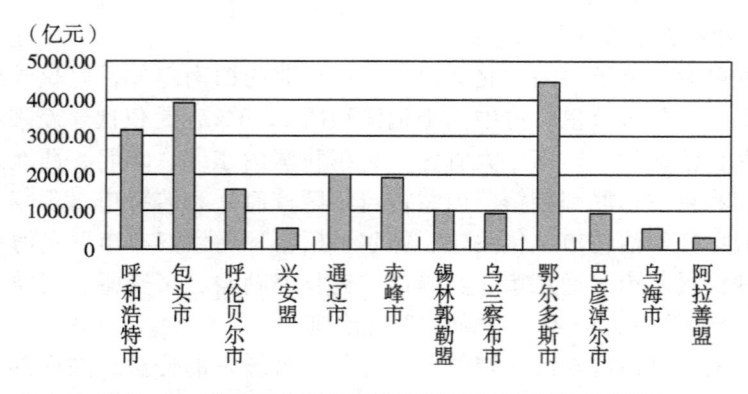

图9-1 2016年内蒙古自治区国内生产总值(GDP)

第九章　内蒙古自治区劳动力市场发展的重点领域和推进路径

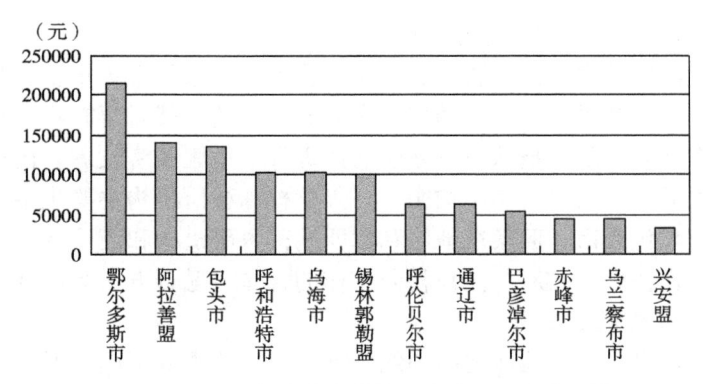

图 9-2　2016 年内蒙古自治区人均国内生产总值

由此可以看出，内蒙古自治区的经济发展取得了显著的成绩，但是在长期的非均衡发展过程中，内蒙古自治区的区域发展不均衡现象突出，区域经济差异和城乡差异表现明显，不协调现象严重，这些都制约了内蒙古自治区全面发展水平的提高。

2. 各地区资源分布不均衡

内蒙古自治区大型企业主要集中在呼包鄂地区，有 27 家，而蒙东地区总共有 16 家。由于各地区间自然资源禀赋不同，每个地区都形成了优势特色产业。例如，蒙中地区的包头市以钢铁产业为主，鄂尔多斯市以煤炭和羊绒产业为特色产业，为本地区区域经济的发展起到了重要的作用。蒙东地区中呼伦贝尔地区形成了乳制品产业群，通辽、赤峰地区牛羊肉产品加工产业具有了一定的规模。东部地区农牧业、林业占较大的比重，由于农牧林产品的生产结构单一，加工产业链较短，缺乏产品创新竞争力。在产业结构上，除了蒙中地区第三产业超过第一、第二产业之外，蒙东与蒙西地区都是第二产业比重较大，而东部和西部地区第三产业与第二产业之间还有一定的差距（见图 9-3）。西部第二产业比重过大，在全国产能过剩的背景下，去产能是西部必须面临的问题，产业结构转型也亟待解决。

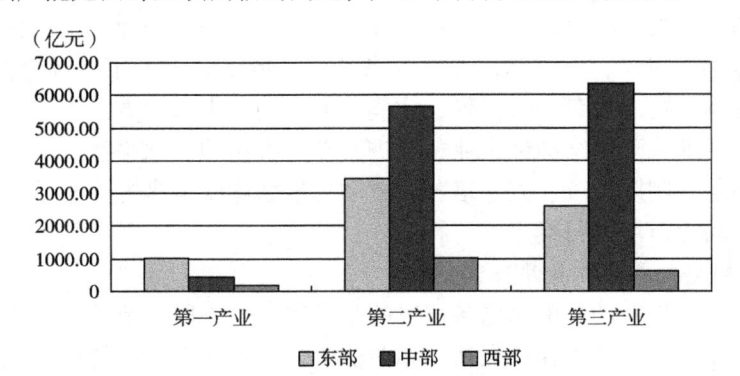

图 9-3　2016 年内蒙古各区域产业结构

3. 各区域间科研环境和基础不同

在区域经济发展中，人才资源和科研设施等科研条件至关重要，是地区科技进步的主要推动力和提高生产力的核心资源。经济的发展需要有高素质的科技人才，只有拥有高素质的科技队伍，才能快速提升本地区经济发展。内蒙古自治区人才资源方面的科技资源分布不均衡，高等学校和科研机构主要集中在蒙中地区的呼和浩特市和包头市，而蒙东地区和蒙西地区科研机构和高校等科研条件及环境相对弱一些，在地方政府与高校科研工作的合作与融合方面有待进一步发展。

4. 各地区投资经济不同

由于内蒙古自治区各地区之间的经济基础和自然资源不同，近几年在吸引投资方面也有了明显的差异。近年来，蒙中地区的呼包鄂依托优越的科研条件和经济发展形势吸引了越来越多的投资者，固定资产投资占全区的52.3%，而蒙东地区固定资产投资占32.9%，其他盟市固定资产投资占十二盟市的14.8%。因此，从吸引投资的角度来看，蒙中地区明显高于其他地区，吸收大量的固定资产投资，为改善硬件设备、增强本地区的社会生产力、提高生产效率奠定了坚实的基础。

第二节　内蒙古自治区劳动力市场发展的重点领域

劳动力市场是劳动力要素的交换场所，是劳动力供求双方满足各自需求成功完成对接和交换的地方。因此，劳动力市场的健康发展对于市场经济体制的建立以及市场化就业机制的完成至关重要。

一、建立统一的劳动力市场，提高劳动力配置效率

改革开放以来，内蒙古自治区劳动力市场从无到有，发生了巨大变化，但劳动力市场分割依然是内蒙古自治区乃至全国劳动力市场的一个明显特征。二元经济背景下的劳动力市场分割，在一定程度上加剧了结构性失业，而且由于劳动力供求双方信息不完整、不对称，大大提高了搜寻成本，降低了劳动力配置效率。因此，只有建立统一的劳动力市场，才能降低劳动力供求双方的搜寻成本，提高劳动力配置效率，降低结构性失业，促进劳动力市场的供求平衡。为此，政府必须从法律制定、制度改革、人才培养、劳动力市场建设等多方面着手，才能完成建立统一劳动力市场的目标。

（一）制定完善的相关法律法规

劳动力市场是劳动力资源储备配置的基础和主要手段，劳动力供求双方通过劳动力市场作出双向的选择和交换，相关法律法规是保障交换得以顺利实现的根本。改革开放以来，我国颁布并实施了一系列和劳动力市场运行相关的法律法

规，如《企业和公司法》《工会法》《劳动法》《劳动合同法》《劳动力市场管理规定》等，这些法律法规的实施对于劳动力市场的建设起到了至关重要的作用。但是，由于理论上的认识和实践上的操作还有很多问题没有解决，一些制度和条例还不够全面、系统，距离建立起合理公正的劳动力市场还有一段距离，因此，各项法律法规都有待进一步完善和补充。

从法律角度看，现行户籍制度剥夺了农民的很多权利，农民工和城市员工在工资待遇、社会福利、社会保障等多方面存在较大差距，"同工不同酬"现象依然存在。用人单位通常通过压低工资水平或者不承担外来农民工其他福利保障支出，进而获得比雇用城市本地的劳动力更高的利润，这不仅侵害了农民工的合法权益，而且加剧了城市劳动力的就业难度，客观上成为一体化劳动力市场的主要障碍。现阶段我国户籍制度改革很难一步到位，农民工和城市员工的身份差别还将在一定时期内存在，在此情况下如何通过相关劳动立法，保护在城市工作的农民工的合法利益不受损坏就显得尤为重要。

政府应该在继续完善现有各项法律法规的基础上，出台相关法规重点保障农民工的合法利益。一是要完成农民工特殊群体的社会保障，如养老保险、大病保险、工伤保险等；二是要着力解决农民工在城市的住房、教育和卫生方面受到的不公正待遇。只有这样，才能降低农民工在城市生活的成本，扩大他们在城市的生活空间和发展空间，下降其流动性，进而逐渐建立起稳定的、熟练的农民工队伍，使其成为城镇劳动力供给的非常重要的组成部分，补充未来城镇劳动力供给可能出现的短缺。

（二）建立实施有效的监管机制

针对目前劳动力市场运作尚不规范的情况，在继续完善相关法律法规的基础上，还要建立行之有效的监督管理机制，规范劳动力市场供求双方的行为。发达国家经验表明，市场经济要想平稳健康发展，离不开政府行为的干预，自由放任不利于劳动力市场的健康发展，有计划的、经常化的政府干预成为现代劳动力市场的一个基本特征。

政府职能部门要承担宏观调控、监督检查和社会服务的职能，确立宏观调控目标，依照法律法规约束市场行为，以经济手段调控市场运行，以社会保障和服务来维系市场和社会稳定。要在加强劳动立法的基础上做到严格执法，加大劳动执法力度，保证法律规定的各项公民权利，特别是保证劳动者的基本劳动权利得到落实，政府要切实承担起维护劳动力市场秩序的责任。为此，要提高劳动执法队伍的素质，摆脱地方保护主义，保持执法的公正性、统一性，推进劳动合同制，对用工单位拒绝签订合同的行为予以纠正乃至惩处；劳动合同公证实行免费服务。加大合同监管、劳资关系协调的力度，把有关法规、政策普及到企业和劳动者当中去，通过劳动管理机构和群众自我维护权利两方面的力量，切实维护劳动者的合法权益。

建立个人和用人单位的信用制度，可以弥补法律不足，主动约束供求双方的逐利行为。法律永远不可能包罗万象，而劳动力市场信用体系的建立，会使供求双方都更加注重诚实守信，因为不良的信用记录会影响他们在市场中的交换行为。没有一个用人单位愿意雇用信用等级差的求职者，同样也没有求职者愿意在信用差的单位工作。

依法建立并规范运作管理各种劳工组织，进而能够代表劳工利益、维护劳工合法权益。自治区基层劳工组织建设非常落后，特别是在非国有企业和公司，如外资或者民营企业和公司，通常没有建立基层劳工组织。基层劳工组织不健全，会造成劳动者权益无法得到最大限度的满足，而且使劳动者利益受到损害时无处诉求。因此，建立并完善基层劳工组织，可以有力地保障劳工的各种权益不受到损害。

（三）完善城乡一体化社会保障

社会保障制度作为体制改革过程中必须触及的公共品或者半公共品，和劳动力的流动有着千丝万缕的联系。自治区目前的社会保障制度因城乡和地区的不同而不同，各地在保障对象和保障水平上差异悬殊，碎片化特征异常明显。在目前情况下，城乡和地区分割的社会保障制度还不能自由转换。

以农民工为代表的流动人口的社会保障，在经历了一段时期的建设之后，在覆盖面、待遇水平、保障项目等多层次上都取得了一定的成就。农民工既可以参加城镇社会保障，又可以参加农村社会保障，但两者衔接机制尚未建立，农民工无论是从农村到城镇或者从城镇到农村，原来社会保障的接续就成为问题，如果放弃就会有很大的损失。因此，流动人口的社会保障参保率依然很低，存在制度结构混乱等一系列问题。影响流动人口获得社会保障的因素，主要涉及财政体制、户籍制度、社会保障制度设计、流动人口自身状况等几个方面。流动人口的社会保障状况是规章政策远远落后于具体的地方性实践要求，制度安排落后于社会群体的参保意愿，社保制度的发展落后于商业保险在品种上的开发和发展。另外，社会保障制度设计自身也给城乡社会保障制度的平衡带来了阻碍。流动人口的社会保障制度建设应该有便携性特征，以便在最大限度上满足他们的高流动性。解决农民工社会保障问题必须统筹考虑，并确立近、中、长期目标及相应的配套政策，避免由于过度短视而留下后遗症。

今后，政府应该更积极稳妥地解决农民工社会保障问题，努力探索适合农民工特点的养老保险体系，认真贯彻社会保障政策。在社会公共服务方面，把农民工纳入城市公共服务体系中，切实为农民工提供相关公共服务。统筹考虑长期在城市就业、生活和居住的农民工对公共服务的要求；保障农民工子女的教育问题。只有建立城乡一体的社会保障体系并完成按居住地登记的户籍管理制度，才能真正消除农民工的后顾之忧，彻底割断农民工和土地的联系，进而在户籍制度上完成从农民到城镇居民的转变，从职业上完成农民到农民工、再到工人的转变，完成农民工真正意义上的城市化。只有这样，城市化和工业化才能相互促进、共同发展。

二、促进劳动力就业结构的转型与升级

2015年，我国经济下行压力较大，产业结构调整阵痛显现，改革进入攻坚期。在经济新常态背景下，如何解决就业结构性矛盾，成为各级政府面临的重要课题。

内蒙古自治区在改革开放30余年的发展中，不同产业的劳动力结构逐渐从农业为主向非农业为主转变，从三次产业的就业人员分布上可以看出，内蒙古自治区三次产业从业人员占总就业人员的比例中，第一产业与第二产业1995～2006年变化不大，第三产业从业人员和比例逐步提升，并在最近十年迅猛发展（见表9-1）。2016年三次产业从业人员占比分别为40.1%、15.9%和44.1%，与现代型就业产业结构（见表9-2）相比，第一产业超出了25.1%，第二产业与第三产业分别相差19.1%、5.9%，这说明内蒙古自治区第一产业有大量劳动力，而第二产业和第三产业就业人员供给不足。

表9-1 内蒙古自治区三次产业就业人员构成

项目	1995年	2000年	2005年	2010年	2015年	2016年
就业人员总计（万人）	1029.4	1061.6	1041.1	1184.7	1463.7	1474.0
第一产业	536.8	553.7	560.5	571.0	572.3	590.5
第二产业	225.0	182.4	162.7	206.2	249.7	233.7
第三产业	267.6	325.5	317.9	407.5	641.7	649.8
就业人员构成（%）						
第一产业	52.1	52.2	53.8	48.2	39.1	40.1
第二产业	21.9	17.1	15.6	17.4	17.1	15.9
第三产业	26.0	30.7	30.5	34.4	43.8	44.1

表9-2 产业结构与就业结构类型

类型	第一产业		第二产业		第三产业	
	产值比重	就业比重	产值比重	就业比重	产值比重	就业比重
传统型	45%以上	50%以上	30%左右	25%左右	25%以下	25%以下
发展型	15%~49%	16%~49%	31%~45%	26%~40%	26%~45%	26%~49%
现代型	10%以下	15%以下	30%左右	35%左右	60%以上	50%以上

随着农村土地集约化和劳动生产率的提高以及经济社会的转型发展，内蒙古自治区第一产业中出现了富余劳动力和隐形失业问题，第二产业发展滞后，吸纳劳动力有限，而第三产业属于新兴产业，发展迅速，难以快速吸纳大量就业人员。总之，由于内蒙古自治区产业结构不合理，未能形成良好的产业发展布局，严重影响了就业规模的扩大和就业结构合理化。因此，内蒙古自治区应该调整产业结构和产业布局，改善就业结构，扩大就业规模，创造良好的就业环境，解决结构性就业矛盾。

目前，农村转移劳动力、下岗职工、大学毕业生和新增劳动力是劳动力市场中急需就业的几个主要群体。在这个群体中，农村转移劳动力和下岗职工多是无技能和低技能劳动者偏多的群体，他们在现在或未来的劳动关系中处于弱势地位的可能性也最大，因此，大力提高他们的技能素质，以提高其就业能力，从而改善他们在劳动关系中的弱势地位至关重要。提高劳动力技能素质的主要途径是要加快建立以劳动力市场需求为导向的就业培训体系，在进行培训时，应先将培训对象进行分类，再开展有针对性的培训。例如，针对几乎没有任何专门技术的一些城镇新增劳动力，特别是大量的进城务工人员，通过培训来帮助他们掌握某些专门技术；针对只具有一般技能或初级技能的下岗职工进行的培训，主要是帮助他们学习掌握更高层次的技能或某种特殊技能，以缓解结构性的失业。

鉴于"十三五"时期新增劳动供给主体是大学毕业生，如何促进大学生就业就成了解决劳动力市场结构性矛盾的关键。解决大学生就业难题，首先需要打通职业教育和普通教育之间的人才流通壁垒。消除就业歧视，承认职业教育和普通教育在地位上的互通性和等值性。建立职业资格证书与普通教育学历文凭之间的等值框架体系，允许获得职业资格证书的学习者申请同等级别的大学学位课程，允许职业资格证书和普通大学教育学历证书之间互相转换。其次要构建适应市场经济变化的高校人才培养模式。优化高校课程设置，鼓励应用型交叉学科的发展，鼓励高校与政府、科研院所、企业以及其他社会团体组织合作建立高校毕业生联合培养机制。开设创业和就业指导课程，建立多层次的大学教育课程体系。

三、加快劳动力市场信息网络建设

伴随着我国经济的迅速发展，科学技术飞速发展，电子信息技术和网络信息技术得到迅猛的发展和普及。电脑、网络、智能手机已经普及到千家万户，劳动力市场也需要电子网络化的进驻和完善。

劳动力市场信息化既是知识经济对劳动力市场提出的基本要求，也是劳动力市场自身发展的必然趋势。因此，加快自治区劳动力市场建设和发展，首先必须加快劳动力市场信息网络建设。

（一）加快劳动力市场信息网络基础设施建设

基础设施是劳动力市场信息化的载体，加快基础设施建设是加快劳动力市场信息网络建设的基本前提。加快基础设施建设的关键是要建立健全正常的资金投入保障机制，确保资金到位、设备到位、人员到位。因为投资不足正是造成以往自治区劳动力市场信息网络基础设施建设滞后的根本原因，所以政府必须按照财政收入的一定比例设立劳动力市场信息网络基础设施建设专项资金，建成符合国家标准的劳动力市场数据中心机房和劳动力市场政府网站等目标。

（二）提高劳动力市场信息联网和贯通程度

一是要尽快将如何实现人才市场和劳动力市场联网、贯通问题提上议事日程。二是要加快市域网建设步伐，不断提高就业服务机构包括人才服务机构纳入市域网的比率以及街道、社区和农村乡镇纳入市域网的比率。三是要完善省—市—县三级网络。没有实现与全区所辖地市劳动力市场联网的市、区县，要尽快实现联网，已经实现联网的市、区县，要进一步提高省—市—县三级网络的性能，确保信息在各级劳动保障部门及跨地区间的无障碍传输和网络的畅通。

（三）改善劳动力市场信息网络服务质量

要在加强劳动力市场信息网络内部管理的基础上，做好数据整理工作，扩充数据数量，提高数据质量，增加数据的有效性、准确性、及时性、真实性和安全性。要在改善设备、更新技术的基础上，搞好信息发布咨询、网上招聘应聘、网上指导、远程面试等活动，培育和建设网上劳动力市场。要在加强与用人单位、求职者的联系与沟通的基础上，不断拓展信息网络服务的项目和内容，努力满足客户多元化的、不断变化的复杂需求。

（四）提高劳动力市场信息网络利用率

一是要加大对劳动力市场信息网络的宣传力度，让更多的劳动者和用人单位了解劳动力市场信息网络的相关知识、主要功能和重要作用。二是要提高劳动力市场信息网络的服务质量，改进劳动力市场信息网络的服务态度，增加劳动力市场信息网络对劳动者和用人单位的吸引力。三是要给广大劳动者特别是农民工普及计算机知识和劳动力市场信息网络专业知识，提高其借助劳动力市场信息网络择业的能力。

（五）壮大劳动力市场信息网络队伍

要建立健全劳动力市场信息网络部门的激励机制，提高劳动力市场信息网络部门从业人员的待遇，吸引大批优秀信息技术人员、管理人员和业务人员到劳动力市场信息网络部门就业和工作，壮大劳动力市场信息网络队伍的数量。要建立健全劳动力市场信息网络部门的培训机制，加强对劳动力市场信息网络部门工作人员的培训，提高劳动力市场信息网络队伍的整体素质。

第三节 内蒙古自治区劳动力市场发展的推进路径

一、经济发展是自治区劳动力市场发展的重要前提

经济发展，不仅包含一个国家或地区商品生产量和劳务量的增加，而且包含一个国家或地区经济结构的根本性变化。其中两个最重要的结构性变化是指，在国民生产总值中农业的比重不断下降而工业的比重不断上升，在居民中农村人口的百分比不断下降而城市人口的百分比不断上升。可见，所谓经济发展，既是一个经济增长的过程，又是一个经济工业化和农村城市化的过程。

经济发展是劳动力市场形成和发展的重要前提。首先，经济发展促进了剩余产品的产生与持久存在，促进了社会分工以及商品交换的形成与不断发展，从而为劳动力成为商品和劳动力市场的形成奠定了基础。没有简单商品经济的形成与不断发展，就不可能有劳动力商品的出现和劳动力市场的形成。其次，经济发展引起了经济结构的变化，提高了经济的工业化水平和农村的城市化水平，从而促进了劳动力跨行业、跨地区流动。这势必为劳动力成为商品和劳动力市场的形成提供了可能。最后，经济发展促进了生产资料和货币资本在少数人手中的集中及其与劳动者的分离，从而形成了生产资料所有者对劳动力的不合意占有，以及劳动者对生产资料的不合意占有。这就势必为劳动力成为商品和劳动力市场的形成提供了条件。因此，经济发展是自治区劳动力市场培育与发展的基本路径选择。

改革开放以来，内蒙古自治区劳动力市场的形成和发展之所以能够取得较大的成就，与区内经济的长足发展是休戚相关的。随着经济的长足发展，第二产业和第三产业的不断发展，城市化进程不断加快，劳动力商品化程度也不断提高。从前面的数据我们可以看出，虽然内蒙古自治区经济的工业化水平不断提高，农民的城市化进程不断加快，但是离现代型的产业结构还有很大的差距，这使得劳动力市场发育和发展的水平还不成熟。因此，加快内蒙古自治区劳动力市场的发展进程，仍然需要依赖经济的进一步发展。只有加快经济发展，提高经济的工业化水平，才能降低农业的比重，减少农民的数量，提高劳动力的商品化程度；只

有加快经济发展，提高城市化水平，才能加快农村剩余劳动力的转移步伐，提高劳动力的商品化程度；只有加快经济发展，才能健全社会保障制度，缩小收入分配差距，促进劳动关系和谐；只有加快经济发展，才能支付起足够的改革成本，加快国有部门非国有化进程，促进国有部门劳动力市场的发育和发展。

二、社会稳定是自治区劳动力市场发展的重要保证

社会稳定是经济发展的重要前提。经济发展必须有一个良好的社会秩序。这是因为良好的社会秩序可以确保人的生命及财产的安全，从而给人提供一个稳定的预期，即每个人的生命是可以得到保障的，每个人努力挣得的财产是可以始终用来为自己所享用的。这样就有利于鼓励人们进行节约、投资、创业和勤劳，从而促进经济的长足发展。相反，如果社会秩序混乱，充满了暴力、动荡、抢劫而得不到制止，就不可能确保人的生命及财产的安全，从而使社会充满了不确定性和风险，难以使人对未来形成稳定的预期，人人自危、及时行乐、小富即安就成了人们的基本选择，经济的长足发展便无从谈起。

社会稳定是自治区劳动力市场发展的重要保证。从理论上说，经济发展是劳动力市场发展的重要前提，而社会稳定又是经济发展的重要前提。可见，没有社会稳定，劳动力市场的发展就失去了最基本的前提和条件。从实践上看，改革开放以来，劳动力市场的形成和发展与社会稳定是分不开的。正是因为有一个长达30年的社会基本稳定的良好局面，自治区经济工业化、城市化进程的推进以及劳动力的正常流动才有了一个相对宽松的环境，劳动力商品化程度的提高使劳动力市场的形成和发展有了一个最基本的前提。正是因为有一个长达30年的社会基本稳定的良好局面，内蒙古自治区户籍制度、劳动制度、工资制度、教育制度、人事制度等各项改革的顺利推进才有了一个相对宽松的环境，劳动力市场机制的形成以及劳动力市场的完善才有了一个最基本的条件。从今后看，自治区劳动力市场的发展仍然要以经济发展为重要前提，而这一切又要以稳定的、良好的社会秩序为重要保证。

三、改革是自治区劳动力市场发展的核心动力

所谓改革，就其实质而言，实际上是一个制度创新的过程，因此改革是劳动力市场发展的核心动力与基本途径。

目前，自治区劳动力市场发展已经取得的成就主要应当归功于改革。一是农村劳动力资源计划配置体制的彻底废除，是农村实行家庭联产承包责任制、废除人民公社制度、加快社队企业改革的必然结果。二是非公有制经济部门劳动力资源配置方式市场化的实现，无疑应当归功于所有制结构的改革。三是市场在国有部门劳动力资源配置中的作用不断扩大，主要是劳动就业制度改革的结果。四是劳动力市场机制的初步形成，显然是工资制度、户籍制度、企业用工制度等一系

列制度改革的产物。五是劳动力市场规则的日趋完善，是对劳动力资源配置方式改革结果的法制化。六是现代社会保障制度基本格局的初步建立，是对传统的政府—单位型劳动保障制度的根本性改革。七是劳动关系协调机制的初步形成，无疑是对传统的劳动关系进行彻底改革的结果。

目前我区劳动力市场发展中存在的问题主要是由改革不彻底造成的。一是劳动力商品化程度低，固然与国民经济的工业化、城市化水平低有关，但传统的二元户籍制度、城市导向的社会保障制度和教育制度等的不合理同样是重要的原因。二是劳动力市场发育不平衡主要是由改革的力度和进度不平衡造成的，如西部劳动力市场发育滞后主要是由于西部经济改革滞后造成的。三是劳动力市场分割阻碍劳动力自由流动，与传统的二元户籍制度不无关系。四是劳动就业制度双轨并存显然是劳动就业制度改革不彻底的产物。五是劳动力市场歧视问题严重，同样与制度因素脱不了干系。六是国有部门用人腐败现象比较突出，反映了国有部门人事制度改革不彻底。七是劳动力市场秩序混乱，劳动关系不和谐，表明劳动力市场管理制度改革滞后、劳动力市场服务体系改革滞后、社会保障制度改革滞后、工会制度改革滞后等。

现阶段，加快自治区劳动力市场发展的关键在于改革，包括加快户籍制度的改革、工资制度的改革、劳动就业制度的改革、劳动力市场管理制度的改革、社会保障制度的改革、工会制度的改革等。

四、政府与自治区劳动力市场发展

如前所述，经济发展是劳动力市场发展的重要前提，改革是劳动力市场发展的核心动力，社会稳定是劳动力市场发展的基本保证，经济发展、改革和社会稳定都离不开政府的作用。

首先，政府作为经济发展的推动者，在劳动力市场的发育、形成和发展完善中发挥着重要的作用。前已述及，经济发展是劳动力市场发育、形成和完善的重要前提，而经济发展则离不开政府强有力的推动，因为没有政府制定的旨在推动经济发展的各项政策，经济就不可能得到又好又快的发展，而没有经济的又好又快的发展，劳动力市场的发展就失去了重要前提。

其次，政府作为改革的领导者，在劳动力市场的形成和发展中发挥着重要的作用。前已述及，改革是劳动力市场发育、形成和完善的核心动力，而改革则是在政府强有力的领导下进行的。改革不同于革命，革命往往是自下而上的制度变迁过程，因此，革命往往是反政府的；而改革则是自上而下的制度变迁过程，因此，改革往往是由政府来领导的。可见，没有政府对改革的强有力的领导，劳动力市场的发展就失去了核心动力。

最后，政府作为社会秩序的维护者，在劳动力市场的发育、形成和完善中发挥着重要的作用。前已述及，社会稳定是劳动力市场发育、形成和完善的基本保证，而社会稳定离不开政府强有力的维护，因为没有政府提供的强大的国防、公安、司法、监狱等合法的暴力体系，以及政府制定的旨在维护社会秩序的各项政策，社会就不可能得到稳定，而没有社会稳定，劳动力市场的发展就失去了基本保证。

政府是自治区劳动力市场发展的能动主体。自治区劳动力市场发展业已取得的成就离不开政府作用的发挥。一是国家奉行的经济发展政策为自治区劳动力商品程度的提高进而劳动力市场的形成和发展提供了重要前提。二是国家奉行的改革政策，推动了自治区劳动力资源配置方式由计划配置向市场配置的根本性转变。三是国家奉行的社会稳定政策为劳动力市场的形成和发展提供了基本保证。

目前自治区劳动力市场发展中存在的问题大多与政府作用缺失有关。一是劳动力商品化程度低，既与国家重国民经济工业化、轻农村经济城市化政策有关，也与国家对传统的二元户籍制度、城市导向的社会保障制度与教育制度等的改革不到位有关。二是劳动力市场发育不平衡主要是由国家实行的非均衡改革策略造成的。三是劳动力市场分割阻碍劳动力自由流动，劳动就业制度双轨并存，劳动力市场歧视问题严重，国有部门用人腐败现象比较突出等问题，大都与政府脱不了干系。四是劳动力市场秩序混乱，劳动关系不和谐，既有国家改革不彻底的因素，也有国家对劳动力市场管理不到位的因素，还有国家在维护社会稳定方面措施不得力的因素。

加快新阶段自治区劳动力市场发展，依赖于政府作用的充分发挥。如前所述，加快新阶段自治区劳动力市场的发展，一是要依赖于经济的继续发展，二是要依赖于改革的继续推动，三是要依赖于社会秩序的持续稳定，而这一切都依赖于政府作用的充分发挥。

第十章 改革开放四十年内蒙古自治区劳动力市场变化

改革开放经历了风雨40年,伴随着经济的快速增长,内蒙古自治区劳动力市场同样发生了巨大的变化,在劳动力市场的人数、产业劳动力构成、劳动力受教育年限、农村劳动力转移就业数量和质量等方面都有质的飞跃。

第十章 改革开放四十年内蒙古自治区劳动力市场变化

第一节 劳动力数量及结构变化

劳动力资源是推动一个地区经济发展和社会进步的源泉。从人口结构上看,劳动力资源居于总人口的主体成为衡量一个地区具有持久发展能力的重要指标。因此,劳动力资源的数量、各种结构的变化以及存量的配置情况直接影响内蒙古地区的经济发展。

一、就业人口数量

就业人口用来衡量投入劳动力市场进行实际货物及服务生产的人口规模,就业人口所拥有和投入到生产中的人力资本在社会生产过程中发挥了重要作用,是主要的生产要素。因而,就业人口的多少影响着一个地区人力资本存量的变化。

表10-1是1978~2016年内蒙古自治区就业人口、年末总人口及就业人口占比情况,根据表中数据可知,1978年内蒙古自治区总人口达到1823.4万人,就业人口总量为652.8万人,占总人口的比重为35.80%;1993年自治区总人口达到2232.4万人,就业人口数量突破千万人,比1978年增加355.4万人,增长率为54.44%。从宏观数据上可以看出,改革开放以来,内蒙古自治区就业人数占比稳中有增,从1978年的35.80%增长到2016年的58.49%,就业人口总量翻了两番。

表10-1 1978~2016年内蒙古自治区就业人口、年末
总人口及就业人口占比情况　　　　　　单位:万人,%

年份	就业人数	人口总数	就业人数占比	年份	就业人数	人口总数	就业人数占比
1978	652.8	1823.4	35.80	2001	1067	2371.4	44.99
1985	857	2006.67	42.71	2002	1086.1	2384.1	45.56
1986	875.4	2029.28	43.14	2003	1088.1	2385.8	45.61
1987	891	2066.4	43.12	2004	1026.1	2392.7	42.88
1988	909.7	2093.9	43.45	2005	1041.1	2403.1	43.32
1989	910.3	2122.23	42.89	2006	1051.2	2515.1	41.80
1990	925	2162.6	42.77	2007	1081.5	2428.8	44.53
1991	962.9	2183.9	44.09	2008	1103.3	2444.3	45.14
1992	976	2206.6	44.23	2009	1142.5	2458.2	46.48
1993	1008.2	2232.4	45.16	2010	1184.7	2472.2	47.92
1994	1033.4	2260.6	45.72	2011	1249.3	2481.7	50.34
1995	1029.4	2284.4	45.06	2012	1304.9	2489.9	52.41
1996	1043	2306.6	45.22	2013	1408.2	2497.6	56.38

续表

年份	就业人数	人口总数	就业人数占比	年份	就业人数	人口总数	就业人数占比
1997	1050.3	2325.7	45.16	2014	1485.4	2504.8	59.30
1998	1050.3	2344.9	44.79	2015	1463.7	2511	58.29
1999	1056.7	2361.9	44.74	2016	1474	2520.1	58.49
2000	1061.6	2372.4	44.75				

图 10-1 是 1981～2016 年内蒙古自治区总人口、就业人口增长率的状况，从 2007 年以来，自治区就业人口年增长速度均高于总人口增速，已经显示出劳动力供给后劲不足的问题，且随着两次生育高峰期，劳动力逐步进入老龄时期，未来二三十年后可能面临劳动力资源不足的问题。在全国范围内，内蒙古地区就业人口数量所占比重小，低于东南沿海、长江三角洲等区域的就业人口占全国的比重，这将影响内蒙古地区人力资本存量的大小，使其低于就业人口比重大的地区所蕴含的人力资本存量，削弱了内蒙古地区的城市竞争力，不利于区域的经济发展。

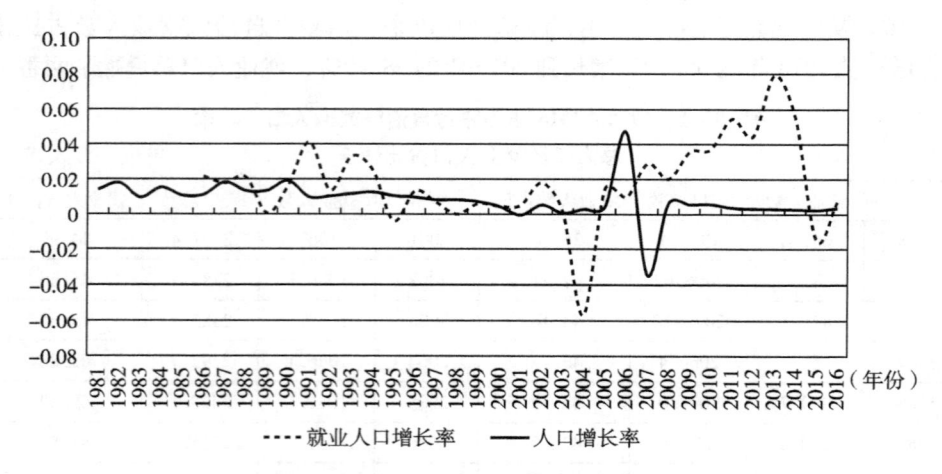

图 10-1　1981～2016 年内蒙古自治区总人口、就业人口增长率

对比来看，人口增长速度比较稳定，影响因素较少，而就业人口增速波动较大，起伏不定，受经济发展状况、劳动力供给市场变化、平均受教育年限等多种因素影响。虽然可能会因两者增速不同而面临社会问题，但伴随劳动力平均受教育年限的增加，就业人口的数量和质量都会有所提升，劳动力资源会积极地积累。

二、城乡劳动力市场变化

我国的劳动力市场由于城乡户籍分割而分为城市和农村两个不同的市场，城乡分割的劳动力市场是计划经济的产物，与市场经济不相容。劳动力市场是生产要素市场体系的一个重要组成部分，劳动力市场不统一，会制约完整市场体系功能的发挥，使"农民工"在城市就业成本大，成为劳动力自由流动的屏障。

表10-2是1978~2016年内蒙古自治区城镇、乡村就业人数情况，可以看出，无论是城镇就业还是乡村就业，其人数都在伴随人口的增加而稳步上升。从1978年乡村就业人数几乎为城镇就业人数的两倍，到2016年城镇与乡村就业人数几乎持平，内蒙古自治区的城乡劳动力市场发生了巨大的变化。

表10-2 1978~2016年内蒙古自治区城镇、乡村就业人数　　单位：人

年份	城镇就业人数	乡村就业人数	年份	城镇就业人数	乡村就业人数
1978	2278000	4250000	1998	4434000	6069000
1979	2430000	4310000	1999	4357000	6210000
1980	2554000	4430000	2000	4301000	6315000
1981	2732000	4580000	2001	4345000	6325000
1982	2847000	4777000	2002	4356000	6505000
1983	3008000	4980000	2003	3529000	6523000
1984	3146000	5132000	2004	3503000	6758000
1985	3356000	5210000	2005	3503000	6908000
1986	3507000	5247000	2006	3650000	6862000
1987	3595000	5315000	2007	3835000	6980000
1988	3733000	5364000	2008	4149000	6884000
1989	3754000	5349000	2009	4395000	7030000
1990	3866000	5380000	2010	4652000	7195000
1991	4042000	5587000	2011	5171000	7322000
1992	4157000	5603000	2012	5626000	7423000
1993	4342000	5740000	2013	6654000	7428000
1994	4538000	5796000	2014	7388000	7466000
1995	4400000	5894000	2015	7257000	7381000
1996	4347000	6043000	2016	7207000	7533000
1997	4449000	6054000			

1978年，改革开放率先在农村开始，农村劳动力可以在农村内部相对自由转移，但城乡之间二元结构的本质并没有发生改变。乡镇企业发展还处于初级阶

段，容纳就业的能力不足，因此这一时期的就业还是集中于农村地区。改革开放初期，农村劳动力转移到城镇就业的数量并不是很多。

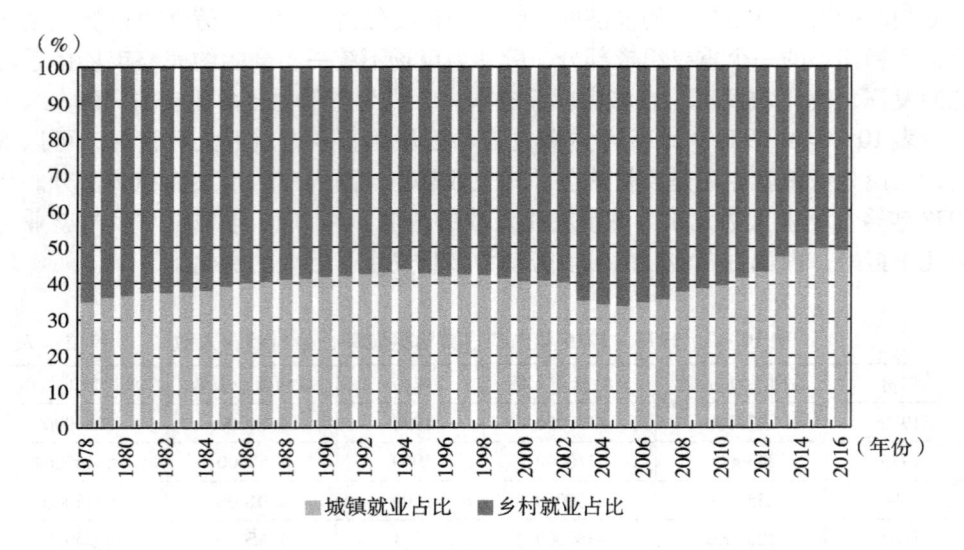

图 10-2 1978~2016 年内蒙古自治区城镇、乡村就业占比情况

调查表明，1995 年的全国劳动力转移人口已经达到了 7073 万人，其中农村转移人口占农村总人口的 60%。对此，国家对劳动力转移的态度从盲目的控制到法律手段的正规化管理，这是一个历史性的跨越。但随着 1998 年金融危机带来的经济衰退，就业容量下降，直接造成了失业加剧和农村劳动力的大量回流，导致 1998~2006 年农村就业占比出现一定幅度的上涨。

自 2006 年后，自治区开始规范劳动力市场的就业管理，完善就业服务、培训体系以及社会保障等，切实维护农民工的基本就业权益。2008 年，国务院提出扶持劳动密集型企业、加强农民工就业能力培训等六项措施，以保证农村劳动力就业，同时也为农村劳动力转移创造了良好条件。

近十年是内蒙古自治区经济快速发展的阶段，人民生活水平不断提高，就业总人数持续增加，其中城镇就业人数平稳上升，城镇化进程呈现持续稳定发展之势，城乡就业结构得到逐步优化。改革开放以来，自治区城乡劳动力市场经历了一个从分割向统筹发展的渐进式一体化过程。

推进城乡劳动力市场一体化，必然促进就业结构优化，而就业结构优化是实现城乡劳动力市场一体化的重要内容，对加速城乡一体化具有深远的战略意义。城乡劳动力市场一体化是劳动者在城乡间自由流动并获得就业、社会保障等方面平等权利的过程，而这将为就业结构优化创造条件。

三、大学生就业数量变化

高校毕业生就业是全社会就业的重要组成部分，也是社会最关心、最直接、最现实的利益问题之一，更是提高高等教育质量，保持高等教育持续、健康发展的本质要求。西部地区大部分属于欠发达地区，由于历史原因及地缘因素，西部地区相对封闭、观念落后、经济发展滞后、人才队伍建设存在不少问题。内蒙古自治区作为西部大省区之一，大学生就业不仅关系到内蒙古自治区本地的未来经济发展，更关系到整个国家的繁荣与发展。

如表10-3所示，近年来，内蒙古自治区高校毕业生人数逐年增加，为自治区经济社会的全面发展奠定了强有力的人才基础。内蒙古自治区高等教育事业持续快速发展，取得了历史性突破。截至2016年，全区普通高等学校53所，在校生总规模达到43.7万人，比扩招前的1998年增长了近10.3倍，高等教育毛入学率从扩招前的7.6%提高到33.75%。同时，普通高等学校数量也是一路攀升，高等教育进入大众化阶段。

表10-3 2010~2016年内蒙古自治区高等教育预计毕业人数与毛入学率情况

年份	预计毕业人数（人）	毛入学率（%）
2010	98310	25.94
2011	105869	30.52
2012	111603	31.35
2013	114662	33.99
2014	111800	33.7
2015	115496	33.66
2016	122672	33.75

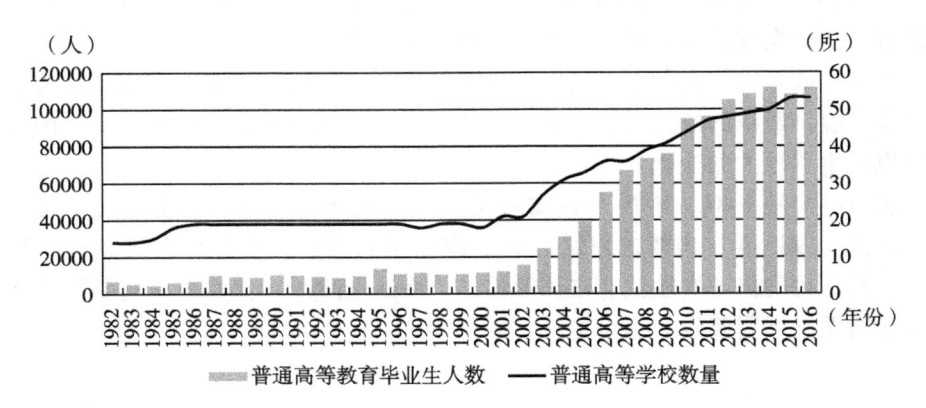

图10-3 1982~2016年内蒙古自治区普通高等教育毕业人数与普通高等学校数量

表10-4是2008届内蒙古自治区大学生净流入率、流入率以及流出率情况，从中可以看出，人才净流入率远远低于全国平均水平，在26个省份中位列25名。经济发达地区在吸引优秀毕业生上占有优势，未来发展成为毕业生选择就业地区的重要因素之一。由于发达地区的就业市场好，出现了"孔雀东南飞"的现象，应届大学毕业生的区域流动呈"西才东送"状态。

表10-4 2008届内蒙古自治区大学毕业生净流入率、流入率及流出率 单位：%

省份	净流入率	流入率	流出率
内蒙古自治区	6	45	39
全国平均	43	40	47

内蒙古地区相当一部分大学生毕业后基本上想留在呼和浩特这座首府城市就业，不愿意把目光投向周边地区，而呼和浩特市所能提供的就业岗位有限。这就造成了一些少数民族欠发达地区人才匮乏，大学生有业不就，另一些地区的大学生则无业可就的尴尬局面。

高校大学生作为人才资源中较高层次的一类，其就业过程是国家高层次人才资源配置最为重要的一个环节。高校毕业生的就业情况与整个就业结构的变化、社会经济发展状况甚至产业结构的变化和升级都息息相关。大学生就业这样一个严肃的系统工程，要从根源性因素入手，转变大学生择业观念、完善大学生就业机制、创新高校教育体制——将制度作为优化大学生就业的突破口和路径。

四、女性就业数量变化

女性的就业状况关系到女性自身素质和经济地位的提高，能够体现男女社会地位、权利平等的问题，进而影响到社会的稳定和发展。因此，劳动就业是了解内蒙古自治区女性的经济权利和社会地位的重要视角。

改革开放以来，内蒙古自治区抓住西部大开发的战略机遇，实现了经济上的跨越式发展，经济的快速增长促进了就业，为女性就业带来了机遇，女性的就业环境也发生了较大的变化。

表10-5是1981~1989年内蒙古自治区（所有制）女性就业情况，可以看出，1981~1989年，内蒙古自治区就业市场状态稳定，在保证总体就业人数增长的同时，也确保了女性就业占比的增长。在这个阶段，女性在所有制经济中的占比接近发展纲要要求的40%。

第十章　改革开放四十年内蒙古自治区劳动力市场变化

表10-5　1981~1989年内蒙古自治区（所有制）
女性就业情况　　　　　　　　　　　　　　单位：人，%

年份	全民所有制职工	全民所有制女性职工	城镇集体所有制职工	城镇集体所有制女性职工	（所有制）女性就业占比
1981	2144400	644700	565000	303200	34.99
1982	2200500	676400	612700	330900	35.81
1983	2292800	705200	648400	346400	35.75
1984	2296000	706400	749900	380700	35.69
1985	2414000	754900	790300	383600	35.53
1986	2515300	805600	832700	401100	36.04
1987	2602000	853000	852000	409200	36.54
1988	2683000	874000	847000	411000	36.40
1989	2710000	911000	860000	423000	37.37

如表10-6所示，2005年末，内蒙古自治区城镇女性就业人数为91.8万人，占全部城镇就业人员的26.23%，比1990年下降了9.65个百分点，总量下降了4.69万人；比2000年上升了2.31个百分点，但总量却下降了11.1万人。这表明在1990~2005年总体就业形势严峻的情况下，女性的就业比重总体呈上升趋势。2016年，内蒙古自治区城镇女性就业人数为107.9万人，比总量2005年增长17.54%，但女性就业占比下降11.26个百分点。城镇就业人数稳步上升，但女性就业占比明显走低，体现了女性在就业中仍处于弱势地位。

表10-6　1990~2016年内蒙古自治区
城镇女性就业情况　　　　　　　　　　单位：人，%

年份	城镇女性就业人数	城镇就业人数	城镇女性就业占比
1990	1387000	3866000	35.88
1995	1499000	4400000	34.07
1999	1100000	4357000	25.25
2000	1029000	4301000	23.92
2001	966000	4345000	22.23
2002	943000	4356000	21.65
2003	926000	4358000	21.25
2004	919000	3503000	26.23
2005	918000	3500000	26.23
2006	908000	3650000	24.88
2007	923000	3835000	24.07
2008	915000	4149000	22.05

续表

年份	城镇女性就业人数	城镇就业人数	城镇女性就业占比
2009	909000	4395000	20.68
2010	916000	4652000	19.69
2011	969000	5171000	18.74
2012	985000	5626000	17.51
2013	1067000	6654000	16.04
2014	1093000	7388000	14.79
2015	1077000	7257000	14.84
2016	1079000	7207000	14.97

如表10-7所示，2005年末，女性城镇就业中，住宿和零售业女性就业比重最高，为61.27%；批发和零售业的女性就业比重居第二位，为45.21%；信息传输、计算机服务和软件业、制造业的女性就业比重也很高，超过了40%。2010年末，女性城镇就业中，依旧是住宿和餐饮业的女性就业比重最大，达到59.92%，其次分别是卫生、社会保障和社会福利业女性就业占比59.45%，和金融业女性就业占比58.68%。截至2016年末，女性城镇就业中，金融业一跃成为女性就业比重最高的行业，占比高达65.83%，卫生、社会保障和社会福利业、住宿和餐饮业、教育业紧随其后，女性就业占比均在55%以上。

表10-7 2005~2016年内蒙古自治区各行业女性就业占比　　单位:%

行业	女性就业占比			行业	女性就业占比		
	2016年	2010年	2005年		2016年	2010年	2015年
农林牧渔业	34.61	33.26	34.99	房地产业	44.95	36.96	35.23
采掘业	15.12	17.63	22.07	租赁和商务服务业	34.86	32.00	34.76
制造业	29.67	30.39	40.69	科学研究、技术服务和地质勘查业	34.03	35.92	36.19
电力、煤气及水的生产和供应业	29.29	32.30	32.99	水利、环境和公共设施管理业	46.71	47.82	46.39
建筑业	15.37	15.53	19.45	居民服务和其他服务业	29.38	33.22	52.32
交通运输仓储和邮电通信业	25.67	25.03	29.01	教育	58.97	54.5	52.67
信息传输、计算机服务和软件业	50.30	54.02	42.31	卫生、社会保障和社会福利业	63.82	59.45	58.11
批发和零售业	50.00	47.38	45.21	文化、体育和娱乐业	49.92	45.35	43.12
住宿和餐饮业	59.67	59.92	61.27	公共管理和社会组织	34.92	31.55	29.85
金融业	65.83	58.68	56.55				

第十章 改革开放四十年内蒙古自治区劳动力市场变化

建筑业,采掘业,交通运输仓储和邮电通信业,电力、煤气及水的生产和供应业,居民服务和其他服务业,制造业,这六类行业女性就业占比较少,截至2016年均低于30%,女性就业比重都较低,说明女性就业空间较小,女性被限制在有限的行业、职业范围内,劳动力市场中的性别歧视仍然存在。这一问题突出表现为女性找工作难,且受教育程度影响不大,一些高等教育毕业的女性就业也存在一定问题,导致女性只能选择在条件差、收入低的传统职业和行业就业,使男女之间的职业隔离程度加大,收入差距也加大。

五、行业分布变化

目前,内蒙古自治区已经发展成为我国北方重要的能源基地和装备制造基地,第二产业产值比重已经超过全国总体水平。可以说,内蒙古自治区社会经济正处于迅速转型升级的重要阶段,而地区产业结构的调整会直接带动就业结构的演进变化,这就要求两者之间实现动态平衡和相互协调,以保障地方社会经济的和谐健康发展。

如表10-8所示,从劳动力的就业结构来看,2016年,内蒙古自治区第一产业、第二产业和第三产就业人口构成比例为40.04∶15.85∶44.09,随着经济发展和人均收入水平的提高,就业人口将从第一产业逐渐向第二、第三产业转移,符合配第一克拉克定理。当第一产业就业人口比重在50%以下,而第二产业就业人口比重在25%以上时,产业结构处于发展型水平,标志着社会经济进入较高工业化水平。根据表10-8可以看出,内蒙古自治区现有就业结构已经实现由传统型向发展型历史性转变,但距离现代就业结构还有较大差距,第一产业就业比重还很高,比现代型标志高出30%以上;而第二产业和第三产业就业人口比重较低,总体就业结构还处于较低水平。

表10-8 1978~2016年内蒙古自治区分产业就业人员占比 单位:%

年份	1978	1988	1998	2008	2016
第一产业就业人员占比	67.10	53.86	51.66	50.45	40.04
第二产业就业人员占比	18.45	22.00	19.72	16.88	15.85
第三产业就业人员占比	14.45	24.14	28.62	32.67	44.09

由图10-4可知,1978~2002年,农、林、牧、渔业是内蒙古自治区就业人员的主要就业行业,占比超过50%,其次是采掘业、批发零售贸易和餐饮业,反映了自治区第一产业中农、林、牧、渔业的占比之大,且占比在持续增长。

(年份)

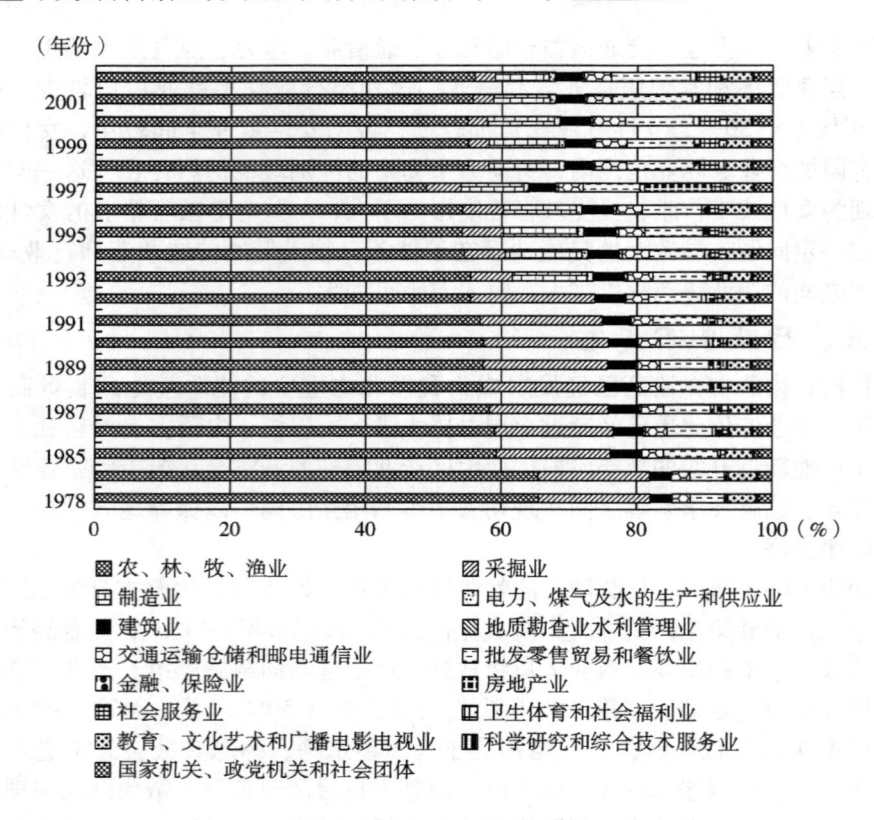

[图表：1978~2002年分行业就业人员占比堆积条形图，年份包括1978、1985、1987、1989、1991、1993、1995、1997、1999、2001，横轴0~100(%)]

图例：
- 农、林、牧、渔业
- 采掘业
- 制造业
- 电力、煤气及水的生产和供应业
- 建筑业
- 地质勘查业水利管理业
- 交通运输仓储和邮电通信业
- 批发零售贸易和餐饮业
- 金融、保险业
- 房地产业
- 社会服务业
- 卫生体育和社会福利业
- 教育、文化艺术和广播电影电视业
- 科学研究和综合技术服务业
- 国家机关、政党机关和社会团体

图10-4　1978~2002年分行业就业人员占比

图10-5是2004~2016年内蒙古自治区分行业就业人员占比情况，与前一张图有差异的原因是2004年对所有行业进行了重新划分，一些行业重新拆分重组，计算方式发生变更。可以看出，制造业的占比持续增长，已经超过农、林、牧、渔业，成为占比最大的行业，采掘、电气业占比浮动不大，这期间自治区第三产业发展迅猛，教育、文化、体育、娱乐等行业后来居上，虽各项占比不多，但胜在行业数量一致攀升的同时占比也上升。

目前，内蒙古自治区就业主要还是以农、林、牧、渔业，制造业，采掘业，建筑业，以及教育为主，在转型升级的重要节点，应协调各行业就业占比，保障就业结构演进。

第十章 改革开放四十年内蒙古自治区劳动力市场变化

图 10-5 2004~2016 年内蒙古自治区分行业就业人员占比

第二节 劳动力人力资本投资的变化

一、教育投资——教育经费变化

改革开放 40 年来，自治区各级政府从多方面采取多种措施，增加国家和社会对教育的投入，财政性教育经费逐年增加，社会力量与民间资本办学投入成倍增加。

表 10-9 是 1978~2016 年内蒙古自治区公共教育投资状况，可以看出，教育支出呈逐年增加的趋势，2016 年教育事业的财政支出是 1978 年的 310.5 倍，而 2016 年财政总支出是 1978 年的 241.5 倍。可见，教育事业的支出对财政支出的持续增长有一定贡献，人民对于教育的重视度也在逐渐提升。

表 10-9 1978~2016 年内蒙古自治区公共教育投资状况

年份	财政教育支出（万元）	财政总支出（万元）	教育占财政总支出比重（%）
1978	17873.00	186888.00	9.56
1979	19807.00	210419.00	9.41

续表

年份	财政教育支出（万元）	财政总支出（万元）	教育占财政总支出比重（%）
1980	22736.00	183721.00	12.38
1981	24589.00	235301.00	10.45
1982	29409.00	268087.00	10.97
1983	32294.00	298578.00	10.82
1984	41660.00	359907.00	11.58
1985	48420.00	398528.00	12.15
1986	55765.00	438950.00	12.70
1987	60338.00	456000.00	13.23
1988	71057.30	510134.30	13.93
1989	77244.50	558123.30	13.84
1990	85646.70	609019.00	14.06
1991	85884.00	666190.00	12.89
1992	100203.00	720731.00	13.90
1993	122475.00	882773.00	13.87
1994	150400.00	928235.00	16.20
1995	165580.00	1021780.00	16.21
1996	197786.00	1263825.00	15.65
1997	202451.00	1429118.00	14.17
1998	242189.00	1817593.00	13.32
1999	275159.00	2128369.00	12.93
2000	297581.00	2610629.00	11.40
2001	397389.00	3928599.00	10.12
2002	481000.00	4419900.00	10.88
2003	543525.00	4945644.00	10.99
2004	662206.00	6347483.00	10.43
2005	786645.00	7856970.00	10.01
2006	1109209.00	8121330.00	13.66
2007	1535674.00	10823054.00	14.19
2008	2064017.00	14545732.00	14.19
2009	2434800.00	19268365.00	12.64
2010	3221072.00	22735046.00	14.17
2011	3906885.00	29892052.00	13.07

第十章 改革开放四十年内蒙古自治区劳动力市场变化

续表

年份	财政教育支出（万元）	财政总支出（万元）	教育占财政总支出比重（%）
2012	4399688.00	34259895.00	12.84
2013	4568493.00	36865160.00	12.39
2014	4777716.00	38799789.00	12.31
2015	5365328.00	42529613.00	12.62
2016	5549649.00	45127075.00	12.30

图 10-6 显示的是 1978~2016 年内蒙古自治区的教育投资情况，由于年鉴里缺少完整教育投资的数据，所以用财政支出中教育事业费的支出表示教育投资。从图中可以看出，首先，1978~1996 年，城镇和农村居民教育投资占财政总支出比重呈波动上升趋势，虽然某些年份比例在下降，但总体趋势是上升的，说明自治区越来越意识到教育的重要性；1996~2005 年，城镇和农村居民的教育投机占比呈逐年下降的趋势，但这并不能完全说明这几年人们对教育的重视度不够，而是因为财政总支出增长快于教育支出增加的速度。其次，由于受到经济条件的限制，农村居民教育支出低于城镇居民教育支出。2006 年以后，教育投资占比虽有小幅波动，但几乎维持在一个稳定的水平。2016 年，内蒙古自治区教育支出占财政总支出的比例是 12.3%，高于北京的 12.1%，但低于全国平均水平的 14.95%。

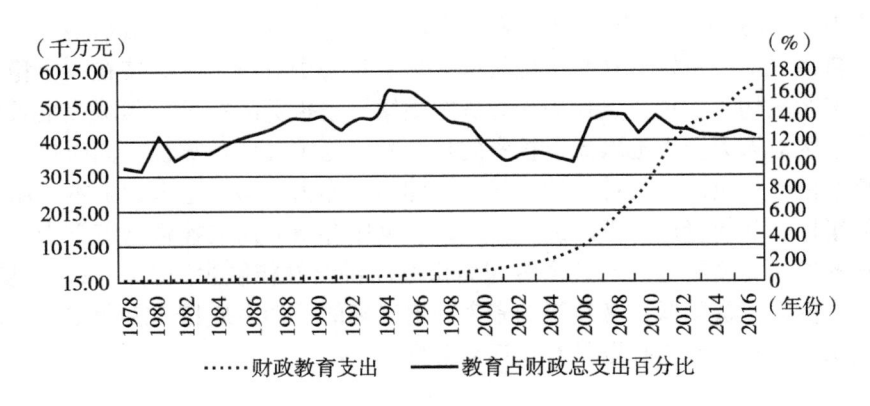

图 10-6 1978~2016 年内蒙古自治区财政教育支出及占总支出比重

图 10-7 是 1978~2016 年内蒙古自治区财政教育支出与财政总支出的对比折线图，教育事业支出虽呈逐年增加的状态，同时财政总支出也呈现增速较快的增长趋势，但教育投资在相对量上没有表现出与总量增长相一致的结果，教育事

业占财政支出的比重波动幅度较大,一直没有突破16.2%,总的来说,只有极少数年份超过15%。可见,内蒙古自治区政府公共教育投资仍然偏低,对教育的投资力度有待加强。

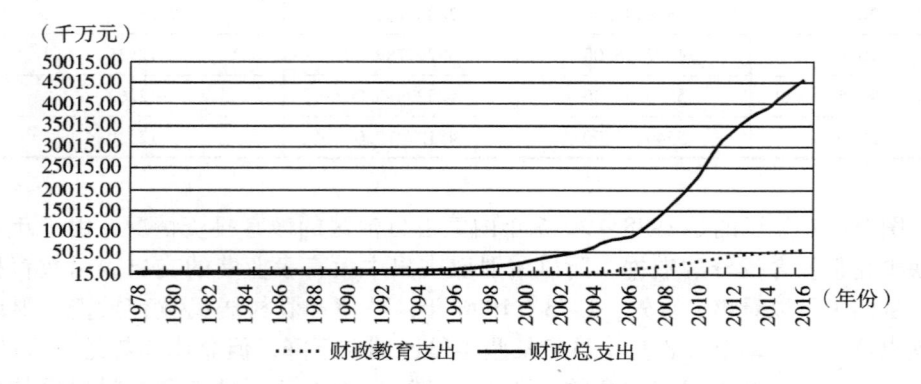

图10-7 1978~2016年内蒙古自治区财政教育支出与财政总支出

二、保健卫生经费变化

健康是人力资本的一个重要构成要素,它影响着劳动者知识、技能的发挥程度,直接决定着劳动者劳动时间。现代人力资本之父舒尔茨认为,人力资本就是蕴藏在人体中的知识、技能和健康,在提到人力资本投资的范围和内容时,明确地指出了卫生保健设施和服务是人力资本投资的五个方面之一。

表10-10是1978~2017年内蒙古自治区卫生机构、人员的数量情况,可以看出,自治区卫生机构总量和卫生机构人员总量稳中有增,并保持在一个稳定的状态。卫生机构、人员数量作为人力资本健康流量投资的指标,其缓慢增长能够体现自治区对人力资本健康流量投资的持续性、稳定性和可靠性,同时也彰显了人力资本健康投资的不可替代性。妇幼保健所站作为能够衡量人力资本健康存量投资的指标,其数量略有下降说明自治区在健康存量方面的投资略有下滑,与人口基数的增长速度不符,与整个劳动力市场的供给规律缺少契合。一旦对婴儿、青少年的健康投资降低,必然影响未来一定时期的劳动力质量、就业结构等多方面,表明人力资本健康投资具有长远收益性。

表10-10 1978~2017年内蒙古自治区卫生机构、人员数量情况

年份	卫生机构总计(所)	卫生机构人员(人)	妇幼保健所站(个)
1978	4000	75123	117
1980	4350	88188	118

第十章 改革开放四十年内蒙古自治区劳动力市场变化

续表

年份	卫生机构总计（所）	卫生机构人员（人）	妇幼保健所站（个）
1985	4749	109210	120
1990	5161	121443	122
1995	4915	129483	117
2000	4427	124362	108
2005	3774	121180	116
2010	8052	146610	117
2015	23885	212500	114
2016	23998	221338	113
2017	24217	180000	113

注：2010年以前卫生机构不包含村卫生室。

图10-8是1978~2016年内蒙古自治区每万人口医生、卫生机构数量情况，与卫生机构、人员总量相符，每万人口医生、卫生机构数量也呈现相同的变化趋势。以2010年为节点，2010年前呈现小波动的稳定状态，2010年之后出现增速较快的增长趋势。虽然没完全达到全国50%的家庭拥有家庭医生的水平，但在以可观的增长速率上升，而且由于医生、卫生结构的特殊存在，人力资本健康投资成为一种特殊投资，必须通过卫生、保健等途径实施。

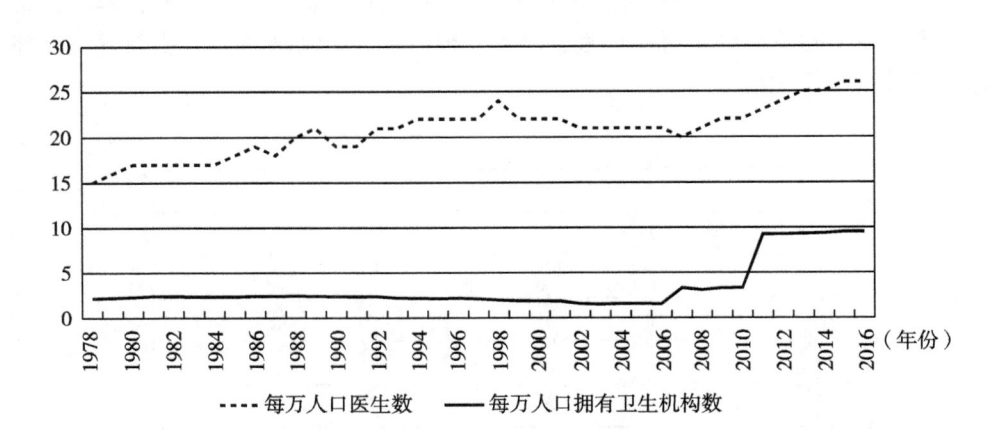

图10-8 1978~2016年内蒙古自治区每万人口医生、卫生机构数量

人力资本健康投资不可替代性、长远收益性和特殊投资三个特点充分说明了其重要性和无法替代性，上升的宏观数据表现了自治区对人力资本健康投资具有一定关注，但单项数据（如妇幼保健所站数量）的略有下降提醒我们对人力资

本健康存量投资的重视应该提高。人力资本的健康投资会促进劳动力体力、智力各方面全面发展，健康投资能够促进健康存量、流量的增长，虽收益期较长，但对劳动力质量、整个社会发展都很有益。

第三节 就业质量变化

就业质量的指标主要表现在劳动力受教育年限的变化、工资的变化等方面，前者是劳动者质量变化的反映，后者是劳动力质量变化的结果体现。

一、劳动力受教育年限

人口众多、劳动力资源丰富是中国的基本国情。改革开放以来，自治区劳动力总量持续扩大，廉价且充裕的劳动力资源成为内蒙古自治区经济腾飞的关键生产要素，"人口红利"一度成为实现赶超策略的利器。同时，这也意味着内蒙古自治区较大的就业压力，如果经济不能保持较快增长，或者经济结构不够合理，就会使社会就业出现较大困难。

改革开放40年来，随着我国教育事业的快速发展，内蒙古自治区先后实现了义务教育的全面普及和高中阶段教育的基本普及，高等教育进入大众化发展阶段，使我区主要劳动年龄人口的分年龄组平均受教育程度每年轻十岁就能提高一年。

第六次人口普查数据表明，40~44岁年龄组人口的人均受教育年限为9年左右，而20~24岁年龄组的指标值超过11年，达到各年龄组平均受教育程度的最好水平，说明随着各种学历层次教育培养规模的扩大，新增劳动力受教育程度将持续提升（见图10-9）。

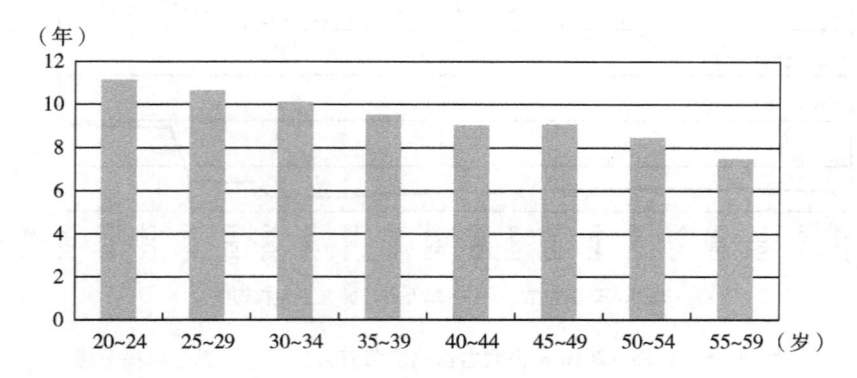

图10-9 第六次人口普查我国分年龄人口平均受教育年限分布

注：劳动力平均受教育年限 = （不识字文化程度劳动人口×1 + 小学文化程度劳动人口×6 + 初中文化程度劳动人口×9 + 高中文化程度劳动人口×12 + 大专文化程度劳动人口×15 + 大学本科文化程度劳动人口×16 + 研究生文化程度劳动人口×19）/劳动人口总量。

第十章 改革开放四十年内蒙古自治区劳动力市场变化

今后新增劳动力的数量增长出现拐点后，人口的数量红利会趋于消失，但依托教育普及水平不断提高的有利条件，新增劳动力的人均受教育年限会进一步提高，可以保证今后每一年龄段的人口资本总量继续上升，使人力资源的数量型人口红利优势转变为质量型人口红利优势。

图10-10是2002~2015年内蒙古自治区劳动力平均受教育年限情况，伴随着劳动力人口总量规模的不断增长，劳动者的受教育水平持续提升，内蒙古自治区2010年就业人员平均受教育年限为9.27年，超过了全国平均水平9.1年。同时，劳动力平均受教育年限可以在一定程度上反映当前劳动力市场中的就业质量。

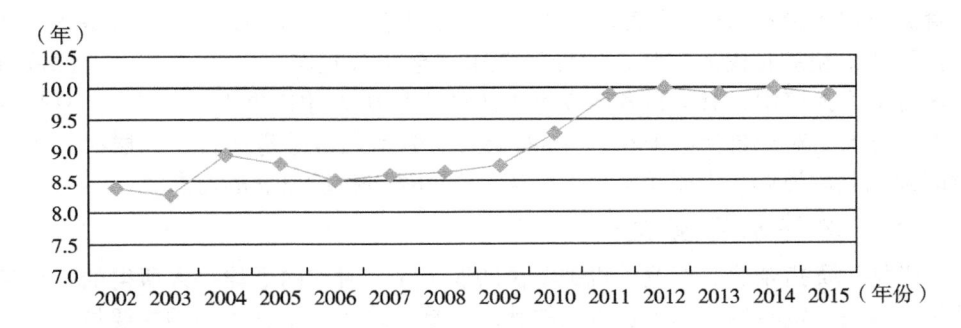

图10-10　2002~2015年内蒙古自治区劳动力平均受教育年限

改革开放以来，内蒙古自治区劳动力中具有大专及以上文化程度的人力资源总量和比例明显提高，由2002年的7.4%增加为2015年的18.9%，增加了11.5个百分点；小学及以下文化程度的占比有所下降，占劳动人口总量的比例由2002年的35.4%下降至2015年的20.1%，下降了15.3个百分点（见表10-11）。

表10-11　2002~2015年内蒙古自治区劳动力受教育情况　　　单位:%

年份	不识字	小学	初中	高中	大专	大学本科	研究生
2002	10.00	25.40	41.10	16.10	5.60	1.80	0.00
2003	9.90	27.60	41.70	13.70	5.30	1.90	0.10
2004	6.60	25.90	43.90	16.90	6.40	2.20	0.09
2005	8.10	23.70	42.00	15.90	7.30	2.90	0.14
2006	6.80	27.70	44.20	13.90	5.40	1.90	0.06
2007	6.20	27.60	44.30	14.00	5.50	2.30	0.05
2008	5.90	25.80	47.30	13.20	5.60	2.10	0.05
2009	5.50	24.80	47.90	13.70	6.00	2.10	0.05
2010	3.50	22.90	46.60	14.60	7.90	4.30	0.24
2011	2.00	17.20	46.70	17.50	11.20	5.00	0.28

续表

年份	不识字	小学	初中	高中	大专	大学本科	研究生
2012	1.60	17.40	45.70	18.30	11.40	5.30	0.34
2013	1.50	19.00	46.50	15.70	10.90	6.10	0.35
2014	1.60	19.80	42.90	17.20	11.60	6.50	0.42
2015	2.40	17.70	45.20	15.90	11.00	7.60	0.30

总的来说，内蒙古自治区劳动力人口仍以具有初中及以下文化程度者为主体，占到60%左右，其中17.7%仅接受过小学教育，文盲占2.4%，接受过高等教育的只占7.9%。现实中表现为高层次专业人员和劳动熟练工人严重缺乏，而且伴随知识经济时代的来临，这种阻滞作用会越来越明显。2015年，内蒙古自治区劳动力人口中，有本科和研究生学历的高层次人才比重仅占7.9%，总数约为115万人，对于自治区1463.7万人庞大的劳动人口总量而言，高层次人才数量的匮乏显而易见，不能满足产业结构升级和经济持续发展的需求。

二、工资水平变化

平均工资指企业、事业、机关单位的职工在一时期内平均每人所得的货币工资额，表明一定时期职工工资收入的状况，是反映职工工资水平的主要指标。内蒙古自治区历年城镇单位职工平均工资及增长率如表10-12和图10-11所示。

表10-12 1980~2016年内蒙古自治区职工平均工资及增长率

年份	职工平均工资（元）	增长率（%）	年份	职工平均工资（元）	增长率（%）	年份	职工平均工资（元）	增长率（%）
1980	796	11.80	1993	2796	19.54	2006	18469	15.54
1981	807	1.38	1994	3675	31.44	2007	21884	18.49
1982	826	2.35	1995	4134	12.49	2008	26114	19.33
1983	862	4.36	1996	4716	14.08	2009	30699	17.56
1984	986	14.39	1997	5124	8.65	2010	35507	15.66
1985	1095	11.05	1998	5792	13.04	2011	41481	16.82
1986	1239	13.15	1999	6347	9.58	2012	47053	13.43
1987	1301	5.00	2000	6974	9.88	2013	51388	9.21
1988	1548	18.99	2001	8250	18.30	2014	54460	5.98
1989	1685	8.85	2002	9683	17.37	2015	57870	6.26
1990	1846	9.55	2003	11279	16.48	2016	61994	7.13
1991	2012	8.99	2004	13324	18.13			
1992	2339	16.25	2005	15985	19.97			

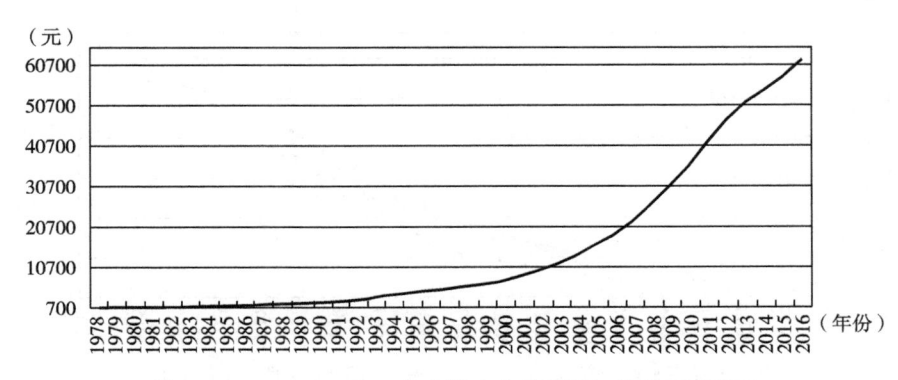

第十章 改革开放四十年内蒙古自治区劳动力市场变化

图 10-11 1978~2016 年内蒙古自治区职工平均工资状况

分析表明，1998~2005 年，职工工资大致保持在 15.37% 的增长速度，明显高于"十五"期间国内生产总值 9.5% 的增长速度；2006~2010 年，职工工资的增长速度保持在 17.3% 左右，高于"十一五"期间国内生产总值 11.4% 的增长速度；2011~2015 年，职工平均工资的平均增速为 10.34%，同样高于"十二五"期间国内生产总值 7% 的增速。

2016 年，内蒙古自治区就业人员总计为 1474 万人左右，这些职工可分为三种类型，即国有单位职工、城镇集体单位职工和其他单位职工。国有单位指资产归国家所有的经济组织，包括国有企业、国家机关、事业单位和社会团体；集体单位指生产资料归集体所有，并按《中华人民共和国企业法人登记管理条例》规定登记注册的经济组织；其他单位包括股份合作单位、联营单位、有限责任公司、股份有限公司、港澳台商投资单位以及外商投资单位等其他登记注册类型经济组织。1978~2016 年内蒙古自治区各类单位职工平均工资情况如图 10-12 和图 10-13 所示。

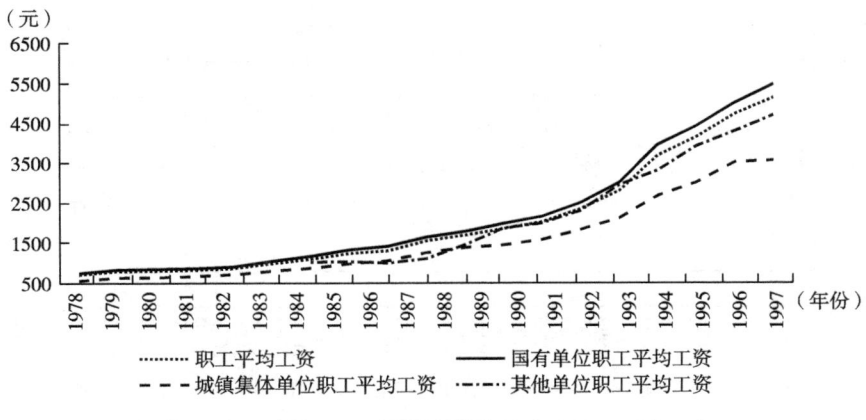

图 10-12 1978~1997 年内蒙古自治区职工平均工资

图 10-13　1998~2016 年内蒙古自治区职工平均工资

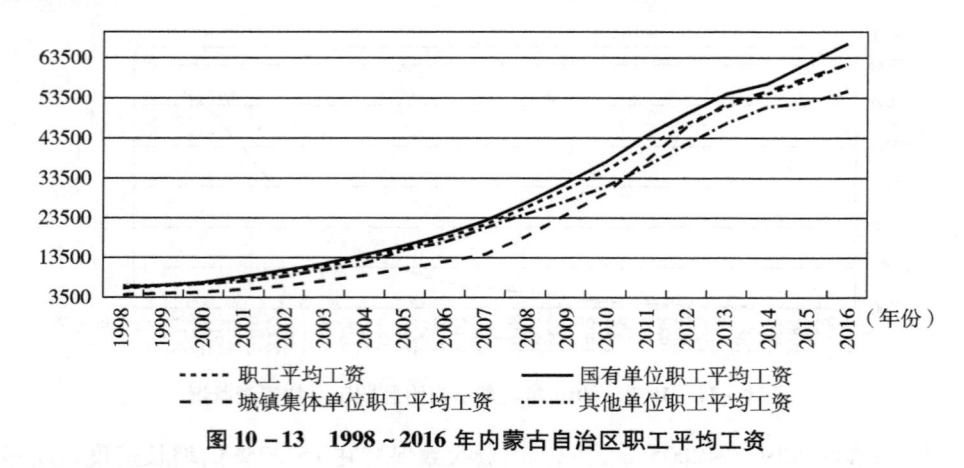

根据图 10-12 可以发现，在 1997 年以前，内蒙古自治区其他单位职工平均工资高于城镇集体单位职工平均工资，国有单位职工平均工资一直高于平均值的水平。如图 10-13 所示，2011 年后城镇集体单位职工平均工资高于其他单位职工平均工资，且 2009~2012 年城镇集体单位职工平均工资增长速度较快，在 2013 年超过了平均值；2011 年后其他单位的工资水平明显低于国有单位和集体单位，且差距有扩大的趋势。

如图 10-14 所示，内蒙古自治区分类职工平均工资增长率极其不平稳，其中增长率极差最大的是其他单位职工平均工资，体现了其增长过程的不稳定。虽然图中各条曲线的波动较大，但可以看出三类职工平均工资波动规律几乎一致，增长率增减几乎同时，只有浮动的差异，说明影响三类职工平均工资增长的主要原因一致。

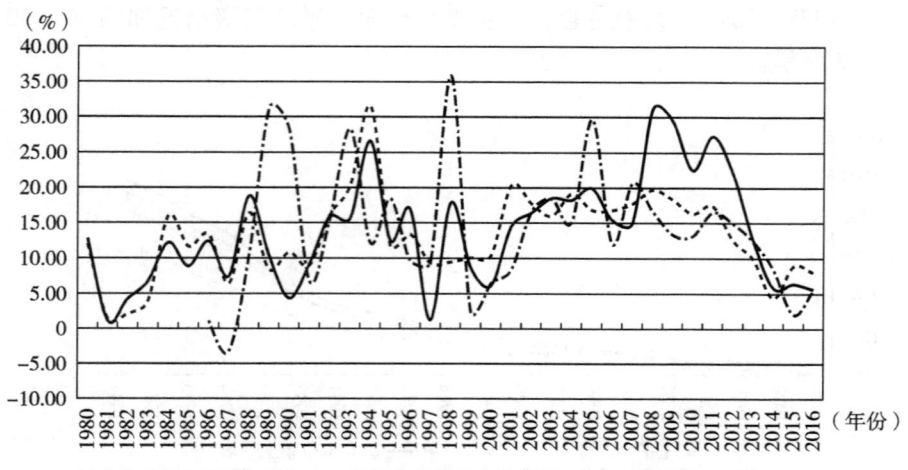

图 10-14　1980~2016 年内蒙古自治区分类职工平均工资增长率

三、最低工资标准变化

1994年，内蒙古自治区根据我国1993年11月颁布的《企业最低工资规定》建立了自治区最低工资标准，同时还建立了所辖行政区域级的最低工资标准。最低工资标准在内蒙古自治区执行二十余年来，几经修订和调整，在人民社会经济生活中发挥着越来越重要的作用。

表10-13是1995~2017年内蒙古自治区最低工资标准变化情况，可以看出，2010年较1995年最低工资标准上涨了4倍，2017年较2010年最低工资标准上涨了95%，最低工资标准持续增长的同时增速放缓。2015年内蒙古自治区职工年平均工资为57870元，最低工资标准达到职工平均工资的34%，符合"十二五"规划纲要确定数据。

表10-13 1995~2017年内蒙古自治区最低工资标准变化情况   单位：元

年份	文号	最低工资标准			
		一类区	二类区	三类区	四类区
1995	政府令〔1995〕63号	180	160	140	
1997	内政发〔1997〕131号	210	190	170	
1999	内政发办〔1999〕41号	270	190	170	
2002	内政发〔2002〕82号	330	310	290	
2004	内政发〔2004〕68号	420	400	380	
2006	内政字〔2006〕397号	560	520	460	400
2007	内政字〔2007〕303号	680	820	560	500
2010	内政办发电〔2010〕73号	900	820	750	680
2011	内政办发〔2011〕105号	1050	980	900	820
2012	内政办发〔2012〕80号	1200	1100	1000	900
2013	内政办发电〔2013〕54号	1350	1250	1150	1050
2014	内政办发〔2014〕67号	1500	1400	1300	1200
2015	内政办发电〔2015〕53号	1640	1540	1440	1340
2017	内政办发〔2017〕135号	1760	1660	1560	1460

自治区最低工资标准调整过程中出现了不均衡现象，这种不均衡体现在不同档次间。从最低工资最低档和最高档的变动幅度看，最低档增长速度高于最高档，说明最低工资标准在逐年调整中拉大了区域内各档间的差距。

图10-15是1995~2015年内蒙古自治区职工平均工资与最低工资标准的对比情况，可以看出，2007~2010年职工平均工资出现了跳跃式增长，从2007年的1824元/月增长到2010年的2959元/月，而最低工资标准也出现了高于往年

的增幅，从620元上涨到820元，增幅达32.26%。这样的增幅与增速，明确表明改革开放以来，内蒙古自治区保障社会低收入人群和弱势劳动人群的政策意图。

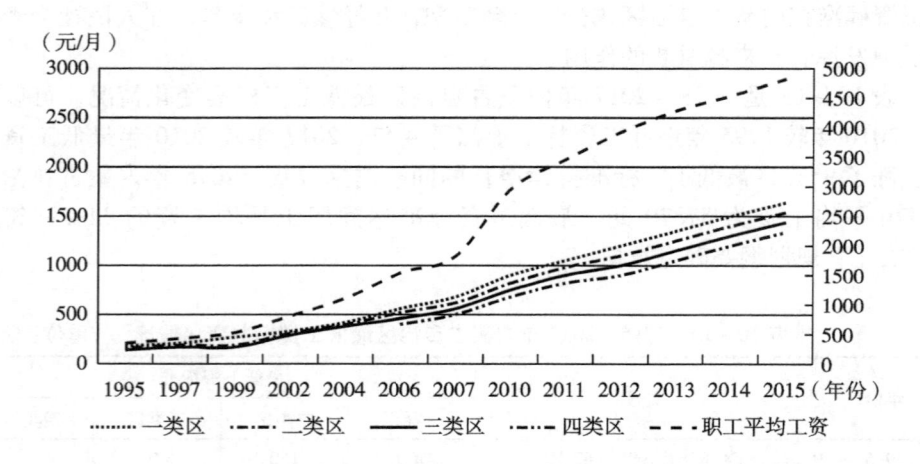

图10-15 1995~2015年内蒙古自治区职工平均工资与最低工资标准对比折线图

提高最低工资标准既对拉动职工平均工资起到一定的促进作用，也会有力地提高自治区低收入劳动者的收入水平，缓解物价增长带来的生活压力，保障低收入劳动者尤其是公益性岗位人员的基本生活水平。

附　录

2016~2017年内蒙古自治区劳动力市场相关政策

序号	制度名称	颁布时间	实施时间	颁布部门	规范事项
1	内蒙古自治区就业困难人员认定办法	2015-12-20	2016-01-01	内蒙古自治区人力资源和社会保障厅	重新修订《内蒙古自治区就业困难人员认定办法》
2	关于印发《包头市"三支一扶"高校毕业生管理办法（试行）》的通知	2016-01-08	2016-01-08	包头市人力资源和社会保障局	印发《包头市"三支一扶"高校毕业生管理办法（试行）》
3	包头市人民政府办公厅关于印发包头市高层次创新创业和紧缺急需专业技术人才服务保障办法（试行）等四个办法的通知	2016-01-08	2016-01-08	包头市人民政府办公厅	印发《包头市高层次创新创业和紧缺急需专业技术人才服务保障办法（试行）》《包头市引进高层次创新创业和紧缺急需专业技术人才办法（试行）》《包头市改进专业技术人才评价办法（试行）》《包头市引导和鼓励专业技术人才到基层和生产一线工作办法（试行）》
4	关于解读城乡居民养老保险相关政策的通知	2016-01-12	2016-01-12	内蒙古自治区人力资源和社会保障厅	解读《关于进一步完善城乡居民基本养老保险制度的意见》

续表

序号	制度名称	颁布时间	实施时间	颁布部门	规范事项
5	《内蒙古自治区机关事业单位工作人员基本养老保险经办规程》	2016-01-15	2016-01-15	内蒙古自治区人力资源和社会保障厅	关于印发《内蒙古自治区机关事业单位工作人员基本养老保险经办规程》的通知
6	内蒙古自治区党委自治区人民政府关于构建和谐劳动关系的实施意见	2016-01-15	2016-01-15	内蒙古自治区党委	贯彻《中共中央、国务院关于构建和谐劳动关系的意见》精神,提出实施意见
7	关于印发《内蒙古自治区机关事业单位工作人员基本养老保险经办规程》的通知	2016-01-18	2014-10-01	内蒙古自治区人力资源和社会保障厅	制定《内蒙古自治区机关事业单位工作人员基本养老保险经办规程》
8	关于印发《内蒙古自治区工伤认定工作规程》的通知	2016-01-26	2016-01-26	内蒙古自治区人力资源和社会保障厅	制定《内蒙古自治区工伤认定工作规程》
9	关于落实企业职工基本养老保险自治区级统筹有关问题的通知	2016-02-23	2016-02-23	内蒙古自治区人力资源和社会保障厅/内蒙古自治区财政厅	就贯彻落实《内蒙古自治区企业职工基本养老保险自治区级统筹办法》有关问题的通知
10	关于内蒙古自治区国有重点煤炭企业工伤保险纳入属地管理工作的通知	2016-02-26	2016-02-26	内蒙古自治区人力资源和社会保障厅	就自治区统筹的国有重点煤炭企业工伤保险纳入属地管理工作有关问题的通知
11	工伤保险辅助器具配置管理办法	2016-03-08	2016-04-01	中华人民共和国人力资源和社会保障部 中华人民共和国民政部 中华人民共和国国家卫生和计划生育委员会	公布《工伤保险辅助器具配置管理办法》
12	通辽市城镇职工生育保险管理办法	2016-03-12	2015-01-01	通辽市人民政府	根据《中华人民共和国社会保险法》和《内蒙古自治区生育保险试行办法》等有关规定制定本办法

续表

序号	制度名称	颁布时间	实施时间	颁布部门	规范事项
13	关于印发《2016年呼伦贝尔市职称改革工作安排意见》的通知	2016-04-06	2016-04-06	呼伦贝尔市人力资源和社会保障局	印发《2016年呼伦贝尔市职称改革工作安排意见》
14	阿拉善盟人力资源和社会保障局关于转发2016年全区职称工作安排意见的通知	2016-04-08	2016-04-08	阿拉善盟人力资源和社会保障局	转发《关于印发2016年全区职称工作安排意见的通知》
15	关于做好《内蒙古自治区城镇基本医疗保险条例》贯彻实施工作的通知	2016-04-11	2016-01-01	内蒙古自治区人力资源和社会保障厅	通知《内蒙古自治区城镇基本医疗保险条例》
16	关于中央、自治区、军办驻呼用工单位实行属地监管的通知	2016-04-19	2016-04-19	内蒙古自治区人力资源和社会保障厅	贯彻《内蒙古自治区党委、自治区人民政府关于构建和谐劳动关系的实施意见》
17	关于印发《包头市就业创业工作监督核查办法（试行）》的通知	2016-04-27	2016-04-27	包头市人力资源和社会保障局	印发《包头市就业创业工作监督核查办法（试行）》
18	关于做好企业实行不定时工作制和综合计算工时工作制审批工作的通知	2016-05-03	2016-05-03	内蒙古自治区人力资源和社会保障厅	进一步做好企业实行不定时工作制和综合计算工时工作制的审批工作
19	关于发布内蒙古自治区2016年企业工资指导线和部分行业工资指导线的通知	2016-05-09	2016-05-09	内蒙古自治区人力资源和社会保障厅	公布2016年全区企业工资指导线和分行业工资指导线
20	通辽市城镇职工医疗保险管理办法	2016-05-12	2015-01-01	通辽市人民政府	通辽市城镇职工医疗保险管理办法
21	人力资源社会保障部办公厅关于开展企业职工退休审核审批专项检查工作的通知	2016-06-15	2016-06-15	人力资源社会保障部办公厅	关于开展企业职工退休审核审批专项检查工作的通知

续表

序号	制度名称	颁布时间	实施时间	颁布部门	规范事项
22	关于发布内蒙古自治区2016年企业工资指导线和部分行业工资指导线的通知	2016-06-16	2016-06-16	内蒙古自治区人力资源和社会保障厅	公布2016年全区企业工资指导线和分行业工资指导线
23	关于印发机关事业单位工作人员养老保险费征缴工作实施方案的通知	2016-06-17	2016-06-17	内蒙古自治区人民政府办公厅	印发《内蒙古自治区机关事业单位工作人员养老保险费征缴工作实施方案》
24	关于印发《鼓励和引导农牧民工跨盟市流动实施方案》的通知	2016-06-18	2016-06-18	内蒙古自治区就业服务局	印发《鼓励和引导农牧民工跨盟市流动实施方案》
25	关于印发《内蒙古自治区工伤认定工作规程》的通知	2016-06-18	2016-06-18	内蒙古自治区人力资源和社会保障厅	印发《内蒙古自治区工伤认定工作规程》
26	人社部办公厅 中国残联办公厅关于实施《残疾人职业技能提升计划（2016~2020年）》的通知	2016-06-18	2016-06-18	人社部办公厅	实施残疾人职业技能提升计划（2016~2020年）
27	转发关于建立内蒙古自治区劳动保障监察培训师资库的通知	2016-06-18	2016-06-18	锡盟人力资源和社会保障局	转发《关于建立内蒙古自治区劳动保障监察培训师资库的通知》
28	关于印发《就业创业扶贫行动实施方案》的通知	2016-06-21	2016-06-21	内蒙古自治区人力资源和社会保障厅 内蒙古自治区扶贫开发（革命老区建设）办公室	印发《就业创业扶贫行动实施方案》
29	人力资源社会保障部办公厅关于印发流动就业人员基本医疗保险关系转移接续业务经办规程的通知	2016-06-22	2016-06-22	人力资源社会保障部办公厅	印发《流动就业人员基本医疗保险关系转移接续业务经办规程》

续表

序号	制度名称	颁布时间	实施时间	颁布部门	规范事项
30	关于全面启用劳动保障监察电子地图工作的通知	2016-07-04	2016-07-04	自治区人社厅	全面启用劳动保障监察电子地图工作
31	内蒙古自治区人力资源和社会保障厅关于公布社会保险基金和就业专项资金监督举报电话的公告	2016-07-15	2016-07-15	审计监督处	人力资源和社会保障厅开设的社会保险基金、就业专项补助资金监督举报电话及其有关事宜公告
32	关于变更劳动用工网上自助备案登录方式的通知	2016-07-17	2016-07-17	内蒙古人力资源社会保障厅劳动关系处	通知变更劳动用工网上自助备案登录方式
33	关于开展2017年自治区人才开发基金申请受理工作的通知	2016-08-09	2016-08-09	自治区人社厅专业技术人员管理处	开展2017年自治区人才开发基金申请受理工作
34	转发人力资源和社会保障部财政部国家和发展改革委员会 工业和信息化部关于失业保险支持企业稳定就业岗位有关问题的通知	2016-08-18	2016-08-18	自治区人社厅	失业保险支持企业稳定就业岗位有关问题
35	内蒙古自治区人民政府办公厅关于援助困难企业稳定就业岗位的意见	2016-08-18	2016-08-18	内蒙古自治区人民政府办公厅	援助困难企业稳定就业岗位的意见
36	关于转发人力资源和社会保障部办公厅总后勤部财务部军人退役参加机关事业单位养老保险有关问题的通知	2016-08-29	2016-08-29	自治区人社厅	财务部军人退役参加机关事业单位养老保险有关问题

续表

序号	制度名称	颁布时间	实施时间	颁布部门	规范事项
37	关于对2016年度自治区留学人员科技活动项目择优资助入选项目进行公示的公告	2016-09-02	2016-09-02	自治区人社厅	2016年自治区留学人员科技活动项目择优资助入选项目进行公示
38	关于2016年调整退休人员基本养老金的通知	2016-09-05	2016-09-05	养老保险处	2016年调整退休人员基本养老金
39	关于进一步做好2016年全区高校毕业生就业创业工作的通知	2016-09-07	2016-09-07	内蒙古自治区人力资源和社会保障厅	贯彻落实《人力资源社会保障部关于做好2016年全国高校毕业生就业创业工作的通知》
40	转发人力资源社会保障部关于开展2016年全国高校毕业生就业服务月活动的通知	2016-09-07	2016-09-07	内蒙古自治区人力资源和社会保障厅	转发《人力资源和社会保障部关于开展2016年全国高校毕业生就业服务月活动的通知》
41	关于市本级事业单位基本养老保险费征缴工作的通知	2016-09-13	2016-09-13	人社局办公室	市本级事业单位基本养老保险费征缴工作
42	关于为领取失业保险金期间的失业人员代缴医疗保险费的通知	2016-09-26	2016-09-26	包头市人力资源和社会保障局 包头市财政局 包头市地方税务局	为领取失业保险金期间的失业人员代缴医疗保险费的通知
43	关于加强劳务派遣业务监管工作的通知	2016-10-10	2016-10-10	通辽市人社局	加强劳务派遣业务监管工作
44	关于印发《通辽市关于失业保险支持企业稳定岗位工作实施办法》的通知	2016-10-10	2016-10-10	通辽市人社局	印发《通辽市关于失业保险支持企业稳定岗位工作实施办法》
45	关于印发《内蒙古自治区创业培训师资管理业务操作指南》的通知	2016-11-09	2016-11-09	就业服务局	制定《内蒙古自治区创业培训管理业务操作指南》

续表

序号	制度名称	颁布时间	实施时间	颁布部门	规范事项
46	关于印发《包头市2016年高校毕业生就业创业服务季活动方案》的通知	2016-12-01	2016-12-01	局办公室	印发《包头市2016年高校毕业生就业创业服务季活动方案》
47	内蒙古自治区人力资源和社会保障厅 财政厅 地方税务局关于阶段性降低失业保险费率的通知	2016-12-14	2016-12-14	内蒙古自治区就业服务局失业保险处 内蒙古自治区人力资源和社会保障厅 财政厅地方税务局	阶段性降低失业保险费率
48	关于公布2016年自治区级家庭服务职业培训示范基地的通知	2016-12-16	2016-12-16	自治区就业服务局	公布2016年自治区级家庭服务职业培训示范基地
49	关于解读城乡居民养老保险相关政策的通知	2016-12-23	2016-12-23	自治区人社厅	解读城乡居民养老保险相关政策的通知
50	关于印发《包头市就业创业扶贫行动实施方案》的通知	2016-12-26	2016-12-26	局办公室	印发《包头市就业创业扶贫行动实施方案》
51	《关于推进公共就业服务信息化建设和应用工作方案》	2017-02-08	2017-02-08	内蒙古自治区人力资源和社会保障厅	
52	内蒙古自治区人民政府关于"十三五"时期促进就业的意见	2017-03-01	2017-03-01	内蒙古自治区人力资源和社会保障厅	内蒙古自治区人民政府关于"十三五"时期促进就业的意见
53	关于启动自治区本级跨省异地就医转诊备案工作的通知	2017-08-16	2017-08-21	内蒙古自治区医疗保险管理局	自治区异地就医管理中心启动跨省异地就医住院直接结算转诊备案工作
54	内蒙古自治区关于推进小微企业参加工伤保险有关问题的通知	2017-09-05	2017-09-21	内蒙古自治区人力资源和社会保障厅	

续表

序号	制度名称	颁布时间	实施时间	颁布部门	规范事项
55	内蒙古自治区进一步深化基本医疗保险支付方式改革实施方案	2017-11-10	2017-11-11	内蒙古自治区人力资源和社会保障厅	为深入推进基本医疗保险支付方式改革,充分发挥医保在医改中的基础性作用,保障参保人员权益、规范医疗服务行为、控制医疗费用不合理增长,结合自治区实际,制定本方案
56	关于做好提高城乡居民基础养老金等工作的通知	2017-11-01	2017-01-01	内蒙古自治区人力资源和社会保障厅	提高城乡居民基础养老金等工作,确保我区城乡居民养老保险各项工作顺利开展
57	《内蒙古自治区专业技术人员继续教育实施办法》	2017-01-12	2017-01-18	内蒙古自治区专业技术人员管理处	为了规范和加强专业技术人员继续教育活动,保障专业技术人员权益,不断提高专业技术人员素质
58	关于探索开展军队转业干部进高等学校专项培训的实施意见	2017-06-21	2017-06-21	军官转业安置处	为贯彻落实《中共中央、国务院、中央军委关于做好深化国防和军队改革期间军队转业干部安置工作的通知》(中发〔2016〕13号)精神
59	关于发布内蒙古自治区2017年企业工资指导线和部分行业工资指导线的通知	2017-04-25	2017-04-28	自治区人社厅	为完善企业职工工资正常增长机制,现将2017年全区企业工资指导线和部分行业工资指导线公布
60	内蒙古自治区人民政府办公厅关于调整最低工资标准及非全日制工作小时最低工资标准的通知	2017-07-31	2017-08-01	自治区人社厅	根据我区经济发展和职工工资水平的增长情况,经人力资源和社会保障部核准,自治区人民政府决定调整自治区最低工资标准和非全日制工作小时最低工资标准
61	关于进一步规范劳务派遣管理的通知	2017-06-30	2017-10-25	自治区人社厅	国家和自治区明确规定不得以劳务派遣形式用工的特殊单位和岗位使用劳务派遣员工、一些单位在主营业务岗位滥用劳务派遣用工等

参考文献

[1] 国家统计局. 中国统计年鉴2017 [M]. 北京：中国统计出版社，2017.

[2] 内蒙古自治区统计局. 内蒙古统计年鉴. [M]. 北京：中国统计出版社，2010－2017.

[3] 内蒙古自治区第三次全国经济普查领导小组办公室. 内蒙古经济普查年鉴2013 [M]. 北京：中国统计出版社，2016.

[4] 内蒙古调查总队. 内蒙古调查年鉴2016 [M]. 北京：中国统计出版社，2016.

[5] 曾湘泉. 基于大数据的劳动力市场研究 [J]. 中国人民大学学报，2017 (6)：1.

[6] 李可爱，周申. 从我国劳动力市场灵活性与稳定性现状探究"缺工"现象 [J]. 商业时代，2017 (21)：189－192.

[7] 安达. 内蒙古牧区产业结构变迁的经济效果和就业效果研究 [J]. 黑龙江畜牧兽医，2017 (18)：31－37.

[8] 赵凯，高友笙，黄志国. 中国劳动力市场均衡及失业问题研究 [J]. 统计研究，2016 (5)：69－76.

[9] 刘义姣. 中国劳动力市场结构现状分析 [J]. 企业研究，2011 (10)：73－75.

[10] 袁敏. 中国大学生失业现象原因分析 [J]. 中国培训，2016 (2)：79，82.

[11] 张丽宾. 中国特色社会主义新时代的就业问题和就业工作 [J]. 中国人力资源和社会保障部，2017 (12)：24－26.

[12] 罗传银. 劳动力市场供求结构特征分析 [J]. 中国劳动，2012 (3)：17－21.

［13］马爱玲，白媛媛，马艳．经济增长影响农村剩余劳动力转移的实证研究——以内蒙古为例［J］．经济研究参考，2015（56）：61-70．

［14］张晶，蔡雨成，杨力英．2017年上半年内蒙古经济运行情况及对策建议［J］．北方经济，2017（7）：18-21．

［15］张晶．化解就业难题促进经济发展——内蒙古就业现状、问题、成因、发展趋势及对策建议［J］．北方经济，2003（7）：17-23．

［16］陈仲常，徐丹丹．劳动力市场结构与教育结构错位的实证分析［J］．高等工程教育研究，2007（4）：60-63．

［17］段成荣，冯乐安，秦敏．典型民族地区流动人口状况及特征比较——基于内蒙古自治区的研究［J］．内蒙古大学学报（哲学社会科学版），2017（6）：5-10．

［18］李实，邹春冰等．农民工与城镇流动人口经济状况分析［M］．北京：中国工人出版社，2016．

［19］王文斌，杜凤莲．内蒙古流动人口的特征：基于2010年人口普查数据［J］．广播电视大学学报，2013（3）：3-9，43．

［20］杨悦新．我国农村劳动力流动中的社会关系网络效应研究［J］．现代经济信息，2006（5）：235-236．

［21］苏丽锋．少数民族人口流动特征与就业质量研究［J］．民族研究，2015（5）：16-29，123-124．

［22］卜长莉．社会关系网络是当代中国劳动力流动的主要途径和支撑［J］．长春理工大学学报（社会科学版），2004（6）：66-68．

［23］冯利英，吴新娣．十年来内蒙古地区迁移流动人口研究［J］．内蒙古财经学院学报，2005（7）：105-109．

［24］段立新，杨国庆．我国蒙古族人口迁移特点的成因分析［J］．调研与观察，2015（1）：31-32．

［25］梁琦，陈强远，王如玉．户籍改革、劳动力流动与城市层级体系优化［J］．中国社会科学，2013（12）：36-59，205．

［26］陆铭，蒋仕卿，陈钊，佐藤宏．摆脱城市化的低水平均衡——制度推动、社会互动与劳动力流动［J］．复旦大学学报（社会科学版），2013（3）：48-64，166-167．

［27］关爱萍，葛思羽．劳动力流动对区域收入差距的影响：2000~2015年［J］．人文杂志，2017（10）：54-61．

［28］杨万东．提高自主创新能力问题讨论综述［J］．经济理论与经济管理，2006（5）：54-61．

［29］郑道文．人力资本国际流动与经济发展［M］．北京：中国财政经济出版社，2004．

［30］厉李臻．内蒙古职工工资水平的差异性研究［D］．内蒙古财经大学硕士学位论文，2016．

［31］王汉祥，王美萃．内蒙古地区 GDP 增长与工资变化关系分析［J］．内蒙古统计，2006（4）：20－22．

［32］王培勤，高新艳．山西省行业工资差距问题研究［J］．高等财经教育研究，2015（18）：32－47．

［33］郝桂琴，李辉，王成亮，田东良．河北省行业收入差距现状及对策分析［J］．商业经济，2015（10）：52－54．

［34］孙敬水．行业收入差距形成机理最新研究进展［J］．工业技术经济，2013（32）：132－138．

［35］蔡昉．行业间工资差异的成因与变化趋势［J］．财贸经济，1996（11）：3．

［36］李娜．行业工资差距特点及其理论解释［J］．求索，2012（10）：23－25．

［37］杜栩．中国行业工资收入差距的成因与经济效应分析［D］．暨南大学硕士学位论文，2014．

［38］任媛，邰秀军．基于基尼系数的我国农村居民收入的区域差异与分解［J］．经济体制改革，2016（1）：70－76．

［39］范剑勇，张雁．经济地理与地区间工资差异［J］．经济研究，2009（44）：73－84．

［40］李晓宁．我国劳动力工资收入差距的统计分析——对工资基尼系数的测算与分解［J］．财经问题研究，2008（2）：110－115．

［41］柳春明．北京市城镇居民收入差距实证研究［D］．中央财经大学硕士学位论文，2002．

［42］李瑞．收入差距测度方法研究及对我国居民收入差距的衡量［D］．山东大学硕士学位论文，2009．

［43］王敏．浙江省农村居民收入差距问题研究［D］．浙江大学硕士学位论文，2004．

［44］张秋丽．河南省农户收入差距的演变趋势及成因分析［D］．河南大学硕士学位论文，2009．

［45］李庆顺．我国最低工资的就业效应分析［D］．辽宁大学硕士学位论文，2017．

[46] 卢小波．中国最低工资对劳动力市场供给的影响研究［D］．武汉大学博士学位论文，2016．

[47] 许婉婷，江岸树．浅析实行最低工资制度必要性［J］．商场现代化，2016（2）：119－120．

[48] 王玲娟．论我国最低工资制度的完善［D］．西南科技大学硕士学位论文，2015．

[49] 马双，张劼，朱喜．最低工资对中国就业和工资水平的影响［J］．经济研究，2012（47）：132－146．

[50] 李丽．最低工资制度的历史演化及合理性探究［D］．山东大学硕士学位论文，2012．

[51] 吴红宇．实行"行业最低工资标准"的必要性和可行性分析［J］．劳动保障世界（理论版），2011（10）：56－59．

[52] 刘景海．内蒙古最低工资制度的实证分析［D］．内蒙古师范大学硕士学位论文，2011．

[53] 石娟．最低工资对中国就业的影响研究［D］．华中科技大学博士学位论文，2010．

[54] 张潇晗．最低工资对就业的影响［D］．复旦大学硕士学位论文，2009．

[55] 钱蕾．论最低工资制度的完善［D］．浙江大学硕士学位论文，2005．

[56] 黄萃，苏竣，施丽萍等．政策工具视角的中国风能政策文本量化研究［J］．科学学研究，2011（6）：876－882，889．

[57] 张成刚，廖毅．创业能带动就业发展吗——一个文献综述的视角［J］．浙江工商大学学报，2017（4）：76－84．

[58] 董志强，魏下海，张天华．创业与失业：难民效应与企业家效应的实证检验［J］．经济评论，2012（3）：80－87，96．

[59] 卢亮，邓汉慧．创业促进就业吗——来自中国的证据［J］．经济管理，2014（36）：11－19．

[60] 付宏．中国的创业活动与就业增长："难民效应"还是"熊彼特效应"［C］．第五届中国管理学年会——创业与中小企业管理分会论文集，2010．

[61] 王里．创业就业带动富民惠民——内蒙古实施"创业就业工程"的实践探索［J］．群众，2015（4）：79－80．

[62] 谢旭光，韩杰．内蒙古自治区孵化器与众创空间发展现状调查研究［J］．内蒙古科技与经济，2017（1）：8－9．

[63] 张车伟，蔡翼飞．中国"十三五"时期劳动供给和需求预测及缺口分

析［J］．人口研究，2016（1）：38－56．

［64］刘钧，徐文娟．2010～2030年我国劳动力供求预测和管理［J］．求是学刊，2011（4）：59－64．

［65］齐明珠．我国2010～2050年劳动力供给与需求预测［J］．人口研究，2010（5）：76－87．

［66］马忠东，吕智浩，叶孔嘉．劳动参与率与劳动力增长：1982～2050年［J］．中国人口科学，2011（1）：11－27，111．

［67］布仁门德．内蒙古区域经济发展现状及对策分析［J］．市场研究，2016（2）：39－40．

［68］冯中跃．内蒙古区域经济协调发展研究［D］．内蒙古大学硕士学位论文，2017．

［69］邱红．中国劳动力市场供求变化分析［D］．吉林大学博士学位论文，2011．

［70］刘彦君．内蒙古大学生就业政策研究［D］．内蒙古农业大学硕士学位论文，2017．

［71］李治国．我国劳动力市场的培育与完善问题探讨［J］．内蒙古科技与经济，2016（18）：17，33．

［72］徐长玉．中国劳动力市场培育研究［D］．西北大学博士学位论文，2008．

［73］白向群．内蒙古产业升级过程中就业结构性矛盾调查研究［N］．中国劳动保障报，2015－04－18（003）．

［74］中国健康和营养调查数据CHNS［EB/OL］．http：//www.cpc.unc.edu．

［75］中华人民共和国国家统计局官方网站［EB/OL］．http：//www.stats.gov.cn/．

［76］内蒙古自治区人力资源和社会保障网［EB/OL］．http：//www.nm12333.cn/．

［77］中华人民共和国人力资源和社会保障部［EB/OL］．http：//www.mohrss.gov.cn/．